第五福竜丸は航海中

ビキニ水爆被災事件と被ばく漁船60年の記録

公益財団法人 第五福竜丸平和協会 編・発行

水爆ブラボー（米軍機より撮影）

第五福龍丸

静岡縣焼津港
第五福龍丸

目　次

〔凡例〕

・本文中では敬称は略した。肩書きは基本的には当時のものを用いた。
・年号は西暦とし必要なところには括弧で元号を記した。
・被爆については、原子爆弾による場合は「被爆」とし核実験などによるものは「被ばく」と表記している。
・第五福竜丸の表記は旧字の「龍」が用いられているが、第五福竜丸平和協会では常用漢字の「竜」を用いている。本文等もそれに準じている。
・本書はビキニ水爆被災に関する専門家、第五福竜丸平和協会関係者、協力者により分担執筆した。執筆者の一覧は巻末に付した。
・引用・参照文献は、本文中ないし傍注に著者と書名、論文名を記載し、詳細な書誌は巻末の引用文献一覧にまとめた。
・本書で利用したした写真と図版の出典・クレジット・提供者・撮影者などは、巻末の掲載図版一覧にまとめた。

刊行にあたって

2014年3月1日は日本のマグロ漁船第五福竜丸が、太平洋のビキニ環礁で行われたアメリカの水爆実験によって被ばくしてから60周年に当たります。

60年前のビキニ被ばく事件は、原水爆のもたらす放射能被害の問題をクローズアップさせました。事件の直後から日本の科学者は学際的にこの放射能に立ち向かい、三宅泰雄教授などは日本の科学者を糾合組織し、俊鶻丸のビキニ海域への派遣など、調査研究を推進する上でリーダーシップを発揮しました。科学者は海洋汚染の実相と放射性物質の魚介類への濃縮問題などを解明しました。これらの科学者の活動は、核実験・核兵器廃絶への市民的な声の広がりに寄与し、国民的な運動は大きく高揚しました。

日本の科学者、専門家たちはビキニ水爆による多くの被災船、マーシャル諸島の住民の被害、世界各地における核被害の問題などにも精力的に取り組み、そこで得られた新しい知見を随時発表していきました。

2009年4月のオバマ米大統領の「核なき世界をめざす」プラハ演説、2010年4月、赤十字国際委員会の総裁声明「核兵器の時代に今こそ終止符を」に続き、2010年5月核不拡散条約（NPT）再検討会議の最終文書は「核兵器のない世界を達成し維持するための枠組み」が必要であるとし、潘基文国連事務総長による「核兵器禁止条約」の提案に留意すると表明しました。2015年のNPT再検討会議に向けて核兵器の非人道的側面を取り上げるグループは国連加盟国の三分の二に達しています。

2011年3月、東日本大震災と併せて福島第一原子力発電所の事故が起こりましたが、福島事故に対する政府のあと追い対応に見られるように、国民を放射能被害から守るためにビキニの経験を活かした的確な対策が講ぜられたとは到底言えません。

核兵器、放射線被ばくと向き合う、私たちの具体的な努力を倍加することがいま求められていると考えます。

第五福竜丸展示館には世界にただひとつ、水爆被災船が保存展示されています。60周年という機会に、展示館への来館者に、その後明らかにされた核被害のひろがりと放射能問題の深刻さに思いを致し、改めて原水爆禁止の必要性、緊急性を理解していただければと願っています。

第五福竜丸展示館でビキニ被災事件を見、知り、感じ取っていただくとともに、本書を通じてこの事件の全体像に触れ、「核なき世界へ航海を続ける第五福竜丸」を、心に刻んでいただくことを期待しています。60年記念事業のために尽力された皆様に感謝申し上げます。

2014年3月1日

公益財団法人第五福竜丸平和協会
代表理事　川崎昭一郎

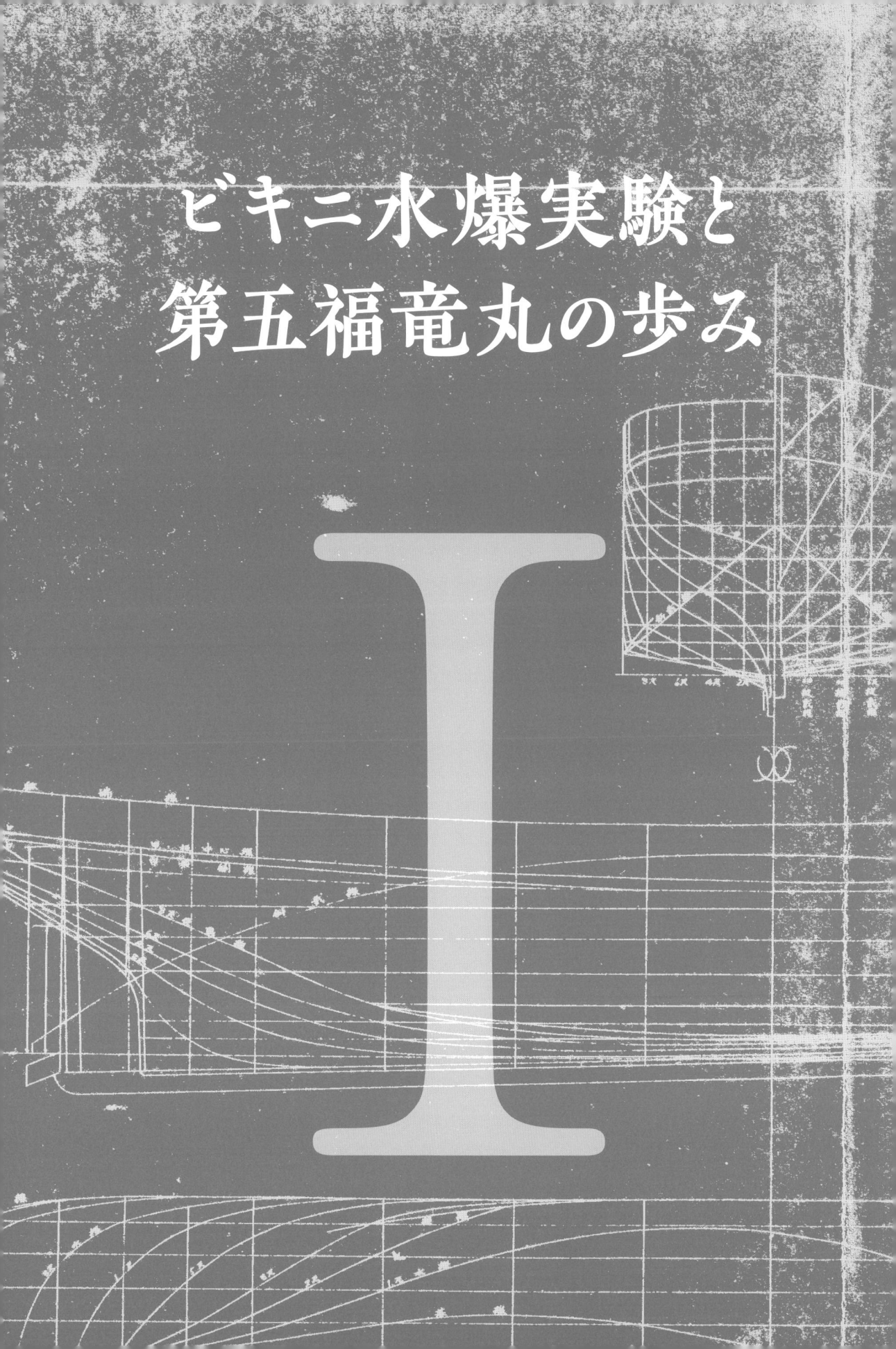

I

ビキニ水爆実験と第五福竜丸の歩み

第五福竜丸、水爆実験に遭遇

1.

西から太陽が

1954（昭和29）年3月1日午前6時45分（日本時間午前3時45分）、アメリカは水素爆弾の爆発実験を西太平洋マーシャル諸島のビキニ環礁で行った。ビキニ環礁の東方約160キロメートルの公海上で操業していた静岡県焼津港所属の遠洋マグロ漁船第五福竜丸の乗組員23人は、この極秘裡に行われた実験に遭遇し被ばくした。

1月22日に焼津港を出港した第五福竜丸は、2月上旬ミッドウェー海域で操業していたが、はえ縄の半数以上を失うアクシデントに見舞われ、進路を変更して南下しマーシャル諸島のビキニ海域へと近づいていった。

2月27日、燃料も食料も限界に近づいたことから、漁労長見崎吉男（28歳）と機関長山本忠司（27歳）は3月1日を最後の操業と決めた。3月1日午前6時30分、3時間半に及ぶ14回目のはえ縄の投げ入れ作業が終わった。揚げ縄作業が始まるまでは乗組員たちの貴重な仮眠の時間である。第五福竜丸はエンジンを止め、穏やかな波間に漂っていた。その日は「南海の波静かな洋上に星影を写すほどの凪であった」という（半田四郎、22歳[*1]）。

そのとき水爆ブラボーが炸裂した。

「『太陽が上がるぞォー』『馬鹿野郎、西から太陽が上がるかッ!!』甲板上で絶叫し合う声を、船室にいた

第五福竜丸（1953年6月初旬、焼津港）

私が聞くと同時に、ドヤドヤと2、3人の船員が船内に駆け下りてきました。『わァー、何だ、あれは……、驚いたぜ、突然西のほうが一面焼けただれたように真っ赤になって、ちょうど太陽が上るように明るくなったんだ。おい！早く甲板に出てみろ、凄いぞ！』私はその声にせきたてられて、慌ててデッキに飛び出しました」（池田正穂、21歳[*2]）。

西の空に大きな火のかたまりが浮かび、その強い光が空も海も船もそして自分たちをも包み込むのを、乗組員たちは目撃した。東経166度35分、北緯11度53分。アメリカ海軍が設定した「危険区域」の外側の東方約30キロメートルの洋上であった。光は色を変えながらやがて消え、次第に元の暗い静かな海に戻った。

光を見てから7、8分後、轟音と衝撃波が襲ってきた。「『ドドドドドー、ゴー』海面を伝わってくる爆発音で

＊1　枝村三郎『水爆実験と第五福竜丸事件』

＊2　池田正穂「水爆患者第1号の手記」

はない、地鳴りだ。足元を震わす轟音が、海全体を包み込んで下から突き上げてきたのだ」（大石又七、20歳[*3]）。「原爆だ」と叫ぶ者もいる。ところが、その後は何の音も変化も起こらない。乗組員たちの不安はますます募ってきた。

午前7時30分、漁労長見崎の指示で、揚げ縄作業が始まった。無線長久保山愛吉（39歳）は「海図室に昇り、果たして今の輝きは何だろう。場所は何処だろうと船長と漁労長とで調べた。どう考えてもビキニの外なく、ビキニへは約百浬《かいり》〔約180キロ〕ある。揚縄して行けば距離はだんだん遠くなる」と回想している[*4]。

ブラボー爆発の全容が明らかになった後年、冷凍士の大石又七は著書の中で記している。「光の出ていた西の水平線を見ると、そこには入道雲を五つ六つ重ねた巨大なきのこ雲が空を突いていた。……3万4000メートルの高さにまで上がったきのこ雲の頂上は、すでに成層圏に達していたのだ。そして東に向かって、速いスピードで流れるジェット気流に乗り、風上にいる俺たちの方に向かって襲いかかるように覆いかぶさってきた。洋上の風と、ジェット気流はそれぞれ逆に吹いていたのだ[*5]」。

午前9時ごろ、空を覆う黒雲から雨に混じって白い粉が降ってきた。やがて雨は止み、白い粉だけが降りつづいた。白い粉は乗組員の頭、顔、手、足、髪の毛に付着し、鉢巻や腹巻き、ズボンのベルトにもたまった。そして、目、鼻、口、耳から体内に入り込んだ。

「パウダー」──白い粉の恐怖

「パウダー」──被ばくしたマーシャル諸島の人びとがそうよんだ白い粉の正体を乗組員たちは知らなかった。9年前に広島・長崎に投下された原子爆弾を「ピ

＊3　大石又七『これだけは伝えておきたいビキニ事件の表と裏』

＊4　久保山愛吉「死の床より」

＊5　大石又七、前掲書

[第五福竜丸の航海（1954年）]

1月22日	焼津港出港
2月7日	ミッドウェー海域で最初の操業
9日	はえ縄の半数以上を失い、3日間捜索するがほとんど回収できず南下してマーシャル諸島に近づく
3月1日	未明14回目の投縄、水爆実験に遭遇、揚げ縄後この海域から離れる。ビキニ島に近づかないよう少し北上し、進路を焼津に向けた
3月14日	午前5時50分、焼津に帰港

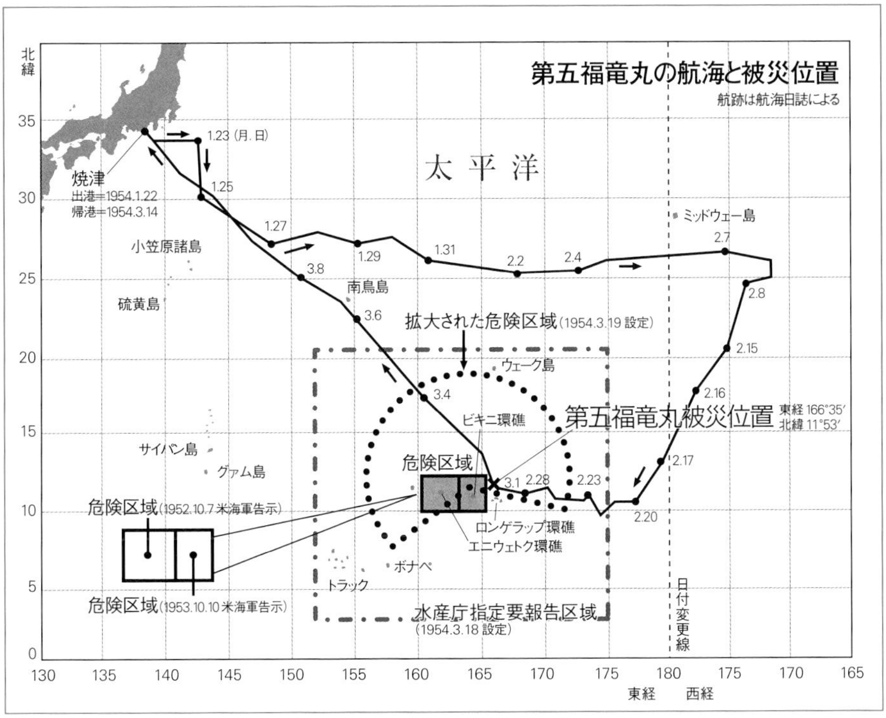

第五福竜丸の航海と被災位置

[核実験実施にともなう危険区域設定]

1946年7月1日	ビキニ環礁で行われた最初の核実験クロスローズ作戦を前に米海軍はビキニから半径555キロ（300浬）を「危険区域」とし、2回の原爆実験を行った。
1952年10月7日	米海軍、エニウェトク環礁を中心に設定（水爆マイク実験）
1953年10月10日	米海軍、ビキニ環礁を含む海域に拡大（水爆ブラボー実験ほか）
1954年3月1日	ビキニ水爆実験により第五福竜丸被災
16日	報道により第五福竜丸の被災が明るみに
18日	水産庁、指定要報告区域を設定
	同海域で操業、通過した船舶は指定5港にて放射能検査を受けるよう通知。基準値の設定は30日
3月19日	米海軍、危険区域を8倍に拡大（5月中旬の実験終了時まで）
1956年5月～8月	新たに危険区域を設定（レッド・ウイング作戦、空中投下の水爆実験含む）

第五福竜丸23人の乗組員

被災当時の乗組員は18歳から39歳、平均年齢25歳だった。

久保山愛吉
（くぼやま　あいきち）
無線長　焼津市　当時39歳
1954年放射能症による
肝臓障害で死去

見崎吉男
（みさき　よしお）
漁労長　焼津市　当時28歳
自営業

筒井久吉
（つつい　ひさきち）
船長　愛知県　当時22歳
公務員

山本忠司
（やまもと　ただし）
機関長　焼津市　当時27歳
1987年3月肝臓ガン・
大腸ガンで死去

川島正義
（かわしま　まさよし）
甲板長　焼津市　当時25歳
1975年4月肝機能障害で
死去

平井勇
（ひらい　いさむ）
冷凍長　大井川町　当時21歳
2003年5月肝臓ガンで死去

増田祐一
（ますだ　ゆういち）
操機手　大井川町　当時18歳
1985年11月肝硬変・脳出血
で死去

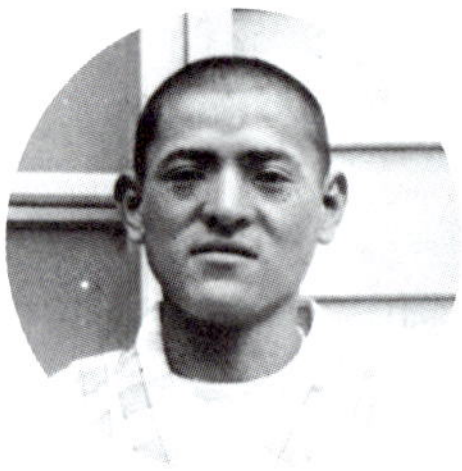

大石又七
（おおいし　またしち）
冷凍士　吉田町　当時20歳
東京で自営業

見崎進
（みさき　すすむ）
操舵手　焼津市　当時27歳
島田市で自営業

久保山志郎
（くぼやま　しろう）
操機手　焼津市　当時23歳
1996年8月肝臓ガン・
食道静脈瘤破裂で死去

池田正穂
（いけだ　まさほ）
操機手　焼津市　当時21歳
会社員

高木兼重
（たかぎ　かねしげ）
操機手　大分県　当時30歳
1989年12月肝臓ガンで死去

鈴木隆
（すずき　たかし）
甲板員　大井川町　当時24歳
1989年4月肝臓ガンで死去

半田四郎
（はんだ　しろう）
甲板員　大井川町　当時22歳
2008年5月大腸ガンで死去

吉田勝雄
（よしだ　かつお）
甲板員　大井川町　当時24歳
2013年2月急性心不全で死去

小塚博
（こづか　ひろし）
甲板員　相良町　当時22歳
相良町で農業

細根久雄
（ほそね　ひさお）
甲板員　千葉県　当時18歳
焼津市公務員

安藤三郎
（あんどう　さぶろう）
甲板員　大分県　当時28歳
1997年4月肝臓ガンによる
肝機能障害で死去

斎藤明
（さいとう　さとし）
甲板員　鹿児島県　当時25歳
2012年5月肝臓ガンで死去

増田鏡之介
（ますだ　きょうのすけ）
甲板員　焼津市　当時27歳
2008年12月死去

鈴木鎮三
（すずき　しんぞう）
甲板員　焼津市　当時28歳
1982年6月肝硬変・
交通事故で死去

服部竹治
（はっとり　たけじ）
甲板員・賄い　焼津市
当時37歳
1997年1月肝臓ガンで死去

増田三次郎
（ますだ　さんじろう）
甲板員　焼津市　当時27歳
1979年12月肝臓ガンで死去

＊焼津市『第五福竜丸事件』掲載の乗組員一覧をもとに、2014年2月現在で確認できる主な職歴、亡くなった方の死亡年月と死因を加えて作成。

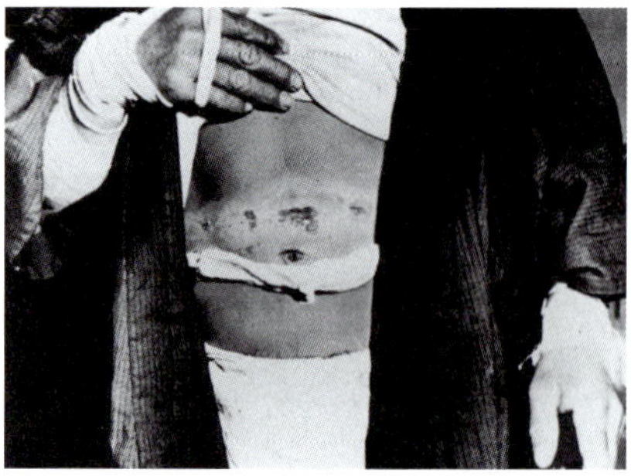

腹部の火傷　半田四郎

（右頁写真）
焼津に帰港し、厳重な警戒下の第五福竜丸

カドン」、「新型爆弾」だといっても、被爆後の状況は占領軍のプレスコードによって報道が規制され、占領終結後も一部の専門家をのぞいて一般国民に原爆や放射能の知識はなかった。日本の新聞が「死の灰」と名づけた白い粉——放射性降下物は核爆発によって成層圏まで達した。それは強い放射線をおびたサンゴの粉だったが、乗組員の誰もその怖さを知らなかった。

久保山は、「揚縄中私も灰を手にしてみた。真白な珊瑚礁のように思えた。この時半田君が『灰はとってあるよ、紙に包んでしまってあるよ』と言ったので、『入港したら調べて貰おう』と話した。まさか！まさか、この灰が『死の灰』とは夢にも思わず、（半田君は）丁寧にも枕の下に置いて過した」という。[*6]

午後1時30分、揚げ縄作業は終わった。航海日誌[*7]には「3月1日午前10時30分（日本時間）揚縄終了後N（北）に帰途に付く。原子《ママ》爆実験地と思われるビキニ環礁まで87浬最短距離のビキニ島迄75浬の地点にて閃光及び音響を聞く」とある。

第五福竜丸は白い粉の降る海域をぬけ帰途に着いた。乗組員たちは身体や甲板に積もった白い粉を海水で洗い流した。しかし、その日の夕方から放射能の影響があらわれた。目まい、頭痛、吐き気、下痢、食欲不振、微熱、目の痛み、歯茎からの出血、そして顔は黒ずみ、白い粉の付着したところは放射線により火傷のように膨らんだ。一週間ほど経つと髪の毛が抜け始めた。

3月14日午前5時50分、第五福竜丸は乗組員たちの不安をのせたまま、母港・焼津に帰港した。

キャッスル作戦

アメリカ海軍は1954年3月1日から5月14日まで、

＊6　久保山愛吉、前掲書

＊7　第五福竜丸の日誌類の「当直日誌」「漁労日誌」「天測日誌」などの現物が第五福竜丸展示館に所蔵されている。航海日誌の現物はなく、米国国立公文書館に複写があることが確認されている。以下は3月1日の当直日誌の記述（原文ママ）。
「03h－17m14回目の投縄終了　同30m機関停止漂白ス　04h－30m揚縄開始　揚縄初ノ位置166－50E、11－53N、ビキンニ環礁中心迄87浬、ビキンニ島迄75浬、03h－30m　ビキンニ島に於いて原爆実験行はる　夜明前なるも非常に明るくなり煙柱あがり2時間後にはE80浬の地点の本船には爆発灰多数の落下を見る　5時間に至る　身の危険を感じ只ちに揚縄を開始　この海域からの脱出をはかる　終了後燃料の調査する　厳重な警戒を以て帰路につく」

第五福竜丸の放射能汚染検査

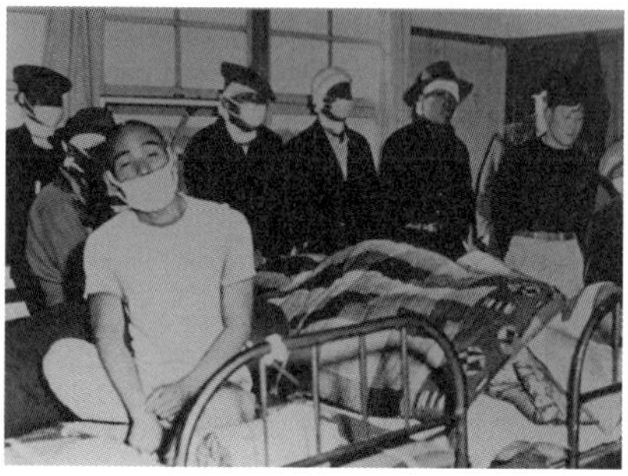
焼津北病院に集められ検査を受ける乗組員

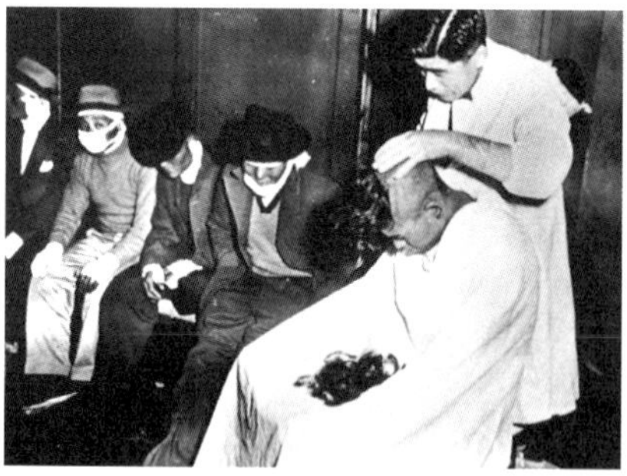
市職員による散髪

マーシャル諸島のビキニ環礁とエニウェトク環礁で「キャッスル作戦」と名づけた6回の水爆実験を行った。水爆ブラボー爆発は、1952年11月1日にエニウェトク環礁でアメリカが行った世界初の水爆実験に次ぐ2回目の実験で、ブラボーを製造したロスアラモス研究所は爆発の威力を6メガトン程度と予測していた。ところが実際には広島に投下された原爆の約1000倍の15メガトンだった。第2次世界大戦で使われた爆弾の総計が3メガトン、朝鮮戦争が1メガトン、ベトナム戦争が7メガトンといわれており、水爆1発で第2次世界大戦総爆発量の5回分の爆発を引き起こしたのである。

ブラボー水爆は、サンゴ礁の海上の台座の上に置かれ、巨大な爆発と同時に海中のサンゴが粉々に砕かれ、キノコ雲に吸い上げられていった。サンゴ礁は直径2000メートル、深さ60メートルにわたってえぐられたという。それはやがて、強い放射能をおびたサンゴの粉（死の灰）となって降り注いだ。

乗組員たちのあびた放射線量は、最初の24時間で120～240レントゲン、3月14日に下船するまでに270～440レントゲンと計算された（おおよそ2～3000ミリシーベルト。広島原爆の爆心から800メートルの距離の放射線量に相当する）[*8]。被ばくそのものに加えて、一般住宅の60倍にもなる110ミリレントゲンが出ている船体で暮らしながら「2週間、私達は強烈な放射能に充満した檻の中で、実験動物のような生活を送った」（池田正穂）のだった[*9]。それは放射線をあびた半数の人が死亡するという半致死量の400レントゲンに近く、体内に入り込んだ「死の灰」による体内被ばくも乗組員たちの身体をむしばんだ。

＊8　武谷三男『死の灰』、三宅泰雄『死の灰と闘う科学者』

＊9　池田正穂、前掲書

「急性放射能症」と「原爆症」

日曜日の早朝帰港した第五福竜丸乗組員23名はその日のうちに焼津協立病院で当直の大井俊亮医師の診察を受けた。広島・長崎の被爆者と同じ「原爆症」ではないかと直感した大井医師は、症状の重い2名を上京させることにした。翌15日朝、山本機関長と増田甲板員は、甲板で集めた白い粉を持って東大付属病院に向かい、そのまま入院することになった。

「邦人漁夫、ビキニ原爆実験に遭遇」「23名が原子病」「水爆か」「“死の灰”つけ……」「焼けただれた顔」。3月16日付の読売新聞朝刊は、衝撃的な見出しで第五福竜丸と乗組員の被ばくを報道した。それは核をめぐる大スクープだった。他紙も夕刊で追いかけた。日本中の耳目が焼津の街に集まり、世界中が注目した。

静岡大学、東京大学や大阪市立大学から専門家が調査に焼津に入り、アメリカの調査団もやってきた。3月20日、東大名誉教授都築正男博士（厚生省派遣調査団の団長）は乗組員の病名を「急性放射能症」と発表し、「現在のところ生命の危険はないが、長い将来にかけてガンの発症も懸念される」と述べ、広島・長崎の「原爆症」と区別したが、放射線障害であることに変わりはなかった。

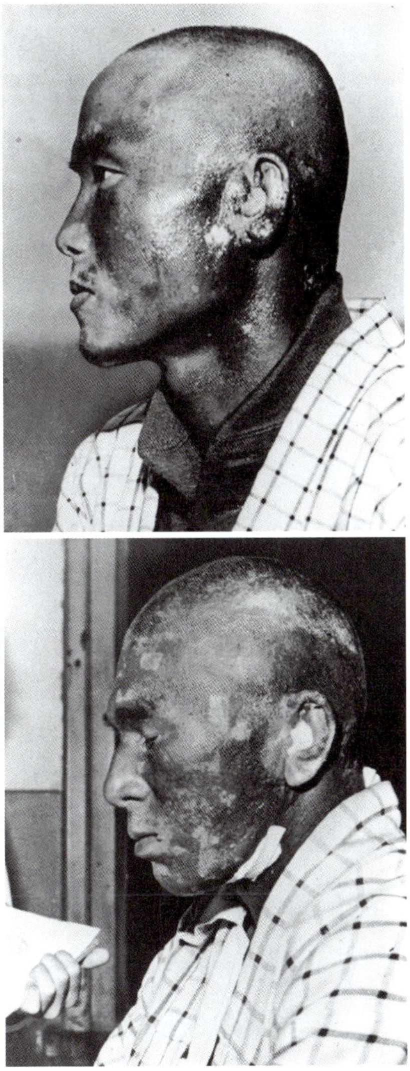

放射線による火傷　山本忠司・増田三次郎

「死の灰」から
水爆の秘密を解き明かす

白い粉＝「死の灰」の分析が東京大学・静岡大学・大阪市立大学・金沢大学・広島大学などで行われた。医師団は治療のためにアメリカに情報提供を求めたが、何ら返答はなかった。「死の灰」の分析は治療のためにも急がれた。

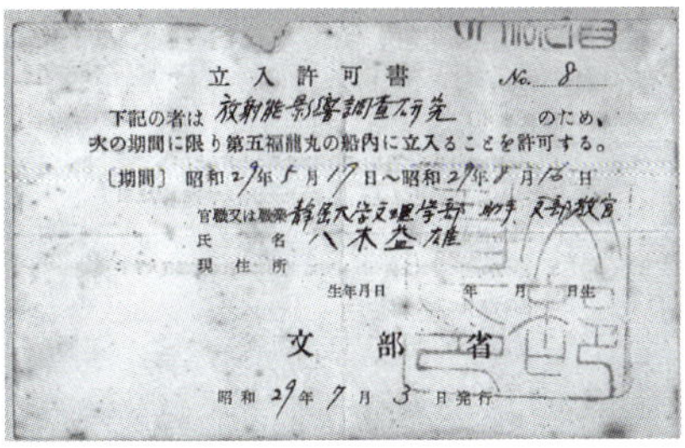

立入許可書　No. 8
下記の者は　放射能影響調査研究　のため、
次の期間に限り第五福龍丸の船内に立入ることを許可する。
〔期間〕昭和29年5月17日～昭和29年8月15日
官職又は職業　静岡大学文理学部 助手 文部教官
氏名　八木益雄
現住所
生年月日　年　月　日生
文部省
昭和29年7月3日発行

船内立入許可証

第五福竜丸被災を報じた『読売新聞』1954年3月16日付

その結果、短期間に自然界には存在しない核分裂生成物質（放射性核種）など20種以上を検出した。白血病や骨のガンの原因となるストロンチウム90、甲状腺障害を起こすヨウ素131・132などが見つかった。

その後、ウラン237と半減期が約2万4000年というプルトニウム239が検出されたことから、アメリカの最高軍事機密である水爆の構造を解き明かすことにつながった。

「死の灰」純品

西脇安博士のこと

ビキニ事件には多くの科学者が関わり大きな役割を果たした。なかでも三宅泰雄博士（地球化学、気象研究所）、檜山義夫博士（水産生物学、東大）、猿橋勝子博士（気象研）は、当時の活躍もさることながら第五福竜丸の保存に大きく関わり、亡くなるまで展示館の運営にも貢献した。

当時、大阪市立大学助教授であった西脇安博士は、ビキニ被災50年の2004年2月下旬と12月に第五福竜丸展示館を訪問し、「54年3月16日、大阪でマグロの放射能を検出し、驚いて妻のジェーンを伴い夜行列車で向い、17日朝、焼津で第五福竜丸の放射能をベーター・カウンターで測定したことを思い出す」と語った。このとき、西脇博士は、米原子力委員長宛てに、放射性物質に含まれる核種とその除染方法などを問い合わせる手紙を焼津で書いて送っている。このコピーは、ラスベガスの米国国立核実験博物館に展示されていた（山崎正勝「西脇安さんの第五福竜丸調査と米国への手紙」）。

西脇さんは、「ヨーロッパを回り、第五福竜丸の被ばくと死の灰の分析などについて報告した」と話した。このときウラン237が大量に出ている、との報告を聞いたJ・ロートブラット博士がビキニ水爆の構造を解明した（小沼通二「西脇安さんとビキニ水爆」）。

54年12月のマグロ検査打切りに際して西脇博士を中

ストロンチウム89
ストロンチウム90
イットリウム90
イットリウム91
ジルコニウム95
ニオブ95m
ニオブ95
ルテニウム103
ルテニウム106
ロジウム106
テルル129
テルル129m
テルル132
ヨウ素131
ヨウ素132
バリウム140
ランタン140
セリウム141
セリウム144
プラセオジム143
プラセオジム144
ネオジム147
プロメチウム147

（東京大学での分析）

死の灰の分析で発見された放射性核種（3月末）
その後、ウラン237、プルトニウム239など29種類を検出心に27名の科学者による「厚生省への質問状」(『自然』1956年1月号に掲載)が出され、汚染魚が入荷しつづけているもとでの中止にたいし厳しい対処を求めている。

船の放射能検査・焼津港

第五福竜丸が水揚げした魚の廃棄(築地)

原子マグロとたくさんの被災船

第五福竜丸は、帰港の翌朝3月15日にマグロを水揚げし、それは東京や名古屋、大阪をはじめ各地に送られていった。そこに読売新聞の記事が衝撃を与えた。焼津漁協から各地に「福竜丸のマグロを売らないように」と連絡が入り、「原子マグロ」の恐怖が走った。

東京・築地市場での検査では、マグロとサメから強い放射線が測定され、市場の人通りの少ない場所に埋められた。大阪では、一部小売されてしまい、富田林市では食べた市民に不安が広がり、保健所で検査をするという騒ぎもおこった。

3月19日、アメリカ海軍はビキニ海域の「危険区域」をそれまでの8倍に拡大した。その前日の18日、日本政府は北緯2度から21度、東経152度から172度の長方形の指定区域を設定し、同海域で操業もしくは通過した漁船の放射能検査を塩釜・東京・三崎・清水・焼津の5港で行うこととした。魚体から10センチメートル離したガイガーカウンター[*10]が1分間に100カウントの放射線を検出すれば廃棄処分とした。汚染魚は土中深くに埋めるか海洋投棄された。

3月から検査が打ち切られた12月までに、指定5港で汚染魚を廃棄した漁船は403隻、追加して検査を行った13港(長崎・鹿児島・串木野・枕崎・高知・室戸・室戸岬・徳島・神戸・大阪・串本・勝浦・田辺)では453隻、合計856隻、485.7トンの汚染魚が廃棄された。これには同じ船が数回にわたって廃棄したケースも含まれるので実数は約550隻と推計されている。

*10　ガイガー・ミューラー計数管。電離放射線が円筒を通過すると円筒内に封入されたガスが電離されて短く強いパルス電流が流れ、これを測定し計数する。

日本人科学者と漁業関係者からの強い批判があったにもかかわらず検査は12月末で打ち切られた。その背景に、11月15日から19日にかけて東京で開かれた「放射性物質の影響と利用に関する日米会議」が影響しているという。[*11]「魚から10センチ離れたところからでガンマ計数管で毎分500カウント以下の放射能がある場合は、食料として十分安全である」という、つまり日本政府の検査基準の5倍でも大丈夫だという声明が出された。そして12月28日、厚生省公衆衛生局長名で検査を12月31日限りで中止することが通達された。

こうして3月16日の読売新聞の報道とマグロの放射線検査から始まった「原子マグロ」騒動は収束に向かったが、翌55年からは検査を受けないマグロが市場に出回った。

被災船は漁船にとどまらない。貨物船や商船、また米軍の占領下にあった沖縄や韓国籍などの船もあったが、被害の全容は不明のままである。延べ2万人(実数約1万人)といわれる第五福竜丸以外の漁船員についても、放射線が検出されたり急性症状がでて、検査や治療を受けた者もあったがその数は少なく、追跡調査も行なわれていない。[*12]

張り紙を出す魚屋

海洋投棄される汚染マグロ

マグロ検査の打切り

当時、マグロ被害の水産業界に及ぼした影響・被害を調べた農業経済学者の近藤康男は著書『水爆実験と日本漁業』のなかでマグロ検査の打切りを批判している。以下に要旨を示す。

「3月に被害を受けた第五福竜丸と第十三光栄丸は、放射能の強さが5000カウントを超えていた。4月に入り高いカウントの比率は激減している。すなわち3月の被災は〈死の灰〉を直接に空から浴びた被災であり、4月以降は直接〈死

*11　高橋博子『封印されたヒロシマ・ナガサキ』

*12　山下正寿『核の海の証言』

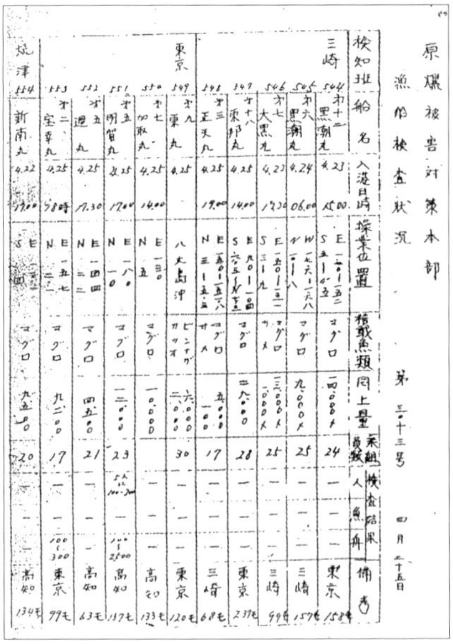

原爆被害対策本部
漁船検査状況
第三十三号　四月二十五日

検知班	船名	入港日時	操業位置	積載魚類	同上量	乗組員数	検査結果 人	魚	舟	備考	
三崎 544	第十二黒潮丸	4.23 15.00	S E [illegible]	マグロ	一四〇〇〇	24	—	—	—	東京	158
545	第六黒潮丸	4.24 06.00	N W [illegible]	マグロ	九〇〇〇	25	—	—	—	三崎	157
546	第七大黒丸	4.23 12.30	S E [illegible]	サメ マグロ	三〇〇〇	25	—	—	—	三崎	99
547	第十八栄邦丸	4.25 14.00	S E [illegible]	マグロ	二六〇〇	28	—	—	—	東京	237
548	第三王天丸	4.25 19.00	N E [illegible]	サメ マグロ	[illegible]	17	—	—	—	三崎	68
東京 549	第九東丸	4.25	八丈島沖	カツオ ビンナガ	[illegible]	30	—	—	—	東京	120
550	第七加取丸	4.25 14.00	N E [illegible]	マグロ	一〇〇〇〇		—	—	—	高知	133
551	第五明賀丸	4.25 17.00	N E [illegible]	マグロ	一二〇〇〇	23	[illegible]	—	100~2500	高知	117
552	第五週丸	4.25 17.30	N E [illegible]	マグロ	四五〇〇	21	—	—	—	高知	63
553	第二宝幸丸	4.25 18時	N E [illegible]	マグロ	九二〇〇	17	—	—	100~300	東京	99
焼津 554	新南丸	4.22 17.00	S E [illegible]	マグロ	九五〇〇	20	—	—	—	高知	134

マグロ検査一覧

外交文書に収録されている検査週報

の灰〉の効果ではなくて、〈死の灰〉が海水に溶け込み、プランクトンに吸収され、これをマグロが摂取したために起こった。再び汚染の度合が強くなるのは7月以降で指定5港では9月には1000カウント以上が半数以上もある。……指定5港以外では汚染度は低い。3000カウント以上は6、7月だけである。しかし、5000カウント以上については各月にそれほど大きな変化はなく、12月には各月を通して最高値を示している。

また、11月に比べて12月に被災漁船の数は減少してきているが、これは放射能魚の危険が減少したとは見なせない。より遠くの漁場に行ける大型船の被災が増加しており、海区が拡大し放射能が広く伝搬されていることを物語るからである。12月の検査打切りが妥当であったか疑われる。」

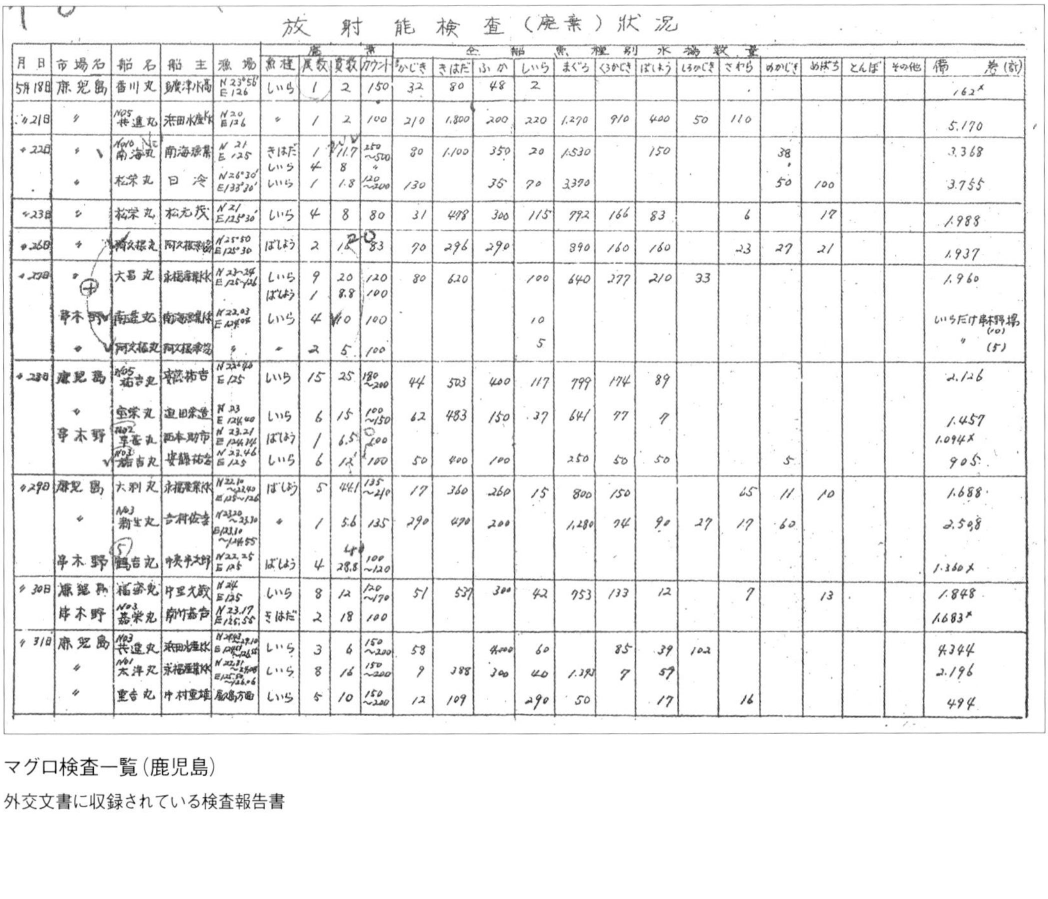

放射能検査（廃棄）状況

月日	市場名	船名	船主	漁場	廃棄 魚種	尾数	貫数	カウント	全船魚種別水揚数量 かじき	きはだ	ふか	しいら	まぐろ	くろかじき	ばしょう	しろかじき	さわら	めかじき	めばち	とんぼ	その他	備考(計)
5月18日	鹿児島	香川丸	[illegible]	N23°56' E126	しいら	1	2	150	32	80	48	2										162×
〃21日	〃	No5 共進丸	浜田水産KK	N20 E126	〃	1	2	100	210	1,800	200	220	1,270	910	400	50	110					5,170
〃22日	〃	No10 南海丸	南海漁業	N21 E125	きはだ しいら	1 4	11.7 8	250~500 〃	80	1,100	350	20	1,530		150			38				3,368
	〃	松栄丸	日冷	N26°30' E133°30'	しいら	1	1.8	120~200	130		35	70	3,370					50	100			3,755
〃23日	〃	松栄丸	松元茂	N21 E125°30'	しいら	4	8	80	31	478	300	115	792	166	83		6		17			1,988
〃26日	〃	阿久根丸	阿久根漁協	N25°50 E125°30	ばしょう	2	12 (20)	83	70	296	290		890	160	160		23	27	21			1,937
〃27日	〃	大昌丸	永福産業KK	N23~24 E125~126	しいら ばしょう	9 1	20 8.8	120 100	80	620		100	640	277	210	33						1,960
	串木野	南進丸	南海漁業KK	N22.03 E124.08	しいら	4	10	100				10										いらだけ串木野揚 (10)
	〃	阿久根丸	阿久根漁協	〃	〃	2	5	100				5										〃 (5)
〃28日	鹿児島	No5 福吉丸	[illegible]	N22°40 E125	しいら	15	25	180~200	44	503	400	117	799	174	89							2,126
	〃	宝栄丸	[illegible]	N23 E124.40	しいら	6	15	100~150	62	483	150	37	641	77	7							1,457
	串木野	No2 幸栄丸	西本助市	N23.21 E124.14	ばしょう	1	6.5	100														1,094×
		No3 福吉丸	安藤福吉	N23.46 E125	しいら	6	12	100	50	400	100		250	50	50			5				905
〃29日	鹿児島	大利丸	永福産業KK	N22.10~22.40 E125~126	ばしょう	5	44.1	135~210	17	360	260	15	800	150			65	11	10			1,688
	〃	No3 新生丸	[illegible]	N23.20~23.30 E123.10~124.55	〃	1	5.6	135	290	470	200		1,280	74	90	27	17	60				2,598
	串木野	鶴吉丸	[illegible]	N22.25 E125	ばしょう	4	28.8 (48)	100~120														1,360×
〃30日	鹿児島	[illegible]	[illegible]	N24 E125	しいら	8	12	120~170	51	537	300	42	753	133	12		7		13			1,848
	串木野	No3 嘉栄丸	[illegible]	N23.17 E125.55	きはだ	2	18	100														1,683×
〃31日	鹿児島	No3 共進丸	浜田水産KK	[illegible]	しいら	3	6	150~200	58		4,000	60		85	39	102						4,344
	〃	No1 太洋丸	永福産業KK	N22.31~23.08 E125.50~126.06	しいら	8	16	150~200	9	388	300	40	1,393	7	57							2,196
	〃	豊吉丸	中村豊雄	屋久島方面	しいら	5	10	150~200	12	109		290	50		17		16					494

マグロ検査一覧（鹿児島）

外交文書に収録されている検査報告書

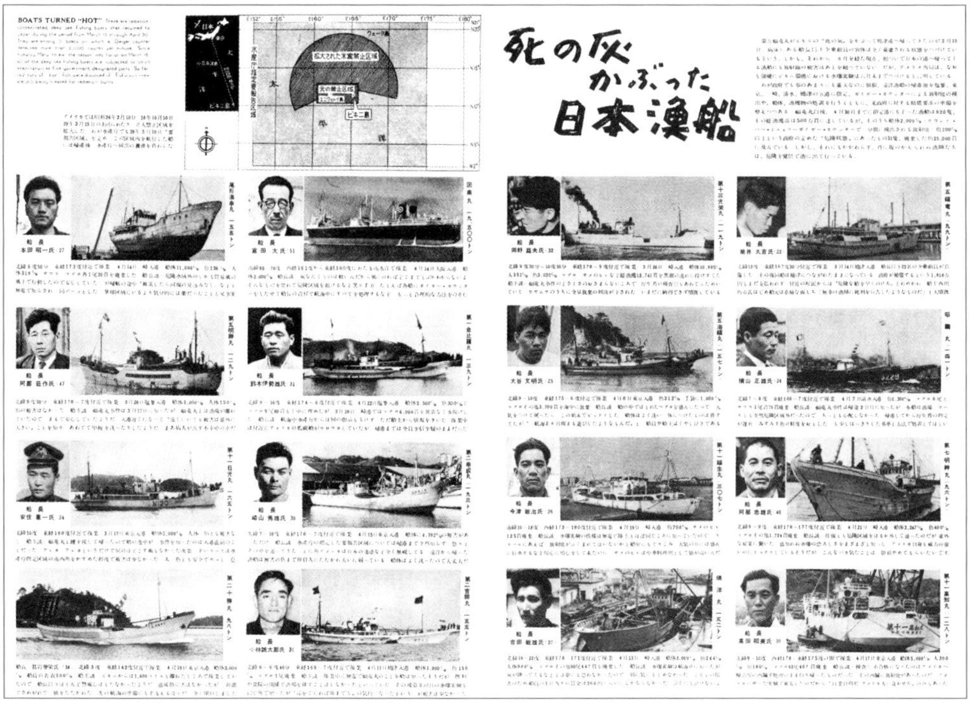

BOATS TURNED "HOT"

死の灰かぶった日本漁船

「死の灰をかぶった日本漁船」

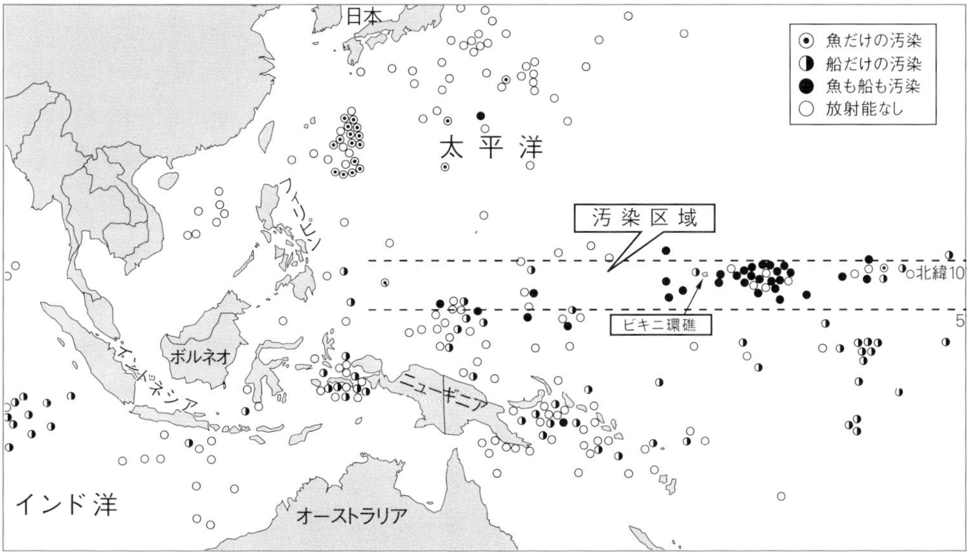

1954年3月から6月25日までの「放射能魚」の漁獲場所別図

第五福竜丸被災と焼津漁業の被害

枝村三郎

水爆実験による漁業被害

1952年4月、サンフランシスコ対日講和条約の発効により遠洋漁業が自由にできるようになった。54年当時、マグロ漁業など遠洋漁業が最盛期を迎えた。焼津港にはカツオ・マグロ漁船が焼津船68隻など県外船を含め150隻あり、漁民約4000人が従事していた。東洋一を誇る焼津魚市場は長さ315メートル、幅28メートルの巨大な建造物で、完成間近く新たな発展を象徴していた。

【表1】1954年度焼津港魚種別水揚高（1000トン以下四捨五入）

魚種	マグロ	カジキ	カツオ	サバ	その他	総量
数量（トン）	25,000	3,000	20,000	3,000	4,000	55,000
%	44	6	36	6	8	100

焼津漁業は漁獲総量の44％をマグロが占めて、カツオ・マグロで年間約41億円の水揚金額があった。水爆実験による漁業被害が数億円に達した。

第五福竜丸被災につづき、広い海域で多くの漁船が放射能汚染魚を捕獲してきたことで、漁業者・水産加工業者に大きな打撃を与えた。

【表2】1954年3月・焼津港の状況

	入港船	水揚高	水揚1日平均
上半期	168隻	1,896トン	118トン
下半期	118隻	1,351トン	87トン

【表3】1954年3月魚価の変動

単位：円／貫（3.8キロ）

魚種	メバチマグロ	キハダ	カジキ
3月15日魚価	500	510	600～1100
3月31日魚価	300	310	410～850

3月16日は漁船16隻、月最高の水揚げ高205トンであった。他県の漁船は焼津港をさけて他港で水揚げした結果、16日を境に入港漁船・水揚げ高が減少した。3月分水揚げ高は3247トン、4億円ほどであった。マグロなど魚価の変動が半月の間に4割安の相場となり、漁業者は大きな損失を受けた。魚屋は「原爆マグロ・原子マグロ」と騒がれて全く売れなくなった。

焼津市内には戦争や軍徴用漁船で夫を失った女性が約600人おり、未亡人会を組織していた。70人は「にこにこ会」をつくり、魚の練り製品を行商していた。女性たちは浜松・磐田・掛川・静岡方面に、はんぺん・なると巻きなどを行商していた。「焼津物」の練り製品が敬遠されて売れず、平均日収が300円から150円へ半減した。

焼津市内の練り製品業者は、100軒ほどあり、事件前に一日出荷平均600箱16トンで252万円ほどあり東京市場が7割を占めた。練り物原料「原爆鮫（サメ）」にたたられて、400箱11トンとなり168万円の3～4割減となった。漁業者の間では、第五福竜丸を「厄介船」と呼んだ。

9月23日、久保山愛吉無線長が水爆による最初の犠牲者となった。米国は見舞金100万円、政府が弔慰金550万円を遺族へ支払う「補償」が報道された。焼津市民の間に羨望やねたみが急速に広がり、久保山すずや乗組員家族を苦しめる結果になった。

10月焼津市内の高校生は、市民150人に意識調査を行った。補償金問題では「金に命はかえられない－114人、久保山さんは運がよい、他の人にもできるか疑問だ－42人、広島・長崎の人や戦争犠牲者に対して不公平だ－35人」などの複数回答があった。漁師の妻たちは「漁師が一生かかって働いてもその何分の一にも達しない」という人もあったが、「お金をもらっても死んだ人は帰ってこない」などと夫を失った久保山すずの悲しみに寄りそう者もいた。

焼津港における漁船被害

焼津港では第五福竜丸以外の漁船被害の調査資料が少なく、長い間実態が不明であった。2005年に焼津漁協組合・遠洋水産研究所（静岡市清水区）で新資料が見つかり、焼津港の漁船被害の全容が判明した。1954年3月から12月の放射能検査により、焼津港で漁獲物が廃棄された被害漁船は113隻、廃棄量は約50トンに及んだ。

【表4】放射能汚染漁獲物の廃棄漁船月別数（1954年）

月	3	4	5	6	7	8	9	10	11	12	計
隻数	1	1	6	26	4	3	5	14	16	37	113

【表5】放射能汚染漁獲物の廃棄漁船県別数

県	静岡	和歌山	三重	愛知	大阪	徳島	高知	鹿児島	その他	計
隻数	42	26	3	4	3	7	18	6	4	113

静岡県隻数の所属漁港内訳：焼津27　清水5
御前崎6　田子2　不明2　計42隻

放射能汚染による漁獲物の廃棄漁船は、3月の1隻が第五福竜丸である。　4月、水爆実験を目撃し「死の灰」の被害を受けた第二吉祥丸である。5月に北赤道海流から黒潮に乗り汚染海域が拡大した。琉球列島・西表島海域で操業した鹿児島2、和歌山2隻など計6隻が、主にカジキ・シイラを廃棄した。

6月に大東諸島・硫黄島海域まで汚染が広がり、廃棄漁船が急増した。鹿児島4、和歌山11、高知4、静岡1隻など26隻は、汚染魚の大半がサワラ、カジキ類で廃棄した。県外船は60トン以下の小型漁船で、荒海に命がけで延縄漁をするため焼津漁民から「特攻船」と呼ばれていた。

夏場の7月〜9月、マグロ・カツオ兼業船はカツオ漁に専念した。マグロ漁船は静岡7、和歌山2、高知2隻と減少し、廃棄魚のキハダも減少した。

10〜12月に黒潮により汚染が、伊豆諸島・小笠原諸島海域に広がった。冬場のマグロ漁が本格化して、小笠原諸島海域を主要漁場とする静岡県漁船に廃棄船が急増した。静岡県漁船は10月13隻、11月9隻、12月10隻と多かった。12月焼津港に入った県外船で、廃棄漁船は高知9、和歌山10、徳島4隻と多くなった。汚染魚はキハダ・ビンナガ・ダルマとマグロ類に多く出ている。12月に廃棄漁船が37隻に急増したが、政府は突如として放射能検査を中止した。
（元焼津市史編纂委員）

漁港でのマグロ検査（焼津）

三崎の漁業被害

森田喜一

神奈川県の三崎漁港で第五福竜丸の被災事件に最も早く反応したのは魚商たちである。

昭和29年3月16日の読売新聞都内版（14版）の朝刊に掲載された第五福竜丸被ばくのスクープ記事は、三崎には間に合わなかった。三崎地区の住民が事件を知るのは、この日のラジオニュースと夕刊による各社の報道である。この時三崎の一般住民はもとより漁業関係者ですら、これが三崎の経済を直撃する大事件につながると予測した人は誰もいなかった。静岡県焼津港という、遠く離れた地域での出来事としか思わなかったのである。

しかし、翌17日早朝に行われた三崎魚市場でのマグロの入札は（三崎魚市場での取引はせりではなく入札で行われる）平常の2、3割安でスタートした。三崎で最初に現れた事件に対する反応である。

魚商の組織である三崎魚商協同組合の組合長がこの日午後、県へ出向いて三崎の実情を説明した。まだ、ガイガーカウンターによる魚体検査が行われる前の話である。ガイガーカウンターでの検査が始まったのは19日からである。

市場でマグロの魚価が暴落したことで、船主も船員も、そして三崎町議会も動揺した。経済の大半をマグロに依存する三崎としては、マグロの価格の暴落は死活問題で、それは町政をも直撃したのである。マグロ景気により黄金期を迎えていた三崎は一気に活力を失った。船主も、船員も、魚商も、そしてマグロ船に依存する多くの商業者たちも例外なく被害を受けた。

事の重大さを受けて、魚商団体も、船主団体も県や国に対して、被害の実情を訴える活発な働きかけを開始した。

この事件で三崎の漁業者、魚商の受けた損害は3月の時点で1億1000万円といわれている。だから、関心の全ては、魚価の回復に注がれ、漁船員の健康問題に目を注ぐ人はいなかった。

事件の全貌が明らかになり、様々な動きが始まると、船員側に戸惑いが走った。当時のマグロ漁船は2、3カ月のサイクルで回転しており、入港しても1週間ほどで次の漁に出漁する。ここで健康診断を受けていたら職を失うので、船員は健康診断を受けようとはしなかったし、それを勧める人もいなかった。マグロ漁船員というだけで「放射能を浴びている」と噂された人もいる。だから誰もが「放射能とは無関係」という態度をとり続けた。唯一の例外は、3月26日に三崎港に入港した第十三光栄丸の乗組員たちである。

船体と、積んできたマグロから多量の放射能が検出され、このことから、船員も何らかの被害を受けているおそれがあるとして、23人の乗組員全員が国立久里浜病院で検査を受けた。この間、船は出港を見合わせた。

検査結果については公表されていないが、この時点では、体調不良を訴えるものはいなかった。マグロの魚体検査は、同12月31日をもって打ち切られた。

この間、多くのマグロから放射能が検出され、廃棄処分にされたが、人体から放射能が検出されたものはほとんどいなかった。しかし、多くの船員が晩年になってガンにかかり、それが原因で死亡している。放射能との因果関係は分からないが、それを否定する根拠もない。

事件後、政府から全国の漁業関係者に補償金が支払われたが三崎の漁業関係者が受けた額が全国で最も多かった。それほど、三崎が受けた経済的な打撃は大きかったのである。

（フリーライター）

国立東京第一病院での入院生活。左から半田四郎、平井勇、大石又七、久保山愛吉

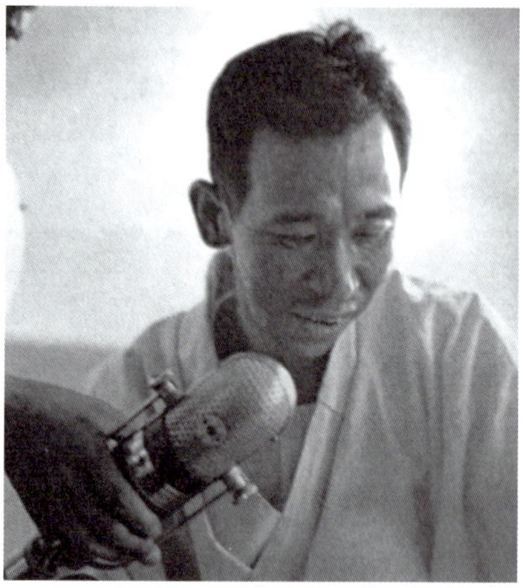

1954年8月6日、病院と焼津魚市場、広島平和公園を結んで行われた文化放送の「青空会議」で、マイクから家族に語りかける久保山愛吉

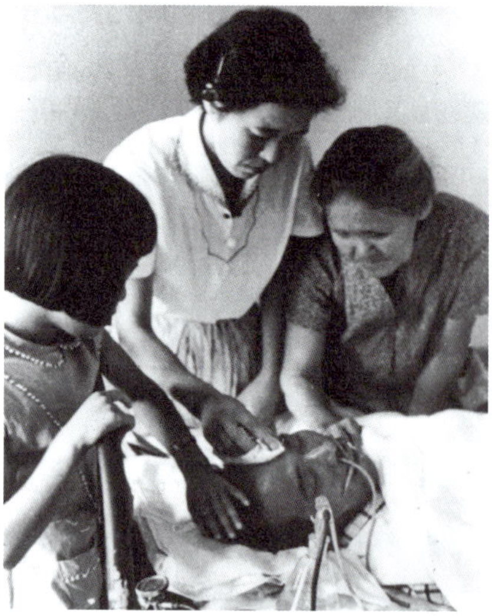

8月末より容態が急速に悪化、母しゅん、妻すず、長女みや子

久保山愛吉の死

焼津北病院に入院していた第五福竜丸乗組員21名は、3月28日、米軍輸送機2機で大井川のそばの静浜飛行場から羽田空港へと移送された。症状の重い5名が先に入院した2名とともに東京大学付属病院に、16名が国立東京第一病院（現・国立国際医療センター）に入院した。

4月半ばになると、白血球数が1000前後（通常、1立方ミリメートル当たり4000～8000）、骨髄細胞が1万個（通常10～20万個）に激減する者が出た。発熱と同時に鼻血、歯茎からの出血、腹中出血の結果としての血便、だるさなど、造血機能の障害が現れた。抗生物質の投与と大量の輸血が続いた。6月に入り、ようやく白血球が増加の兆候を見せ始めたが、17名が肝機能障害を起こし黄疸《おうだん》の症状が出はじめた。

乗組員は平均年齢25歳、10代と20代が20人と若かった。「死の灰」をあび世間の注目をあびる一方で、放射能症や将来の生活への不安のなかでの入院生活だった。安藤三郎は手記に「病気は悪くなるばかりであったが、毎日子どもの事を考えて心を励ました。幸い先生方の昼夜を分かたぬ御診療のお蔭で、少しづつ気分が良くなった、だがこんどは社会人としての価値を失ったのではないかという不安が持ち上がってくる。こんな私達を力づけてくれたのは各方面からの慰問文や焼津小学校の児童の図画、習字、作文などだった……」と記している。[*13]

増田三次郎は「私は仕事のこと、結婚、その他あらゆることに関して自分の未来について、どんな夢もえがいていない」と手記に記している。[*14]

7月になると、久保山愛吉の黄疸の症状が悪化していった。そして8月20日ごろから久保山は病状が急変、29日には意識障害を起こし昏睡状態に陥った。30日午後7時30分、重態の臨時発表があり、医師団の懸命な治療により9月4日には意識が回復し危機を脱したかに見えた。

ところが、9月21日、再び重態に陥った久保山は焼津から駆けつけた家族が見守るなか、23日の午後6時56分、死亡した。享年40歳。乗組員で一番の年長だった久保山が最初の犠牲者となった。医師団はその死因を「急性放射能症とその続発症」と発表したが、アメリカは水爆実験による被ばくとの関係を認めていない。現在では、久保山の死因は「急性の放射能障害とそれに続発した激症肝炎による多臓器不全」と考えられている。

9月25日、遺骨は東京駅から焼津へ向かった
(母、妻、三人の子どもたち)

1955(昭和30)年5月20日、22名の乗組員は1年2カ月にわたる入院加療の後に退院した。しかし海の男たちは、被ばくによる後遺症の心配があり長期にわたる遠洋の漁に行くことはできなかった。生活、結婚、子どもへの影響などの不安を背負い、その後の人生を歩むことになった。

23名の乗組員のうち、2013年末までに16名が亡くなっている。その多くが肝機能障害に苦しめられ、死因のほとんどが肝硬変《かんこうへん》、肝臓ガンである。

＊13　焼津市『第五福竜丸事件』

＊14　S. G. ファンティ『現代人は狂っている』

乗組員の健康問題と久保山愛吉の死

聞間 元

乗組員の被ばくと健康問題

乗組員の被ばくはよく知られているように核分裂生成物が破砕されたサンゴ礁の細片にくっついてできた「死の灰」によるものである。

乗組員は頭上に降り注いだこの白い粉が何物であるか知るよしもなく、船体や漁具、衣服や体に付着した状態で帰港までの14日間を過ごした。備蓄していた飲み水、塩漬け野菜や魚、米などの食料も放射能で汚染されていたであろう。

当時の研究者によって乗組員が個別に浴びた放射線被ばく線量が計算されている。もちろん外部被ばくだけであるが、最小で1．6シーベルト、最大で7.1シーベルト、平均で3.24シーベルトという高線量被ばくである。原爆被爆者でいえば爆心地から1キロメートル以内の被ばく線量である。

帰港直後の血液検査では白血球減少症が注目された。当時、この対策は輸血が最善と考えられていたが、当時の輸血用血液の供給は売血に拠っていたため高率に血清肝炎を引き起こすこととなった。

乗組員の染色体異常と後遺症

あまり知られていないことであるが、放射線医学総合研究所が被ばく10年目と20年目の乗組員の医学調査をまとめた2つの報告がある。

この報告で被ばくの後影響として認めている異常は染色体の異常である。これは近距離被爆の原爆被爆者の異常率をも上回り、乗組員全員に認められた。染色体異常は放射線による遺伝子レベルでの傷害を示しており、放射性降下物でも同じように染色体に異常を示しており、原発事故による被ばくも油断できないわけである。

なお、乗組員の2人目の死は21年目であったので、20年目の放医研報告には反映されていない。

平成25年10月現在で23人中16人が肝臓病やがんなどで早逝している。

久保山愛吉の死を考える

久保山愛吉の病理解剖の結論としては、肝臓の強い傷害と骨髄（造血組織）、リンパ節などの免疫臓器に生じた変化が主たるものである。これは今風に言えば「多臓器不全」ということになる。米国の原子力委員会の専門家は、久保山の死は輸血による肝臓死だといいたいようだが、しかし骨髄やリンパ節の変化、精巣細胞の障害は輸血や肝炎ウイルスだけでは起こらない。

当時の医師団の最高顧問であった都築正男元東大教授は、放射線医学の専門家でもあったが、久保山の死因について次のように記述している。

「久保山さんの遺骸の解剖検査によって、われわれは今日まで習ったことも見たこともない、人類始まって以来初めての障害、新しい病気について、その一端を知る機会を与えられた。」

それは医学史上初めてと思われる解剖臓器からの放射性物質の検出によって裏付けられている。

・3.1ビキニ水爆実験では、ウラン235、またはプルトニウム239の核分裂反応によって、少なくとも60～80種の放射性核種が発生したと見られる。

・久保山は3月1日の被ばく後207日目に死亡した。臓器中の放射能の測定はその後に測定されたものである。したがって当初大量に存在したはずの短時間寿命の放射性核種の検出は不可能であった。ここでは比較的寿命の長い放射性核種だけが測定されている。

・核分裂の結果、放射性原子核ストロンチウム（Sr）95が大量に作られ、短時間（半減期24秒）のうちにイットリウム（Y）95になり、これが半減期約10分でジルコニウム（Zr）95になる。ジルコニウムは半減期64日でベータ線を放出してニオブ（Nb）95になる。ニオブ95も半減期35日でベータ線を放出して非放射性の安定金属であるモリブデン95になる。

・したがって、久保山や乗組員はジルコニウム95とニオブ95のベータ線照射を身体の内外から受けることになるが、これが久保山の肝、腎、肺、筋、骨から実際に検出されている。

・久保山の肝臓からは、このほかにセリウム（Ce）144、プラセオジム（Pr）144などの希土類とストロンチウム89、90、イットリウム90が検出されている。

「ウイルス肝炎単独犯」の医学的不確かさについて

当時の医学検査では、血清肝炎のウイルス学的診断はできなかったが、今日の医学的知見に基づいても、久保山の死因としてのウイルス肝炎説には不確かな点が多い。

久保山の肝障害は、輸血から発症まで約3カ月、発症から死亡まで約3カ月であり、いわゆる「亜急性劇症肝炎」に相当する。

輸血を感染源とする劇症肝炎だとした場合、C型肝炎ウイルスは劇症肝炎の原因にはならず、持続性の慢性肝炎を引き起こすだけである（のちの肝硬変、肝がんへ進展し、実際に乗組員の多くが発病した）。

可能性があるのはB型肝炎ウイルスであるが、一般に劇症肝炎になる発生率は1%前後とされる。この場合、B型肝炎ウイルス自体が直接の肝毒性を持つのではなく、肝炎ウイルスに対する免疫反応の異常な応答が劇症化の決定的要因とされている。

したがって、リンパ系免疫細胞に対する外部及び内部からの高線量の被ばくによる免疫能の低下、免疫反応の異常な応答の出現によって、肝不全をはじめ多臓器不全を引き起こす結果となったと考えるのが、科学的に妥当であろう。

免疫系の異常を裏付ける事実としては、リンパ系臓器の萎縮や真菌性肺炎の存在が病理組織検査で証明されている。

久保山愛吉は歴史始まって以来の新しい病気で死んだ

久保山の死因は、放射性降下物の内部被ばくによる多臓器不全、とくに免疫不全状態を基盤にして、当時の輸血中に含まれた肝炎ウイルス（B型肝炎が主役？）の侵襲と、その結果としての免疫異常応答との複合的、重層的な共働成因により、亜急性の劇症型肝炎を生じたものである。

これは単なる血清肝炎の劇症型ではなく、都築教授が述べたように、原爆被爆者にも見られなかった「歴史始まって以来の新しい病気」、すなわち「放射能症性肝病変」なのである。私はこの新しい病気に、「久保山病Kuboyama Disease」と名付け、後世に伝えるべきと考えている。

（医師）

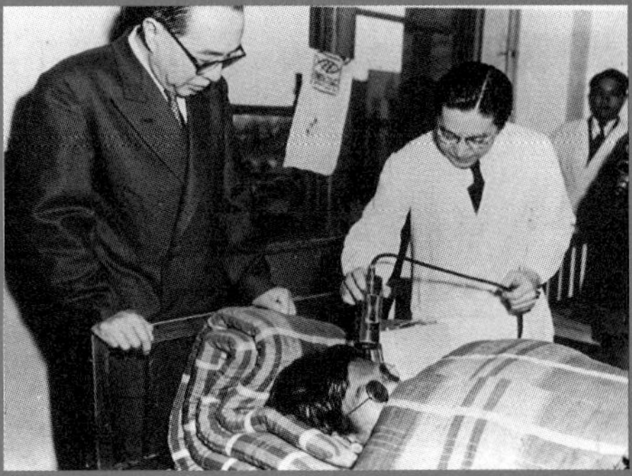

東大病院で乗組員の検査に立ち合う都築博士

焼津北病院にて

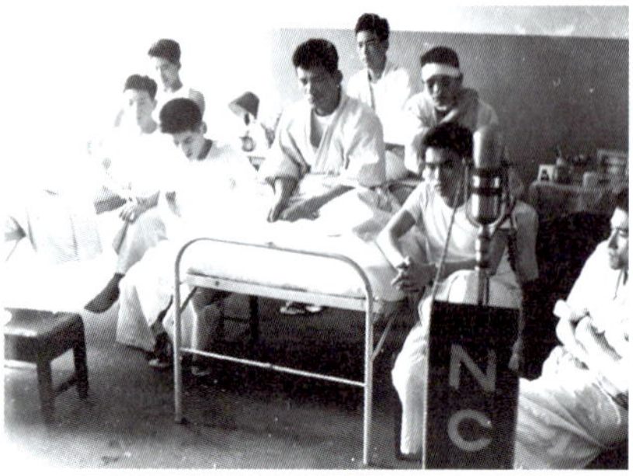

病室からのラジオ放送（国立東京第一病院）

4版 第28144号

久保山さん、ついに死去

水爆被害・初の犠牲者

補償金五百余万円に

政府、一両日中に支払い

"心からお悔みを"

アリソン米大使が声明

アリソン大使

米大使から百万円

おくやみ状も

補償交渉と別個に見舞金

死因は「放射能症」

明年中に国際機関

ダレス 原子力の平和

久保山愛吉の死と補償金について報じる『朝日新聞』1954年9月24日付

被ばく者として認められない船員たち

第五福竜丸の乗組員は、広島・長崎の被爆者のような原爆手帳（被爆者健康手帳）を取得することはできない。国は55年1月4日の日米合意（交換公文）において、すべて解決済みとしているのである。一方、原爆被爆者への最初の社会保障の法律制定過程では、水爆実験被災者も含む法案が検討の当初には存在した。

原水爆禁止の世論がひろがり、原爆被爆者への補償への要求が高まった。56年8月に「原爆障害者援護法案」が参議院法制局で作成された（山下義信・社会党参議院議員の依頼による）。その法案には、被爆者、水爆実験等による被災者および今後生じると思われる原子力工業に基づく被災者が含まれていた。しかし、社会党内で法案成立のためには広島・長崎の被爆者に絞る方向が出され、57年3月「原子爆弾被爆者の医療に関する法律」が成立した。同法の「被爆者」の定義（第二条）から第五福竜丸の乗組員は除外され、その後の補償はない。

船員保険の再適用

1996年、第五福竜丸の乗組員の一人、小塚博が重い肝臓病にかかり、その治療に船乗りだったころの船員保険を再適用してほしいとの訴えを起こした。国からの援助のない小塚らに対して、医師や弁護士らが支援をすすめ、1988年に静岡県と県社会保険審査会に再適用の申請をしたが却下された。しかし厚生省（当時）では公開審査を経て2000年7月に再適用が認められた。

このとりくみの中心になり行動した元乗組員の大石又七は、「初めて被ばくと関係があると認められた」と述べ、さらに亡くなった「仲間のことも究明したい」と、船員保険による遺族年金の受給にとりくみ、C型肝炎に感染し肝臓ガンや肝硬変で亡くなったことが証明できる元乗組員5人についての年金支給を実現させている。

水爆実験被害への補償

1955年1月4日、日米間の合意、交換公文がかわされる。その内容は、アメリカが慰謝料として200万ドル、円換算で7億2000万円を日本政府に支払うというものだった(当時は1ドル360円)。この支払いは、核実験による損害を賠償するのではなく、つまり法的責任に基づかない、あくまで人道的な好意で行うというものだった。さらに今後、廃棄魚がでても亡くなる人が出ても追加の支払いはしない、との了解であり、これをもって事件については「すべて解決」とみなすというものだった。

水産業界が算出し政府に求めていた全国の漁業被害額は、25億円であった。業界からは政府に補てんを求める声も上がったが、結局妥協せざるを得なかった。7億2000万円の配分は4月下旬の閣議決定で確認された。水産業界に5億8000万円、第五福竜丸関係に2480万円と慰謝料・傷病手当5279万円であった。福竜丸以外の乗組員の治療費に200万円(120人)が僅かではあるが支出され放射線傷害で治療を受けた者があったことを示している。

日米間のこの合意により、第五福竜丸乗組員にはお見舞金として平均200万円、亡くなった久保山無線長の家族には550万円が配分された。

退院した22人は完全に治癒したのではなく自宅療養であったが、この見舞金受給により「被害補償」も終わったとされたのである。

閣議決定(1955年4月28日)による慰謝料配分
(単位:千円)

治療費	25,474
第五福竜丸乗組員他123人	
慰謝料および傷病手当金	54,262
第五福竜丸乗組員他37人	
水産業界への「慰謝料」	584,656
漁獲物廃棄による損害	79,289
危険区域設定による漁船の損害	51,163
魚価低落によるまぐろ生産者の損害	454,204
商船の滞船料、水洗料等に対する見舞金	1,272
流通業者等の損害	41,000
産地仲買業	16000
六大都市市場関係	22000
燻製品・焼竹輪業他	3000
その他	13,336
焼津市(家族見舞金・その他応急費)	1,236
生産者団体(かつお・まぐろ漁業団体出費に対する見舞金ほか)	5,500
市場関係・缶詰冷凍団体	6,600

合計:720,000

カツオ・マグロ漁業者各県別配分額(単位:円)

北海道	1,201,300
青森	2,570,300
岩手	14,034,100
宮城	44,403,900
秋田	52,800
福島	5,573,600
茨城	9,419,400
千葉	17,947,400
東京	16,187,700
神奈川	172,915,000
静岡	91,704,900
愛知	5,859,300
三重	35,471,900
和歌山	19,762,200
徳島	6,337,700
高知	87,733,500
長崎	518,200
宮崎	4,638,300
鹿児島	23,049,300
大阪	248,700
岡山	89,500
香川	274,900
福岡	6,400
大分	83,000
熊本	201,600
不登簿	1,176,700
その他保留	16,194,400

ビキニ被災船を追う高校生たち

山下正寿

消された被災漁船員

「幡多高校生ゼミナール」の調査をビキニ事件の真相解明へと導いてくれたのが、藤井馬さんと息子の節弥さんだった。馬さんは２人の子どもとともに長崎で被爆した。節弥さんはマグロ船員となり、太平洋の核実験に遭遇した。1960年８月２日、彼は神奈川県久里浜の入院先を抜け出し、入水し、27歳の命を絶った。

節弥さんの遺品の気象図には、赤ペンでビキニ環礁とクリスマス島を丸で囲み、「百屯の航洋船デハ　クリスマス島水爆ニハ関係ナイガ　ビキニハ大イニ関係アル　サモア船団ニハ少シ位被害ガアルカモシレヌ」と書かれていた。「これを私に見せながら、節弥は『放射能を浴びた』といってとても気にしていました」と馬さんは語った。

調査を進めていくなかで、ビキニの水爆実験の犠牲になったと思われる高校生の事件につきあたった。室戸岬水産高校３年生・谷脇正康さんだ。彼は、1954年５月中旬、同級生とともに３カ月に及ぶ操業実習を行っていた。五月下旬、体調を崩した彼は一人室戸に帰ってくる。下船後１カ月ほどしてから盲腸の手術を受け、退院。間もなく高熱や体中の痛みを訴え、再入院した。鼻血が止まらない、白血球数が1500に減るなど「再生不良性貧血」と診断された。さらに第五福竜丸乗組員と同じ症状の肛門周囲炎や発声不能などの症状が加わり、高熱・全身の痛みにおそわれ、12月６日に急死した。

正康さんは生徒会長を務め、体格が良く相撲部にも所属していた。彼の突然の発病は疑問視され、衝撃的でさえあった。担当医が「原爆症の疑いが濃い」と語ったことが地元紙に載っていた。

ビキニ水爆実験による被災と放射能汚染が大問題となっていた1954年の当時、高知県内の180隻余の遠洋マグロ船のうち、約120隻（のべ270隻）が汚染マグロを廃棄し、４月には2000名の抗議集会が室戸で開かれた。しかし、12月の放射能検査中止から、ビキニ被災は時の流れのなかに埋もれていった。

「放射能で死んだ者など、この町にはいない」――この厚い壁の後ろに、被災の事実を認めさせまいとする無言の圧力があった。「ビキニ事件は今も生きている。過去の出来事だけではない」。高校生たちの調査は一軒一軒ねばり強くつづけられた。一人一人の証言が、ビキニの海をよみがえらせた。光った海、立ち上がった雲、死の灰のこと――。そしてマグロ漁業のすさまじい労働の場面も記録化された。「被ばくしているなどとは考えとうない。しかし、昔の仲間が次々に倒れていく。自分の体もまともじゃない。不安だ」と被災漁船員が声を出しはじめた。調査が５年目を迎えたころ、これらの声は壁のひとつを破ってあふれ出た。漁業界の上下関係がいまだに強い室戸で、ビキニ被災船員の会が結成された。

沖縄のビキニ事件

ビキニ事件の調査がすすむうちに、沖縄が気になりはじめた。大阪港でマグロを廃棄させられた高知県船籍のマグロ漁船の操業海域が沖縄近海であるにもかかわらず、沖縄でマグロを廃棄したという記録がないからだ。

ビキニ事件当時、沖縄はまだアメリカの占領下にあった。アメリカがおこなったビキニ水爆実験について、アメリカ側の主張には事件を過小評価する傾向がみられた。

1989年８月７日から14日までの７泊８日で、高知高校生ゼミナールの高校生たちは、長崎で開かれた第16回全国高校生平和集会への参加と、二重被ばく者・藤井節弥さんの母校である淵中学校訪問のあと、沖縄に渡って、はじめての沖縄ビキニ事件調査を開始した。

沖縄の基地・戦跡学習と沖縄の高校生との交流後、翌日からビキニ被災調査は3つに分かれ、1班は沖縄のマグロ漁船・銀嶺丸、2班は糸満売り（人身売買）と「貝取り船」、3班は那覇気象研究所で放射能雨について調査をした。

沖縄のマグロ漁船・銀嶺丸と大鵬丸は1954年、那覇港でアメリカ軍の放射能検査を受けたが、結果は知らされず、水揚げされた魚の廃棄命令も出なかった。両船の乗組員68人（それぞれ36人、32人）が確認され、そのうちの17人が40歳代半ばから50歳代で死亡している。死因は、ガンがもっとも多くて11人、事故1人、そのほかは不明。また、水爆実験当時、本土では5月中旬から下旬にかけて、記録的に高い放射能雨が検知されたが、沖縄は6月8日になってから雨の測定をはじめており、80パーセントの人が雨水を飲み水にしていた沖縄の人たちが放射能雨を飲んだ疑いがもたれた。

韓国とビキニ事件

ビキニ事件のときに操業していた中・小型船の行方を調査していたときに、「韓国に売られた」という話も聞いた。韓国漁船のサモアでの操業開始は、1958年。アメリカがビキニ・エニウェトク・ジョンストン環礁で「ハード・タック作戦」（34回）をおこない、もっとも核実験が集中した年だった。

サモアはビキニ環礁の南に位置しているが、ビキニは通過海域である。ビキニ事件で日本のマグロ漁船はサモア船団から離れたため、アメリカの缶詰会社へのマグロの水揚げも減少した。その穴埋めをするかのように、韓国のマグロ漁船がサモアでの操業にのりだしている。2004年8月、釜山でのビキニ被災船調査では、事件後、日本の木造マグロ船が韓国に売り払われマグロ漁などに使われていたことを知るものとなった。

焼津平和賞

ビキニ事件を追跡する高校生たちを追って、森康行監督によってドキュメンタリー映画『ビキニの海は忘れない』がつくられた（1990年）。映画のナレーターは、念願かない女優の吉永小百合さんに引き受けていただいた。吉永さんは「いま、高校生たちが『しらけている』といわれますが、この映画を観て『希望があるな』という気がしています」と励ましてくれた。全国上映後にDVD化され、いまも普及されている。

幡多高校生ゼミナールの高校生たちはビキニ事件の社会的背景、水爆実験と放射能など「知りたいから学ぶ」本物の学習を積み重ねて、後輩へと引き継いでいった。「学び、調査し、表現する」活動は、幡多地域から室戸、東京（第五福竜丸展示館）、焼津、広島、長崎、沖縄、韓国へと「平和の旅」を軸に広がり、社会に向けて潑剌とした意見表明を続けた。「地道で粘り強い活動」「ビキニ被災を広く捉え、訴えた」ことが評価され、2011年6月に第2回「焼津平和賞」を受賞した。福島原発事故の3カ月後であった。

（幡多高校生ゼミナール顧問）

元漁船員から聞き取りする高校生

ビキニの海へ　俊鶻丸《しゅんこつまる》による調査

2.

第五福竜丸が持ち帰ったビキニ水爆実験の灰は、静岡大学など各地の大学や研究機関で分析が進められた。東京大学の木村健二郎や南英一らの分析化学者は、第五福竜丸の帰港から1カ月の内に30種近い放射性核種を確認した。

一方、マグロの放射能汚染はひろがり、水産業に深刻な影響を与えていた。1954年3月下旬、水産庁はビキニ海域の総合調査を企画し、大学や試験研究機関の協力を得て、4月には調査顧問団を編成した。この組織は海水、大気、気象、海洋、環境、食品・衛生の5班からなっており、地球化学者の三宅泰雄（後年、第五福竜丸平和協会初代会長となる）や水産学者・檜山義夫（同協会副会長）など、国内の有力科学者で構成された。

調査船として選ばれたのが水産講習所の俊鶻丸（588トン）であった。実地調査団の科学者22名と報道班9名とを含む74名が乗船し、大臣や水産庁長官が見送る中、1954年5月15日に東京・竹芝桟橋を出港。団長は調査団員中最年長でもあった南海区水産研究所の矢部博であった。

俊鶻丸には、サンプル採取用具や観測・測定・分析機器からガスマスクまで積み込まれた。放射線測定のシンチレーション・カウンター[*1]は、岡野眞治が2年の時をかけて製作したもので、当時の日本にはこの一台しかなかった。また岡野は電気掃除機を改造して大気汚染を調べるための集塵機も自作している。

東京港を出航する俊鶻丸　1954年5月15日

外洋の波浪による揺れと狭く居住性の悪い船室、高温多湿という環境の中で、困難な調査・分析が続けられた。揺れる船中では器具が安定せず、微量の採取物の測定や分析が困難である。ある調査団員は、両足を踏ん張って分析用器具を保持し続けたため、観測開始当初は足が棒のようになったと述べている。

調査は難航したが、重要な知見が得られた。大気汚染については事前予測を下回ったものの、海洋汚染が深刻なことが判明した。大量の海水によって薄められるとの見解もあったが、北赤道海流にそって汚染が広がる状況が解明された。また魚の汚染は内臓に集中することも解明された。

俊鶻丸の調査結果は、「日本は大げさだ」（米議会上下両院合同原子力委員会パストア委員）とか、「ロサンゼルスの水道水程度」（米原子力委員会[*2]ストローズ委員長）らの発言にみられるように汚染を否定す

＊1　電離放射線を埋めたシンチレーターから出た蛍光物質を光電子倍増管が測定する仕組み。俊鶻丸では、海域の放射能汚染の測定に加え、航行中の環境放射線を測り、乗員の被ばくを防ぐ役割を担った。

＊2　United States Atomic Energy Commission（AEC）。軍部が中心となって行っていた原爆の開発、製造を文民主導で行うために1946年に設立された独立行政機関。1975年に廃止され、その任務は、現在のエネルギー省（DOE）と原子力規制委員会（NRC）などに引き継がれている。

るアメリカの認識の変更を迫るものでもあった。アメリカは翌55年2月に独自の調査船タニー号を派遣するが、結果は日本の調査を追認するものであった。

俊鶻丸は第一次調査の2年後に第二次調査（1956年5月26日〜6月30日）を実施している。調査員21名で、団長等8人が前回調査と同じメンバーであった。この調査の特徴は、アメリカが核実験を行っている期間であったことである。レッドウィング作戦と呼ばれる核実験は、1956年5月4日の地上爆発に始まり、第二次調査期間の6月末まででも計12回の核実験が実施されている。当然、調査地域は、核実験場を大きく回避して実施された。

得られた知見はたいへん重要であった。プランクトンやイカ、魚において高濃度の汚染が発見され、第一次調査でもっとも高かった事例を超える量が観測されている。また大気中の汚染は、第一次調査ではほとんど検出限界以下か、測定されても毎分100立方メートルあたり数十カウント程度であったものが、数千〜1万数千カウントが測定されている。核実験による放射性微粒子で汚染された大気の塊が、観測船をおおったことになる。そして、この汚染された大気は気流に乗って日本へと飛来する。

日本に降りそそぐ放射能の雨

1954年の春から初夏にかけて日本中で放射能を持つ雨水が確認された。北海道から九州・沖縄（米軍施政権下の沖縄では、米軍により簡素な検査が行われ、早々に安全宣言をしている）にいたるまで、放射能の雨が確認された。これは魚の汚染問題と併せて国民の不安をいっそう大きくした。魚以上に水の汚染は死活問題だったからである。

集塵器による大気の調査

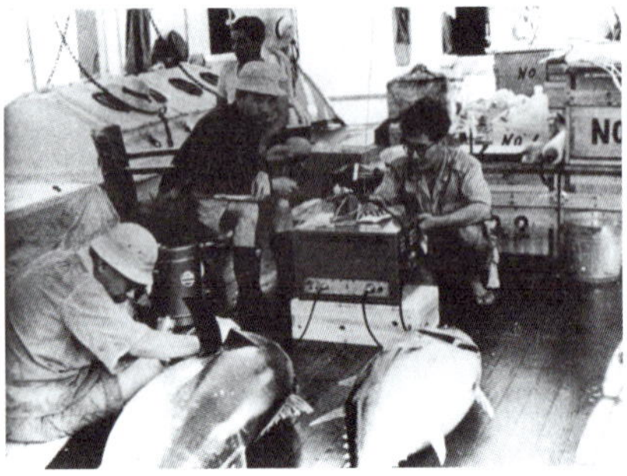

魚の内臓調査

俊鶻丸と軍用機

第二次俊鶻丸の調査時に、米軍機と思われる航空機が様子をうかがうようにつきまとっていた。

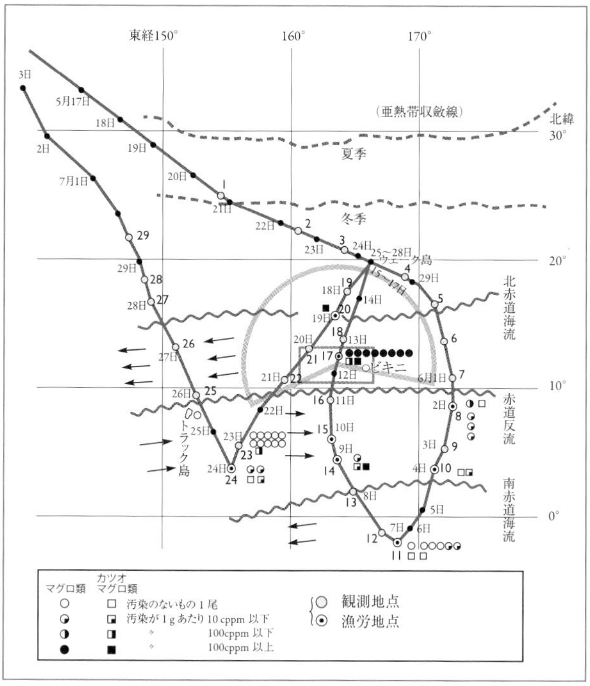

俊鶻丸調査―漁獲位置による放射能汚染魚の出現

海水（表層水）	566〜1,610 cpm/ℓ
プランクトン	1,920〜7,220 cpm/g
魚の体表面（10cm上）	
キハダ	240〜620 cpm
メバチ	380
ビンナガ	300
（カツオ	3,500）
クロカジキ	500〜1,200
魚の肝臓	
キハダ	1,900〜3,500 cpm/g
メバチ	1,400〜4,000
ビンナガ	2,600〜5,000
（カツオ	33,000〜48,000）
小魚（大型魚の胃中にあったもの）	
イカ	6,600 cpm/g
マンボウ科	14,000
ハコフグ科	2,200
サバ型類	17,000

ビキニ海域の汚染状態
＊cpmはcount per minutes
（カウント／分）を表す

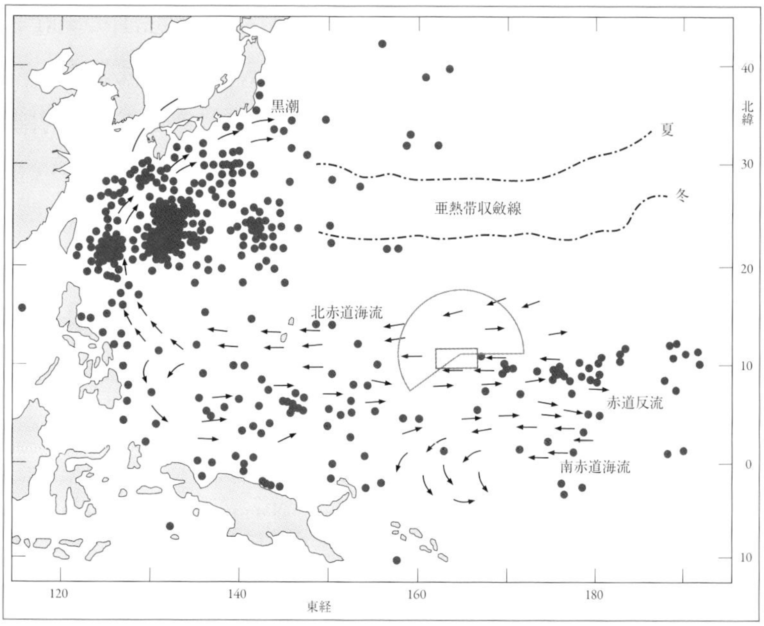

太平洋で放射能汚染魚が漁獲された位置の分布（1954年3月〜8月末）

●は、放射能汚染魚がとれた場所。ただし日本の漁港に水揚げされ検査された魚だけなので実際の汚染魚分布はさらに広いものと考えられる。

「放射能の雨」を報じる新聞記事

第五福竜丸の被災後、汚染された漁船が続々と入港するなかで、4月ごろから各地の大学や研究所で、雨の中に人工放射性物質が発見されていた。5月なかば、俊鶻丸の出航にあわせるように強い放射能雨が各地に降りそそいだ。土壌からもバリウム140やセリウム144などの核分裂生成物が検出された。

昭和29年5月19日 (水曜日)

各地に放射能の雨

十六、七の両日降る

京都、八万カウント

人体への影響など調査

広島は二千三百カウント

徳島にも灰の雨

鹿児島にも放射能雨

"水爆のものでない"

『朝日新聞』1954年5月19日付

「……4歳6カ月になる男の子が、雨の中を私の方に走って来ようとした。私はなにげなく『ダメダメ、おうちの中に入っていらっしゃい』といった。すると子どもはあわてて家の内に走り帰り、『お母さん、ほうしゃの雨だからなの、だから死んじゃうの』と聞いた……」

若い母親の新聞投書
(『朝日新聞』1954年5月25日付)

三宅泰雄は日本学術会議の報告書で日本各地の観測結果を分析した。降雨の初期に放射能が強く、しばらくすると減衰する現象を、上空4～5キロ付近を浮遊する放射性粒子が雨によって捉えられ降下するために初期に強く、その後はレベルが下がると考えた。また週単位でみると、傾向としては下がりながらも、再びピークが観測される現象がみられる。これについては、放射性粒子を含む大気の塊が日本に流れこむ場合と考えた。

とくに5月半ばからの強い放射能は、ビキニ由来のものと考えられ、それは次第に減衰していると判断した。しかしその後、9月18日頃からは測定値が上がり、11月初めにはピークが現われるようになった。これは主に東北など北日本の雨に顕著であった。

これについてはソ連の実験によるものと推定された。今日では、54年にソ連が10回の核実験を実施したことが知られている。なかでも比較的規模の大きいものは9月14日と10月23日の実験であった。これが偏西風により数日間かけて、日本へ飛来したのである。こうして日本は南からの放射能と西からの放射能とにさらされることになったのである。

われら水爆の海へ

俊鶻丸の航海記『われら水爆の海へ』(駒野鎌吉、谷口利雄著)は、「誰もビキニへ行きたくなかった、しかし誰かが行かねばならなかった」との書き出しで、放射能汚染、未知の海への不安の航海を記述している。

出港から2週間、ビキニ環礁から東1000キロの海域で、海水に150カウントの放射能、プランクトンには1グラム当たり1万カウント、赤道海流が東から西に流れ、海も生物も汚染されていた。6月12日、ビキニ環礁まで150キロで最大の汚染地域に突入した。その模様を同書は次のように伝える。

「船内は異常な緊張に包まれた。刻々上がるシンチレーションにかたずを飲む。息苦しい空気が充満している。52カウント…168カウント…196カウント……薄暗い光の中で明滅する目盛版のパイロットランプの赤茶けた光を見つめながらつぶやくように放射能の強さを伝える」「今朝3時過ぎ、シンチレーションは急激に上昇、半信半疑だった爆心地の恐怖は現実となって現れた。船は直ちに退避、30分余りも全速でバックしたのである」。

「プランクトンも稚魚もメバチも、ビンナガも、今日のはえ縄でとれた魚は全部汚染していた。キハダの内臓からは8550カウントさえあった。ガイガーはとてつもない死の灰のカタマリのような魚にあって、計測が不能になるのではないかという猛烈な音の鳴りづめだった」「南の楽園は本当に死の海になっている。国境のない魚は水爆の恐怖も知らずにこの海中を泳いでいる」。

三宅泰雄博士の言葉

俊鶻丸の調査は、水爆実験にたいする有力な批判であり、日本のこうむった損害の賠償のための強力な裏づけをつかむものだった。

水爆実験に伴う多くの研究や観測、これらはいかにうまく水爆を使うかというための研究である。俊鶻丸のみが世界でただ一つ、いかにして人類を水爆の危険から守るか、というヒューマニズムに立脚した研究を行った。（三宅泰雄『死の灰と闘う科学者』より抜粋）

『毎日新聞』1954年5月22日付

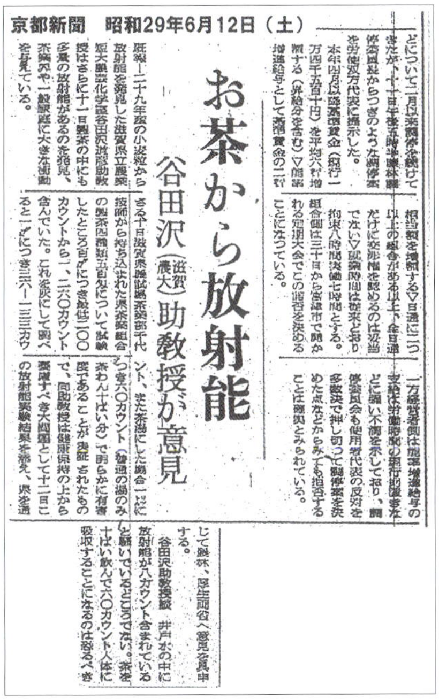

『京都新聞』1954年6月12日付

ビキニ事件と放射線測定の思い出

岡野眞治

第五福竜丸の放射線の影響

3月14日、静岡県焼津港に帰港した第五福竜丸の乗組員が体調不良を訴え、焼津協立病院の診察から放射線被ばくの影響が疑われ、東大病院に2名が検査のため送られることになった。東大病院第一外科の医師は、ことのほか重大な事態に放射線科の中泉正徳教授はじめ専門家を集め、17日には焼津に赴き現状が把握されることになった。

こうしてビキニ事件は、われわれ研究グループに大きな変革をもたらすことになった。当時、旧理研の仁科研究室の後を引き継いだ山崎文男研究室は、科学研究所の仁科芳雄所長の努力により米国から放射性同位元素（RI）の提供を受けており、この利用が軌道にのりつつあってRI利用の指導的立場に置かれていた。

すなわち輸入RIの国内研究機関への配分ならびに利用の普及、このための放射線測定器の研究開発のための講習会や施設の建設指導に力を注いでいるときであった。福竜丸事件はこれらの仕事を差し置いても放射線による影響に真剣に取り組む方向への変化を余儀なくさせる出来事であった。

当時の福竜丸事件の対応は農林省水産庁（当時）、厚生省が中心になったが、とくに水産業界ではマグロの汚染による価格の下落が問題となり、海で捕獲された魚の放射能汚染が問題となり、捕獲マグロの測定が指定された港で行なわれることとなった。当然ながらわれわれの研究室がこのために動員され、放射線測定器を持参してのマグロの測定が行なわれるようになる。築地に運ばれたマグロなどの測定でも、山崎研の何人かが出向きガイガー測定器（GM計数管）では振り切れる強度のマグロが検出され、1メートルの距離で電離箱測定器で数ミリレム／h（毎時数百マイクロシーベルト）が記録されている。

放射線影響の調査で山崎主任は、当時発足した福竜丸事件対策の顧問団として対応しており、特に福竜丸乗組員の被ばく線量の把握と降った放射性降下物の核種の同定を中心に分析した。

乗組員の被ばくは、同船内で4月16日に現地の測定を実施し、この数値から乗組員の被ばく線量が数百レム程度と把握された。一方降下物（死の灰）は、東大の木村健二郎教授のグループによる核分裂生成核種の把握、気象研による降下物の迅速測定が開発されている。われわれは機器分析により亜鉛65など他に見られない核種を測定している。

俊鶻丸による海洋・環境調査

福竜丸事件により、放射能による海洋汚染がもたらす水産物の放射能汚染、今後太平洋の各方面を主漁場とするマグロ漁業が経済上甚大な打撃を受けることが明らかで、さらに保健および食品衛生の見地から、その実態把握が緊急を要する問題となった。このことから水産庁は厚生省と連絡しマーシャル諸島付近の海域での操業さらに航行中の漁船については、入港の港を指定し乗組員、船体、捕獲物の放射能を検査する処置をとっていた。

一方、水産庁はビキニ海域の総合調査を企画し、4月初めより調査の準備に着手し、学会および関係官庁と連絡し4月末に学術教育機関および厚生・運輸省関係研究機関その他の研究関係者により調査の顧問団を組織し、現地海域の調査船派遣を計画し、その人選、実施内容の策定が進められた。

この顧問団には山崎主任が参加しており、何らかの形で協力する必要があった。当時、放射能、放射性物質の取り扱いの知識に長けており、測定器の取り扱い、電子回路に詳しいことと、海洋や環境の仕事になれていることがかわれ、水産庁研究部長、調査団長などから推薦されて、私が厚生省付の相談役すなわち保健物理担当として参加することになつた、

乗船に際して環境放射能測定に研究室で使用している最新のシンチレーションスペクトル測定システムを持参し、環境放射線測定を実施した。この測定システムにより海洋汚染を時系列で時々刻々と把握することができた。この俊鶻丸による調査の役割は、日本最初の保健物理学の成果を果たす役割を担ったと思っている。

こうして俊鶻丸による調査の成果は、国際的にも注目されることになる。特に米国の関係機関、関連研究者が調査研究結果の内容を把握するため、同年（1954年）11月15日から19日、日本学術会議会議室で、放射性物質の影響と利用に関する日米会議が行われることとなった。この会議の内容から、米国は真剣に海洋放射能汚染を認識し、翌年タニー号による追跡調査が行われて、俊鶻丸調査の成果と海洋汚染の内容が再確認されたのである。

環境放射線の影響

マーシャル諸島のビキニ・エニウェトク環礁で繰り返し行われた大気圏内での原水爆実験ならびにソ連・中国が行なった大気圏の原爆実験により、1962年米国・ソ連ならびに1980年に中国が大気圏核実験を停止するまでわが国に影響があり、その対応の中心的役割を、国の研究機関である日本分析センターが、各都道府県とともに担ってきた。それは環境放射線影響を把握するための測定システム、分析技術の開発、研究の進展をもたらし、多くの成果が科学技術庁の毎年行なわれる放射能研究成果発表で紹介されてきた。

半導体放射線測定の導入

1950年代初めに、NaIシンチレーション検出器が登場し、ガンマ線スペクトロメータが利用され、放射化学分析と平行して放射能測定が行なわれ、環境放射能測定に寄与してきた。

1972年にはシンチレーションスペクトロメトリが広く紹介され、さらに環境放射線研究所（EMR）、欧州研究機関などにより1978年Ge半導体測定器の野外での利用が広く紹介され本格的に半導体スペクトロメータが普及し、ガンマ線の機器分析が多くの研究機関で広く使用されることになった。

このことによりガンマ線放出核種は半導体スペクトロメトリにより直接核種同定と強度の測定が一般に取り上げられた。現在半導体スペクトロメータは環境放射能測定には強力な武器となった。2011年の福島原発の事故に際しても半導体スペクトロメトリが大いに役立っている。俊鶻丸によるシンチレーション検出器による調査から始まる固体検出器によるスペクトロメトリは現在も心にきざまれる多くの思い出がある。

（俊鶻丸乗務研究員・放射線計測）

筆者寄贈のシンチレーション・カウンター

放射能雨にとりくんだ科学者

廣瀬勝己

人工放射能雨の発見

1954年3月の米国が実施した水爆実験により第五福竜丸等の漁船の乗組員が放射性降下物により被ばくした。この事件により、ビキニ環礁で行われた水爆実験の威力の大きさが注目されると共に、人工放射性物質の大気圏への放出が世界的放射能汚染を引き起こすことが懸念された。日本では、気象研究所をはじめ、おもだった大学で降水が採取され、含まれる人工放射性物質の測定が行われた。

その結果、1954年の5月14日以降、日本全国で人工放射性物質により著しく汚染された降水が観測された。最大では、京都で雨の降り始めに採取された降水から868 ,001 ,300 cpm/ℓ（0 .52キュリー／ℓ あるいは14 .1キロベクレル／ℓ に相当）の高濃度の人工放射能が測定された。雨水の人工放射性物質濃度は夏には減少したものの秋から冬にかけて増加することや、地域的な差があることが明らかにされた。

当時は、ガイガーカウンタによる計測で、厳密な核種分析ができなかったにもかかわらず、多くの大学・研究機関が危機意識をもって、放射能汚染に立ち向かい、大気圏核実験により日本の雨が放射能汚染されていることを初めて明らかにしたのである。その結果は、気象研究所の三宅泰雄先生によりまとめられ公表された。これらの成果は、その後の国が実施する降水・降下物中の放射能観測に結びついていくことになったのである。

放射性降下物の観測

1977年、筆者は縁あって当時東京・高円寺にあった気象研究所の地球化学研究部で研究することになった。77年当時は、まだ中国の大気圏核実験が続いていた時期に相当し、降下物中の放射能の観測が重要な国の事業であり、また研究課題でもあった。事実、1976年11月にはロプノールの核実験場で中国としては最大規模の4メガトンの水爆実験が行われたのである。高円寺の露場には木製の採取面1 m^2の大型降下物採取器が設置されていた。月の初めには、葛城幸雄氏、金澤照子氏などが1カ月分の降下物を採取していた。また、当時全国の11地点に展開していた気象官署の大型水盤（0.5 m^2）で採取された降下物試料も気象研究所に送られてきていた。このように採取された降下物（雨や降下塵）は大型の蒸発皿で煮詰められ固形物にされた後に、ストロンチウム90、セシウム137やプルトニウム等の放射性核種分析に供された。これらの分析作業は、主に葛城氏により行われていた。

実は、このような降下物中の核種分析は、三宅泰雄・猿橋勝子両先生の主導のもと1957年より始められ、欠かさずに続けられていたのである。1957年当時、放射能の核種分析には高度な技術や測定装置が必要であり、そのような技術的能力を持った機関が気象研究所であり、全国に観測ができる官署をもつ国の機関が気象庁であったために、国の放射能対策本部のモニタリング機関として、降水や降下物については気象庁と気象研究所が分担することになったのである。この放射能観測は、紆余曲折はあったが現在まで引き継がれ、世界的にも類のない長期の放射性降下物のデータを世界に発信している。その結果として、1986年のチェルノブイリ原子力発電所事故や2011年の福島第一原子力発電所事故に対しても、信頼性高いデータを国内外に公表することができたのである。

三宅・猿橋先生の思い出

高円寺時代には、地球化学研究部で週一回程度開催されたセミナーには、欠かさす三宅先生が参加されていた。当時は第五福竜丸平和協会の会長や地球化学研究協会の理事長等を務められ科学者運動などで多忙な中でも、研究に対する情熱は失われることなく、地球化学研究部の研究をリードされていたのである。

私事にわたるが、筆者の初めの研究課題「環境試料中のアメリシウムの研究」は三宅先生のサジェスションで決まったものである。筆者自身は、異分野から地球化学に参入したため、ほとんど地球化学についての知識を持ち合わせなかったため、三宅先生や諸先輩から学ぶことが多かった。この時から、降下物中のプルトニウムの分析も分担することになった。地球化学研究部のセミナーでは、自由闊達な議論が行われ、中でも猿橋勝子先生の鋭い質問に演者が度々立ち往生する場面があった。ただし、セミナー終了後は、軽くビールをいただきながら歓談することができ、三宅先生や猿橋先生からビキニ事件当時の話も伺うことができたのである。

三宅先生は、物質の動きを地球規模で考えることの重要性を強調されていた。地球上の現象を研究するには、化学が専門であっても気象学など物理学の知識が重要なことをご教示していただいたのも三宅先生である。地上の1地点で観測された放射性降下物の時間変動が地球規模の放射性物質の循環や気象現象と関係付けられることを教わったときは、大変な驚きであった。また、三宅・猿橋先生は多くの欧文の論文を発表された。環境放射能モニタリング関連の結果は政府の報告書に載せれば十分であるという風潮の中で、観測データに科学的説明を加え世界に情報を発信することの重要性を自ら示されたのである。

三宅先生の傘寿のお祝いの会の終了時の挨拶の際、三宅先生より「地球化学研究部を今後もよろしく」との言葉を頂いた。何か大変重いバトンを受け取った思いを深くした。そのバトンの中には、放射能雨の観測が含まれている。先生から受け継いだバトンを次の世代に受け渡すことが私たちの使命であるが、ただ単にバトンを渡すばかりでなく福島原発事故を踏まえ新たな時代の視点を加えて伝えることが重要であろう。

（元気象研究所所員）

三宅泰雄、猿橋勝子両氏

日本経済新聞　昭和29年5月22日（土曜日

この雨に放射能

―東京・四千～六千カウント―

「人工」はほぼ確実
但し人体には影響なし

十六、七両日各地に降った雨には人工的とみられる強い放射能が検出されたが廿日夜から廿一日にかけて京都、名古屋、津、東京、浦和など各地で降った雨にもかなりの放射能があり、その減少経過からみて今度の雨にも人工放射能が含まれていることが判った、学術会議放射線影響調査委員会は廿二日の会議でとりあえず全国主要気象台に計数管を備え、継続調査を行う体制を整えることを決めるが東京での測定結果次の通り

▽東大理学部の木村研究室（主任同教授木村健二郎理博）は廿一日正午前から東京地方に降った雨を測定したところ、採取後卅五分後の午後零時四十五分には一粍に換算して毎分四千カウント、同四時二千二百カウント、同六時二千カウントの放射能が検出された、これは約廿ccの雨を蒸発させ、その残存物を一粍の距離からガイガー・カウンターで測定したもの、同研究室はこの測定結果について人工放射能であることはほぼ間違いないといっている

またこれらの〝人工放射能雨〟が毎日降り続けば別だが、現在程度の放射能雨が一時的に降っても野菜、果実などはよく洗えばほとんど落ちるし、人体に触れても有害ではないといっている

▽気象研究所三宅泰雄博士は廿一日午前十一時半と午後二時半の二回降雨をとって測定、それぞれ一時間後に一粍毎分六千カウント、二時間後に二千カウント、三時間後に千二百カウントを検出、五時間後には千カウントとなり、以後この数字が続いている、博士の話ではカウント数としては大して多いものではなく天然の放射能だけの雨でもこのくらいは出るが、数時間経っても消滅せずに千カウントの辺で横ばいを続けているのは人工性の放射能が存在しているはっきりした証拠だという、もちろん人体に影響があるほどではないが、この測定指数は責任上最も控目な数字だという

３Ｆ爆弾――水爆と原爆

最初に起爆用原子爆弾の核分裂が起こり、次に重水素・三重水素が核融合を起こし、これから出る高速中性子で外側を包んでいるウラン238が核分裂を起こす。核分裂（Fission）→核融合（Fusion）→核分裂（Fission）と３段階の核反応を経るため３Ｆ爆弾と呼ばれる。外側の大量のウランが核分裂を起こして多くの放射性物質を作り出し、広範囲に放射能汚染を引き起こすため「汚い水爆」と呼ばれる。1954年ビキニ環礁で行われたキャッスル作戦で３Ｆ爆弾が初めて使用された。

1952年のエニウェトク環礁で実験された最初の水爆では、外側にウランの覆いがなかったので放射性降下物の源となるのは主として起爆用の原爆から出る核分裂生成物くらいであったので、「きれいな水爆」と呼ばれた。

水爆

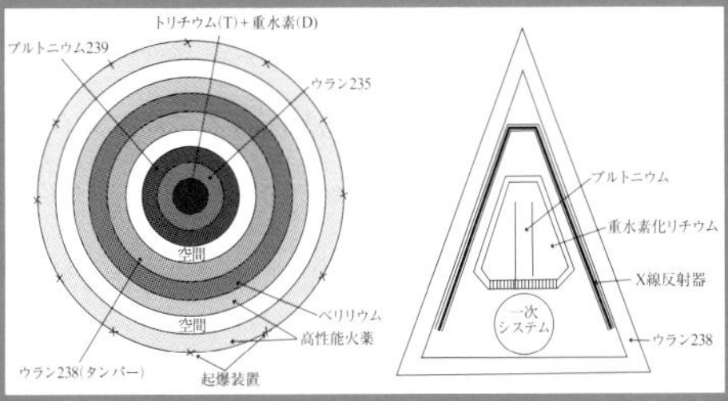

水爆の構造

原子爆弾が核分裂反応で発生するエネルギーによるのに対して、水素爆弾では、重水素、三重水素など水素の同位元素の原子核が反応して、より重い原子核を構成する核融合反応で放出されるエネルギーを用いる。

核融合反応を起こすためには、原子核の持つ正電荷どうしの電気的反発力に抗して、融合する原子核を核力の作用が及ぶ1兆分の1センチの距離にまで接近させなければならない。原子核の平均的運動エネルギーを大きくし、電気的反発力にうちかって大量の核融合反応を起こすためには数千万度以上の高温が必要である。そこで、原子爆弾の爆発において得られる高温が水素爆弾の核融合反応の引き金として用いられる。水素爆弾が熱核兵器と呼ばれるのはこのためである。

原爆

ウラン235やプルトニウム239のように、低速の中性子を吸収して容易に核分裂する物質を核分裂性物質という。1個の核分裂性物質の原子核が核分裂するとき、約2億電子ボルトのエネルギーが放出される。核分裂性物質1キロが全部核分裂をすると、約20兆カロリーのエネルギーとなる。この核分裂を瞬間的に引き起こして爆発させる兵器が原子爆弾である。

核分裂のさい生成された中性子が、次々と核分裂性物質の原子核に吸収されて、核分裂反応が継続して起こることを連鎖反応という。1個の核分裂性物質の原子核の核分裂によって生じた複数の中性子が、次の核分裂を平均して、何個引き起こすか、その個数を増倍率という。もし増倍率が2であると、連鎖反応が80回繰り返されたとき2の80乗個の核分裂が起こることになる。これは約1キロの核分裂性物質の原子核の数に相当する。核分裂が起こって、発生した中性子が次の核分裂を起こすまでの時間はおよそ10億分の1秒で、80回繰り返すと約1000万分の1秒程度になる。これは、爆発によって、1キロの核分裂性物質が飛散して核分裂の連鎖反応が終わるまでの時間に相当する。

純粋な核分裂性物質でも、その量が少ないと、連鎖反応は起こらない。原子爆弾は核分裂性物質をいくつかの臨界量以下の部分に分離しておき、これを一挙に集合、圧縮して臨界量を突破させて連鎖反応を起こし核爆発させる。

ひろがる原水爆禁止の声と署名運動

3.

第五福竜丸だけでなく、太平洋から帰港する漁船が持ちかえった魚からも放射能が検出された。「原爆（原子）マグロ」という言葉が日常語になり、すし屋から「まぐろ」が姿を消し、食卓からは魚が遠ざけられた。放射能を含んだ雨が日本列島に降りつづいた。放射線を測る「ガイガーカウンター」は「ガァガー」と無気味な音を発して市民の不安をかき立てた。

第五福竜丸と23人の乗組員が浴びた死の灰の被災は、広島・長崎への原爆投下につづく三度目の原水爆被害であった。敗戦とそれにつづく占領軍統治による言論統制[*1]によって、広島・長崎の原爆被害は、知らされることなく隠された。その真実が広く知りうる状況になったのは、1952年のサンフランシスコ講和条約[*2]の発効によって言論統制が解かれてからのことであった。そこで知り得た真実は、多くの人の心に深く刻み込まれていった。

つかえていた思いを振り切るように、国民の怒りが噴きだした。「原爆許すまじ」の声がひろがった。アメリカの水爆実験への抗議の行動が起こった。

水爆実験反対・原水爆禁止署名運動が、時を同じくするように全国で自発的に自主的に取り組まれていったのである。

署名運動のはじまり

戦後も10年になろうとしていたが、戦争の記憶は、事あるごとに薄れようもなく思い出された。そんな日常のなかに、ようやく出漁制限が解かれた遠洋から運ばれてきた蛋白《たんぱく》源が大量に破棄されることがおこった。逃げようのない死の灰の恐怖、こんな理不尽な事があっていいのか、人びとの日々の生活、いのちとくらしの不安が署名運動につながった。

原水爆禁止署名運動は、署名をした人が、署名を周りにひろげるようにして、人びとの手で、隣から隣へ、街から街へと署名簿が回った。

原水爆禁止署名運動は、それぞれが生活する地域で、働く現場や職場で、自発的に自主的にすすめられ、それぞれが運動を先導する役割を持ち、既成の組織的運動の範囲を越えて多様な運動状況が生み出された。署名用紙にかかげられた要求内容も宛先も運動の方法にも創意が発揮された。署名運動には、広がりの背景として1950年のストックホルム・アピール運動[*3]の経験も生かされた。

東京・築地の魚商、すし屋、小売商などの「買出人業者」は、4月2日、「築地買出人業者大会」を開き、損害補償を含めた署名に取り組んだ。お互いの生活を守ろうと毎月100円を持ち寄っていた20名足らずの「無尽の会」で第五福竜丸事件が話題になり、じっとしていられなくなり、謄写版で刷ったざら紙の署名用紙をもって隣近所を回った。2、3日で集まった1500ばかりの署名、これをどこに送ればいいかと話し合った主婦のグループもあった。[*4]

第五福竜丸の事件が報道された16日の翌日と、2日後の新聞には次のような「投書」が載った。[*5]

1954年3月17日の「毎日新聞」への投書

『死の灰』の教えるもの――「夕方帰宅すると、妻が心配そ

＊1　戦後、占領軍はプレスコードを布告し言論をきびしく統制した。とくに原爆に関する報道はごく少数を除いて日本の新聞などから姿を消した。被爆者は治療も不十分なままに見るべき援護措置もなく放置されつづけた。広島・長崎の被爆の実相と被爆者の実情を日本国民が知るようになるのは、1952年4月、サンフランシスコ講和条約が発効し直接占領が終わって以後のことであった。同年8月6日、原爆被害写真「初公開」の『アサヒグラフ』特集号が発行され、70万部普及。同日には映画『原爆の子』（新藤兼人監督）が封切られた。そのほか原爆被害を告発した表現に、長田新編『原爆の子』と峠三吉『原爆詩集』（ともに1951年刊）、詩集『原子雲の下より』（1952年刊）などがある。

＊2　1951年9月8日、サンフランシスコにおいて調印された日本と連合国（アメリカなど）による戦争状態を終結させるための条約。1952年4月28日発効。ソ連、中国は加わらなかった。同時に日本とアメリカの日米安全保障条約が締結された。

＊3　ストックホルム・アピールは、原子兵器の絶対禁止と厳重な国際管理を要求し、今後、これを最初に使用するものを戦争犯罪人として取り扱うというものであった。日本国内での署名は、当時、朝鮮戦争のもとで、アメリカ占領軍のきびしい弾圧をうけながらも645万の署名を集めた。世界で5億の署名は、朝鮮戦争でのアメリカの核使用を阻んだひとつの力となったとされた。日本での取り組みの経験は、核兵器問題を初めて平和運動・大衆運動が取りあげた意義とあわせて、原水爆禁止運動が大衆運動としての基礎を築くうえで大きな役割を果たしたとされる。ストックホルム・アピールは、アメリカの原爆被害隠ぺいの方策に矛盾することは明らかだった。1950年のすべての平和集会は禁止された。8月6日の広島市主催の平和祭も中止され、弾圧をおして広島市繁華街のデパートの屋上から反戦ビラがまかれた。そのビラにはストックホルム・アピール全文が印刷されていた。

＊4　小林徹編『原水爆禁止運動資料集』第1巻

＊5　第五福竜丸平和協会編「ビキニ水爆実験に対する内外の反響から」

うな顔で「さっき子供にお魚を食べさせたんだけど下剤をのませたほうがいいのかしら」という。例の放射能をもった魚の件である。妻は先刻のラジオでそれを聞くまで知らなかった。［中略］原子力を発見するほどの現代人が、あの残忍極まりない原子兵器をどうして禁止しないのか。世界の人びとは「ヒロシマ」「ナガサキ」を知らないのであろうか。よしや世界の人びとは忘れていても、我々日本人は決して忘れてはいない。忘れかけた人があったとしても、今度の事件でまざまざと当時を思い起こすに違いない。原子兵器熱に浮かされる世界の人びとの良心をよびさますために、あの尊い犠牲をもう一度世界に訴えようではないか。」（中野・教員・長尾勇）

築地魚市場での原水爆禁止の署名

『朝日新聞』1954年3月19日付「ひととき」欄

原爆症の美しい友――「私は先月から機械編みを習いに通っているが親しい友人が4,5人できた。中にきわだって美しいが、ちょっと気まぐれなところのある一友人がいる。どことなく、よわよわしそうな、そして朗らかだが、なんとなくすてばちなところがあり、熱を入れて習っているかと思えば、すっかり投げ出して一週間近く休んだりする。

彼女が、たまたまマグロ漁船の水爆被害が伝えられた日に久しぶりにやって来て、「私は原爆症で、もう3年ぐらいしか命がない。いままでもちこたえて来たのが不思議なくらいだ」と、うそぶくようにつぶやいた……目のふちを赤くし、苦笑しながら、彼女は最後にこうつけたした。「私はちっとも悪いことなどしていないのに、どうしてこんなひどい目にあわなくてはならないのだろう。結婚式当日に再発、真っ黒い血を吐き、私の一生はメチャクチャになってしまった」。

すっかり心を痛めて帰宅した私は、ビキニの記事を読みながら、ジッとしていられなくなった。世界でただ一つ、日本のみが味わったこの苦しみを、世界の人びとに、アメリカに、私はなんとかよくわかってもらいたい。もう二度とこんな悲惨なことが起こらないように。そして今もなお、つぎつぎに倒れてゆく広島や長崎の人たちを完全に救い出してあげたい。」(東京都新宿区薬王寺町・米田葉子・23歳)

婦団連、婦人民主クラブなどによる署名運動(上野公園)

生命と幸福を守る国民運動へ

ビキニ水爆実験被災への各自治体の対応も迅速であった。3月18日には神奈川県三崎町議会が原爆使用禁止を決議。焼津市議会は3月27日「放射能の脅威を痛感し、恐怖する市民の意志を代表し」原子力兵器使用禁止を決議した。4月1日、衆議院は「原子力の国際管理に関する決議」、同15日には参議院が「原子力の国際管理並びに原子兵器禁止に関する決議」を満場一致で採択した。

各地の自治体の決議は被災の状況が明らかになるにつれて具体的な要求が含まれていく。広島市議会は5月25日、広島県議会は28日、原水爆実験禁止とともに「原爆障害者治療費全額国庫負担」の要請を決議に加えた。各自治体は政府への要請を行うと同時に、地域の原水爆禁止署名運動の推進者ともなった。政党政派、思想・信条・宗派を越えて取り組まれた原水爆禁止署名運動の特徴であった。

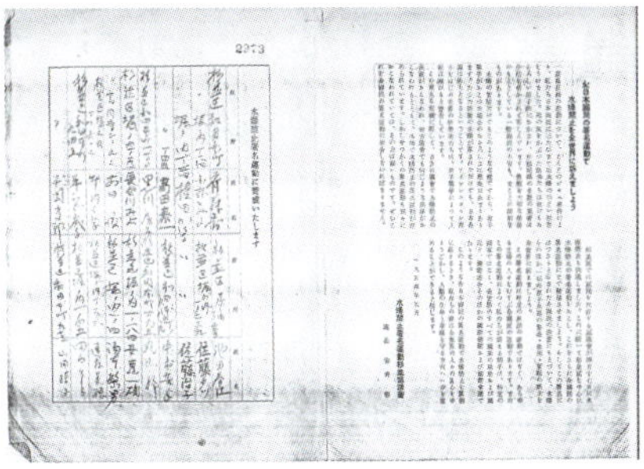

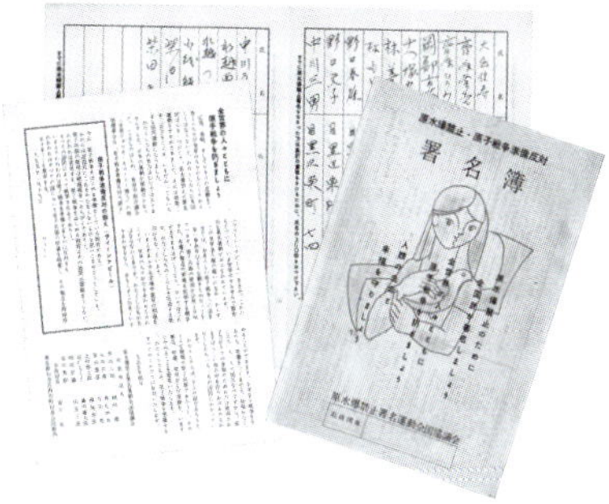

杉並で作られた署名用紙と全国協議会の署名簿

地域で広範な署名運動を組織し、自他ともに認める全国の中心的な役割を果たしていく東京杉並区の運動の経過には、市民の起動力とともに署名運動を進めるにあたっての組織づくりなど、綿密な準備が重ねられている。

5月9日、「水爆禁止署名運動杉並協議会」が結成に当たって出した「杉並アピール」は「全日本国民の署名運動で水爆禁止を全世界に訴えましょう」と題し、地域から全国へ、そして全世界への方向を提起し、3

漁民も原水爆実験に反対の声をあげた

国鉄新潟機関区での署名活動

つのスローガンを掲げた。

・水爆禁止のために全国民が署名しましょう

・世界各国の政府と国民に訴えましょう

・人類の生命と幸福を守りましょう

杉並の署名運動は、署名目標、署名期間（5月20日から7月10日）を決め取り組まれた。集約された署名は27万8733人、区民の71パーセントを占めた。その17万余は婦人の力で集められた。

5月半ばから各地に不安を広げた放射能雨、魚、米をはじめ農作物、飲み水の心配、子どもの健康への懸念から、食卓を預かる主婦をはじめ、署名運動のなかで女性が大きな役割を担った。

第五福竜丸の乗組員5人の出身地で焼津に隣接する吉永村では、乗組員の元同級生や青年会、婦人会が「村民の声署名運動」と呼びかけとりくんだ。

運動の全国への広がり

4月の末から5～6月へと、地域婦人団体、労働組合、平和団体、青年・学生、宗教、労働、農業、漁業、文化、芸能、学術などの諸団体がいっせいに決議を行い、署名運動に積極的に立ちあがった。これらの諸団体は、アメリカ政府に抗議し、日本政府に速やかな対策を要求した。

署名の集約は、2，3の全国的な平和団体が集約事務を行ってきたが、多彩、多様にひろがった運動を、その枠におさめてできることではなかった。8月8日、「原水爆禁止署名運動全国協議会」（全協）が結成される。その設立趣意書は「原水爆禁止運動は、原水爆の脅威から生命と幸福を守ろうとする全国民運動でありさまざまな立場の人びとがこの一点で一致するところに重要な意義がある」と述べている。結成総会が決めた「全協」のスローガンは杉並アピールの第1スローガンの「水爆」を「原水爆」とし、杉並アピールの3つのスローガンを全国スローガンとした。会は、世話人会で選ばれた代表世話人[*6]が代表し、事務局長に安井郁を選んだ。事務局（連絡先）は安井が館長を務める杉並公民館の館長室におかれた。

3200万署名と世界大会

第五福竜丸乗組員の健康状態は、回復に向かっていたが、年長者の久保山愛吉の容体は8月に入り意識不明の状態がつづいていた。連日、新聞・ラジオが病状を伝えた。久保山回復への願いを込めるように署名の集約がすすんだ。全国協議会結成当日の署名数は449万余、9月5日には786万余が集計されている。

9月23日、久保山愛吉は、家族、第五福竜丸乗組員、焼津市民、全国の漁民、国民の願いもむなしく死亡した。死の灰を浴びて207日目、40歳の若さだった。

10月24日、「全協」主催の「久保山さん追悼―原水爆禁止の集い」が開かれた。署名集約数は、1456万。「集い」に先立って開かれた世話人会で、広島の代表が「被爆10周年の来年、広島で世界大会を開く」提案を行なった。「民」の手で原水爆禁止世界会議を開くという構想は、その後の原水爆禁止運動の方向を開くものとなった。12月15日、署名は2000万を越えた。22日、「全協」代表は、吉田茂にかわって首相となった鳩山一郎と会見して協力を要請、鳩山首相は賛意を表わした。

明けて、1月16日に開かれた「全協」全国会議は、「世界大会の呼びかけ」を発表した。

1月19日、世界平和評議会は、日本の原水爆禁止

署名運動全国協議会の集約（杉並公民館、1955年1月）

＊6　原水爆禁止署名運動全国協議会代表世話人（結成総会時点）：有田八郎（元外相）、植村環（日本YWCA会長）、大内兵衛（法政大学総長）、奥むめお（主婦連合会会長）、賀川豊彦（国際平和協会理事長）、片山哲（元首相・憲法擁護国民連合議長）、北村徳太郎（元蔵相）、椎尾辨匡（芝増上寺法主）、羽仁とも子（自由学園長）、村田省蔵（元大阪商船株式会社社長）、山田三良（学士院院長）、湯川秀樹（京都大学教授）

署名運動に連動するようにして「原子戦争準備に反対する世界の世論と行動を結集する」ウイーン・アピール署名運動を呼びかけた。以後、日本の署名運動は国際的運動とも連帯してすすむことになる。

5月10日、「世界大会日本準備会」が結成された。「準備会」は、「全協」も一参加団体とし、あらゆる団体、個人によって構成された。大会の日程は8月6日（土）から8月8日。46都道府県、97全国組織から2575人の代表、海外から14カ国、52人が参加した。開会総会の参加者は5000人を越え、会場（広島市公会堂）の外にあふれた。8月15日には東京大会がもたれ、署名数は3238万2104人と報告された。54年の春から取り組まれた原水爆禁止署名運動は、1年余で3200万を越え、日本国民の原水爆禁止の声を全世界にとどける歴史的なものとなった。

世界大会では被爆者代表の体験報告が、強い感動を呼んだ。久保山すずは母しゅんと参加し、夫愛吉の「原水爆の被害はわたしを最後に」との思いを語るととともに、「……広島・長崎の皆さん、原水爆反対のみなさんのたたかいのなかに、私を加えてください」との決意を大勢の前で話した。[*7]

運動があとに残したもの

日本国民の世論と運動をダイナミックに結集した原水爆禁止署名運動は、その軌跡を今日に引き継ぎつつ核兵器廃絶を世界に発信した原点としての位置にある。そしてこの運動が培った国民世論の動向は、核問題に関しての日本政府の政策を深部において規制する力となって作用しつづけている。

＊7　1955年6月に開かれた第一回日本母親大会での久保山すずの挨拶（抜粋）「……先日わたしは一人のアメリカ婦人から、心のこもったお手紙をいただきました。その方は、ほしいものはなんでも送るといってくださいました。けれどもわたしたち親子には、ほしいものはなにもございません。ほしいものは夫の命だけです。……それは到底できないことです。いまわたしが一番ほしいのは、原水爆をやめてもらうことです。……原子兵器をやめてください。これが夫の最後の声でございました。」（第五福竜丸平和協会編『ビキニ水爆被災資料集』）

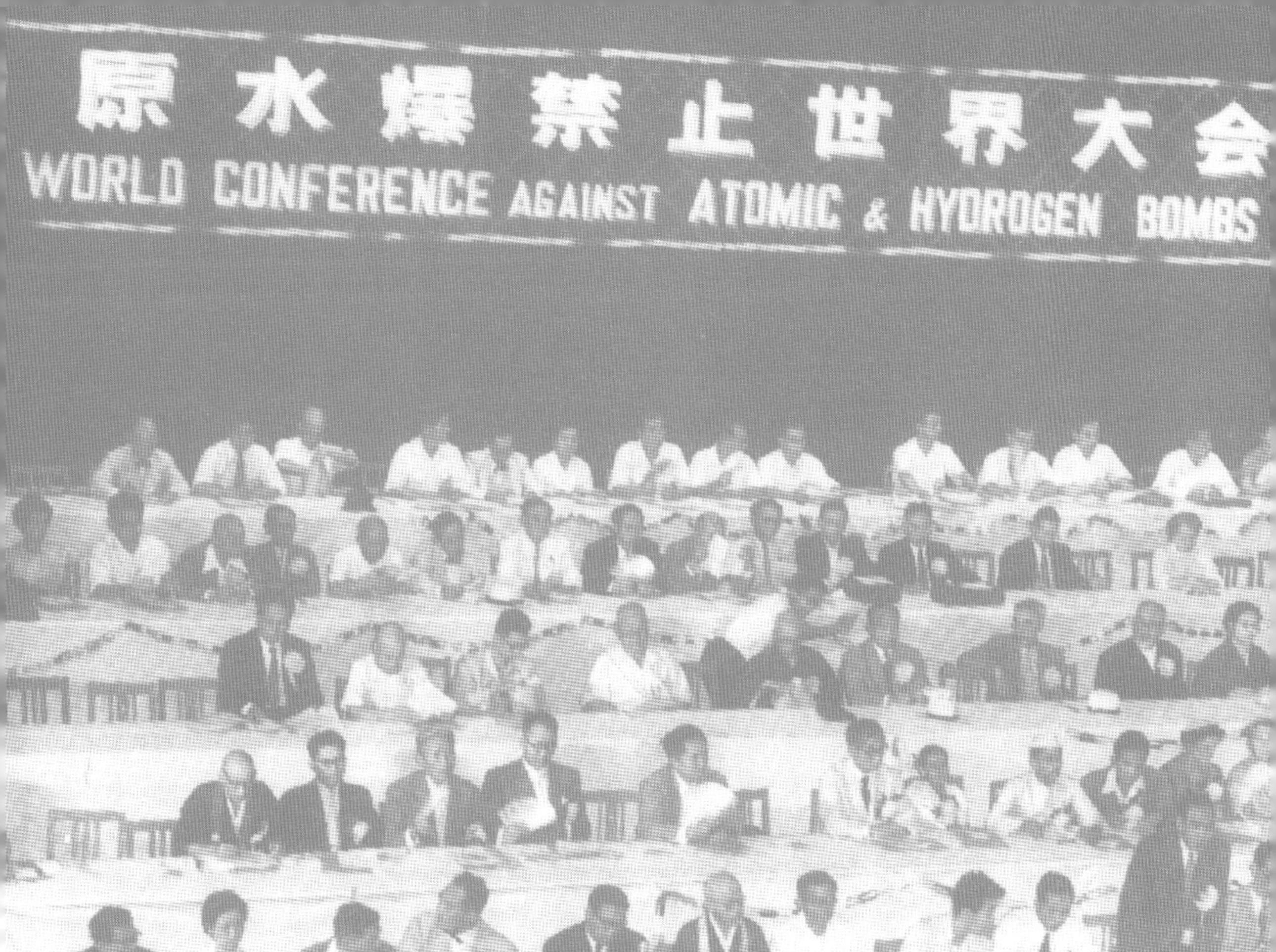

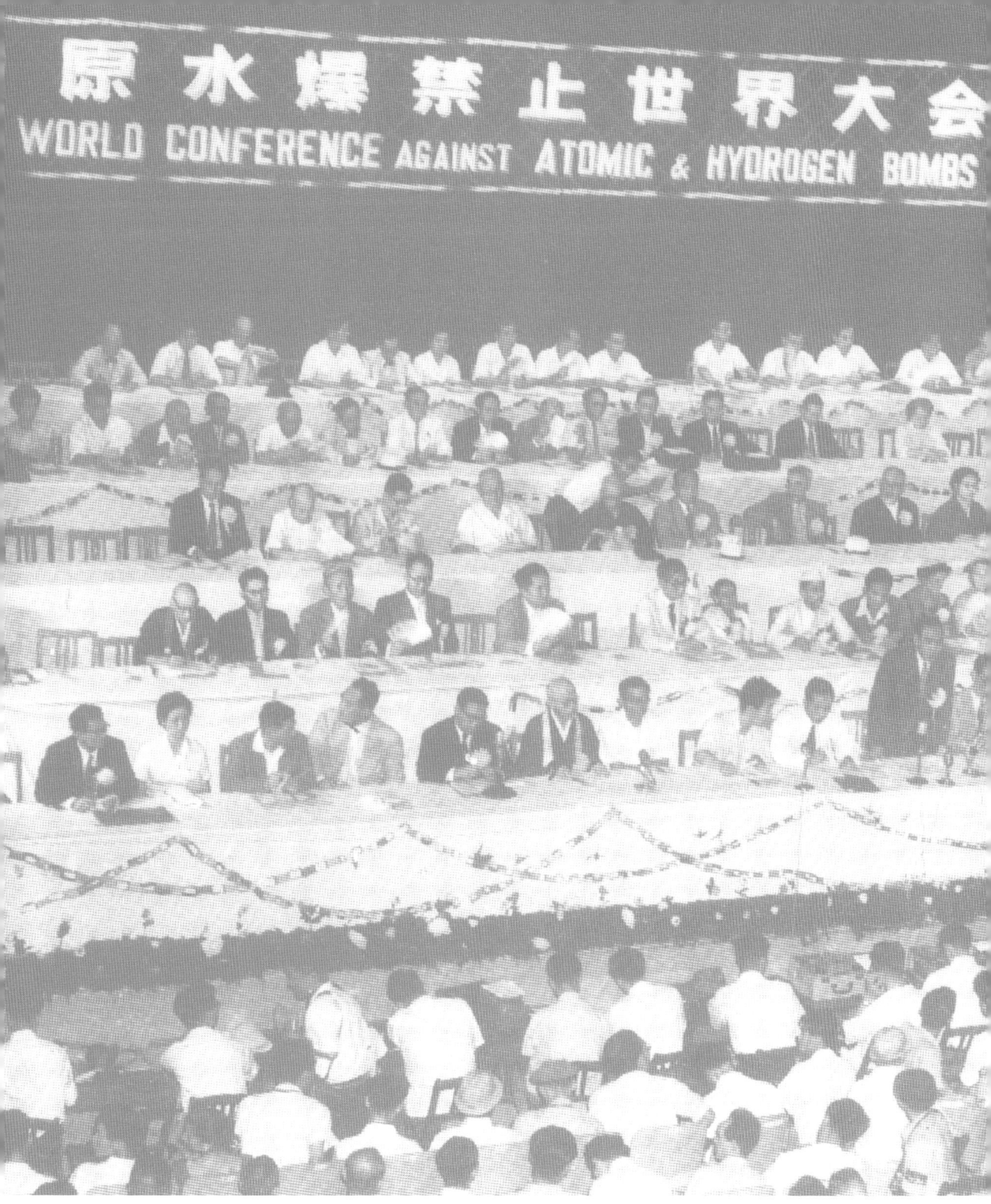

広島で開かれた原水爆禁止世界大会1955年8月6日

被爆者として、第五福竜丸被災に思う

田中熙巳

広島・長崎の原爆被爆者にとって第五福竜丸の被災事件は特別の意味がある。それは、国からも国民の多くからも見放され、得体の知れない原爆症と無理解による差別に苦しんでいた全国の被爆者に、被爆以来10年たって初めて光が当てられることになり、被爆者救援の声がわき起こり、被爆者が励まされ、被爆者同士で力を合わせるきっかけとなったからである。

広島と長崎だけは被爆者も多く、放射線の後遺症に苦しみ、医療費も出せない被爆者があふれていることを、医師会をはじめ医療関係者や自治体は放置できなかった。独自の援護策を模索しながらも、政府に対して原爆障害者治療費の助成予算を要求した。広島・長崎市の要望を受けて国が初めて特別調査費としてそれぞれに30万円と25万円を交付したのは1952年であった。翌53年に両市はそれぞれ原爆障害者治療対策協議会を設けて国会に請願し、治療費の国庫負担を求めた。

被爆から10年近くを経てようやく被爆者への対策が始まろうとしていた。その時、第五福竜丸の被災事件が起こった。その衝撃は、原水爆の脅威、放射能の恐ろしさを国民的に知らせるきっかけとなった。それは、広島や長崎の被爆者にとどまらず全国の被爆者が置かれていた困難な実情、原爆症に苦しむ実態に国民的な目を向ける端緒ともなったのである。広島、長崎に交付される原爆障害者治療費も1955年には2568万2千円に増額された。

2011年10月18日、日本原水爆被害者団体協議会（日本被団協）は結成55周年の集いを開催した。この集いで、40枚のスライドからなる「日本被団協55年の歩み」が紹介された。その中で、ビキニ水爆実験から第五福竜丸の被ばく、久保山さんの死、世界大会へとつながる一連のスライドが重要な位置を占めたのはいうまでもない。このスライドは大変好評で沢山の被爆者からコピーがほしいとの声が寄せられた。被爆後11年を経てやっと日本被団協が結成されるに至った社会的背景や原水爆禁止運動などの生き生きした姿、被爆者運動の先達の活躍の姿を、集いに参加した多くの被爆者は歴史の流れとして初めて見ることができたのだろう。

アメリカによる7年にわたる占領政策の中で原爆被害の隠蔽を図ったこと。被害者が悲惨な体験や病気の苦しみを語ることも書くことも許されなかったこと。占領政策から独立した日本政府は被爆者放置政策をとり続けたこと。全国に移り住んでいた被爆者は言われなき差別に苦しめられ、孤立して生きるたたかいを強いられたこと。これらのことは、今では知る人は余り多くない。忘れ去られる年数を重ねてきたことによるのかも知れない。歴史を伝えることの重要性をひしひしと感じさせる集いとなった。

1954年3月1日、私は被爆した長崎を離れ上京していた。原爆で5人の身内の命を奪われた母子家庭にとっての戦後は厳しく、食うや食わずの生活を強いられ、やっと51年に高校を卒業することができた。自活しながらでも大学に進学したいと上京し、日銭を稼ぐなど職を転々と変えたすえ、東京大学教養学部消費生活協同組合（東大生協駒場支部）で安定した仕事に就くことができたばかりの時だった。従業員は20人余り、ほとんどが20歳代半ばの若者で、学生委員も仲間になって日本の将来を熱っぽく語りあっていた。

ビキニ被災後の原水爆禁止の署名には連日、大学の周辺から世田谷の方にくり出し、家庭を一軒一軒訪問して訴えて回った。9月に通信士の久保山愛吉さんが亡くなられ、すぐに慰めと励ましの言葉を遺族に送ろうということになった。ほぼ全員が何枚かの用紙に短い言葉と署名を書き連ねた。

50年ぶりでこの手紙を目にするまで、私は手紙を送ったことを忘れていた。第五福竜丸展示館の学芸員が被ばく50年の事業に向け、久保山さん宛ての手紙を整理しているとき、沢山の手紙の中から、私の署名がある手紙を見つけ出した。

私は「原爆にあい、親近を殺された者として、遺族の方と同じ悲しみと憤りを感じます。勇気を奮い起こし平和のためにがんがんばりましょう」と書いていた。自分が原爆体験者であることを名乗っていたことに驚いた。その頃、被爆者であることを自ら語ることはほとんどなかったからだ。

1955年8月に広島で開催された第1回の原水爆禁止世界大会に参加した被爆者は「生きていてよかった」とよろこびを涙して語り、大会は原水爆禁止と原爆被爆者救援運動は車の両輪のような運動であると位置づけた。こうして全国の被爆者の発掘が拡がり、会がつくられていった。翌年、長崎で開催された第2回の原水禁世界大会の最中に被爆者たちは一堂に会し、日本原水爆被害者団体協議会の結成宣言を発表し産声をあげた。1956年（昭和31年）8月10日のことである。被爆者の組織が全国に結成された。それは国の内外の核兵器廃絶運動にとっても、原爆被害への国家補償を求める被爆者の運動にとっても歴史的な出来事であった。

日本被団協の結成により援護を求める被爆者と支援者の要求が急速に高まり、57年に初めて、「原子爆弾被爆者の医療に関する法律」（原爆医療法）が制定された。日本政府は、被爆12年たって初めて被爆者対策に取り組むことになった。ただし、この法律の対象として、水爆被災者は含まれなかった。

1968年には「原子爆弾被爆者に対する特別措置に関する法律」（原爆特別措置法）が制定された。こんにち、死没者への補償を含む「国家補償」は実現していないが、生存被爆者への援護は年々改善がはかられている。

こうした歴史的事実を考えると、第五福竜丸の被ばく、久保山さんの死がなければ、原爆被爆者の運動、被爆者に対する国の対策がどうなっていたか、慄然とするものがある。

（日本原水爆被害者団体協議会事務局長）

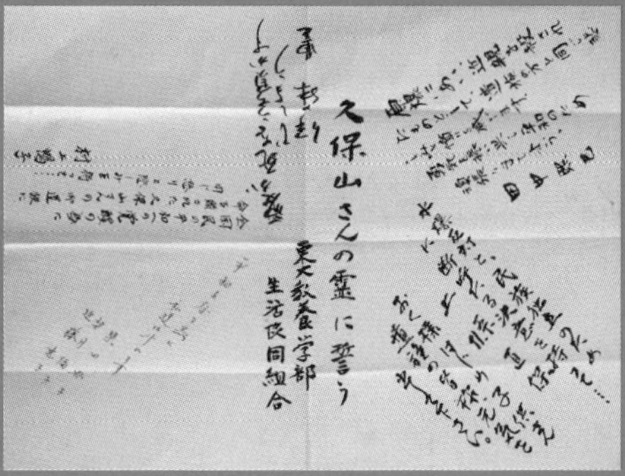

筆者と同僚による久保山愛吉さんへの寄せ書き

大きな役割を果たしたマスメディア

岩垂 弘

世界を震撼させた「ビキニ被災事件」は、2014年3月1日で事件発生から60年を迎える。この間、日本のマスメディア（新聞、ラジオ、テレビ）が報道機関として果たしてきた役割は極めて大きかった。「60年」という節目に、そのことを改めて思い起こしたい。

衝撃的だった読売のスクープ

第五福竜丸の被災は、ビキニ環礁における水爆実験から15日後の3月16日付読売新聞朝刊によって明らかにされた。「邦人漁夫、ビキニ原爆実験に遭遇」「23名が原子病」「一名は東大で重症と診断」……社会面の大半を費やした、この衝撃的なニュースは世界中を駆けめぐった。

同社焼津通信部の安部光恭記者の特ダネで、出先にいた同記者に下宿のおばさんからかかってきた「焼津の船がピカドンに遭って、みんなやけどをしてるそうよ」という電話がきっかけだった。安部記者から連絡を受けた東京本社社会部の対応も迅速かつ適切で、それが世紀のスクープにつながった。というのは、当時、同社は「原子力平和利用」推進のキャンペーンを展開中で、原子力に詳しい記者をかかえていたからである。

抜かれた「朝日」「毎日」などの各紙も16日付夕刊でこのニュースを追いかけ、以後、新聞、ラジオによる激しい報道合戦が長期にわたって展開される。その中で、水爆の威力、乗組員の被ばくの状況と病状、マグロの放射能汚染、日米両政府の対応などが次々と明らかになっていった。

さらに、水産庁がビキニ海域とその周辺の放射能の影響調査のために研究者を乗せた俊鶻丸を派遣すると、報道各社は特派員を同乗させ、海洋汚染の実態解明報道にあたった。

報道各社による「原爆マグロ」報道は、とくに台所を預かる主婦たちの間に深刻な恐怖心を巻き起こした。不安が深まる中、東京・杉並の主婦たちによって「水爆禁止署名」が始められ、全国的な原水爆禁止署名運動に発展する。無線長の久保山愛吉さんが急性放射能症で亡くなると、各社はこれに大きな紙面や時間を割き、国民世論は「原水爆禁止」一色となる。翌1955年には、こうした高揚を背景に第1回原水爆禁止世界大会が広島で開かれる。これを機に、国民の目は広島・長崎の原爆被害にも向かい、核被害を象徴する表現として「ヒロシマ・ナガサキ・ビキニ」という言葉が生まれる。

1950年代は、冷戦下の米ソ両超大国が核軍拡競争をエスカレーションさせつつあった。ビキニ水爆実験もその一環であった。このため、米国政府にとっては核実験に関する情報は機密で、それが漏れることを極度におそれていた。このことから、福竜丸も焼津無線局との交信で被災の事実を打電せずに帰港を急いだ。被災のことを打電すれば、米軍にキャッチされるのではという恐怖からだった。

だから、私はこう思うのだ。「もし読売新聞のスクープがなかったら、ビキニ被災事件は世に明らかにされることもなく、闇の中に葬られていったのではないか」と。

船体保存に道を開いた投書

福竜丸はその後、まことに数奇な運命をたどる。その経過は省略するが、1967年に廃船処分となり、東京湾のゴミ埋め立て地近くの海域に放置された。世界的事件の「証人」でありながら、だれからも忘れ去られ、やがてゴミとともに海中に没しようとしている福竜丸の無惨な姿だった。

翌68年3月10日付朝日新聞朝刊「声」欄に『沈めてよいか第五福竜丸』と題する投書が載った。投稿者は東京の会社員、武藤宏一さん（26歳）。

それは、まるで詩のような訴えだった。「それは私たち日本人にとって忘れることのできない船。決して忘れてはいけないあかし。知らない人には、心から告げよう。忘れかけている人には、そっと思い起こさせよう。……いま、このあかしがどこにあるかを」「いま、すぐに私たちは語り合おう。このあかしを保存する方法について。平和を願う私たちの心を一つにするきっかけとして」

武藤さんは、福竜丸の惨状を何で知ったのか、書き残していない。が、私は、直前の3月2日付の「赤旗」でそれを知ったのではないか、と類推する。というのは、そこには「“死の灰“かぶった第五福竜丸が沈められそう」「“夢の島”（東京）ゴミ捨場に」という見出しの記事が載っていたからだ。私の記憶では、夢の島に放置されていた福竜丸のことを初めて報じた新聞は「赤旗」だった。このことは特筆に値する。

いずれにせよ、武藤さんの投書に対する反響は大きかった。福竜丸の保存を願う声が新聞社に寄せられた。69年3月に放映された、福竜丸の現状を伝えるNHKテレビのドキュメンタリー『廃船』も、同船への関心を高めた。

こうした世論を受けて、69年7月には原水禁運動関係者、文化人らによって「第五福竜丸保存委員会」が発足する。その後、さまざまな曲折があったが、船は海から引き上げられ、1976年、東京都立の「第五福竜丸展示館」が完成する。こうして、「ビキニ被災事件の証人」はやっと「安住の地」を得ることができたわけだが、ここに至る経緯をたどると、この面でもマスメディアが大きな役割を果たしたことが分かる。

島民被ばくの解明にも貢献

ビキニ被災事件では、マーシャル諸島の人びともまた被ばくした。その実態を明らかにすべく、原水禁国民会議は1971年暮れに現地に調査団を派遣したが、米国政府に入域を拒否され、所期の目的を達することができなかった。が、一部の被ばく島民に接触でき、被ばく状況の一端が初めて明らかになった。これには、朝日、毎日、中国、共同4社の記者が同行し、調査結果を報道した。これも、ビキニ被災事件でマスメディアがみせた意欲的な報道活動として評価されていいだろう。

（ジャーナリスト）

第5福竜丸よ こんな所に…

十四年ぶりの“対面”

感慨ひとしお 元漁労長

被爆した操だ室わきに立って、当時の模様を語る元第5福竜丸漁労長の見崎吉男さん＝東京湾15号埋立地で

「保存は国民の義務だ」

湯川秀樹氏（京大教授）

安井郁氏（原水協理事長）

野上弥生子氏（作家）

『朝日新聞』1968年3月27日付

外交文書にみるビキニ事件をめぐる日米交渉

4.

第五福竜丸の被ばくをはじめとする「ビキニ事件」は、日米両政府の政治決着によって、わずか9カ月余りで幕を下ろすこととなった。日本外務省関係者によれば、アメリカに非があることが明らかだったので外務省としてはやりやすく、特に大きな問題もなく解決に持ち込むことができたと回想しているという[*1]。それは、日米関係を損なうことなく、国内世論もかわしたという意味においてである。

機密保持

1954年3月16日の読売新聞の第一報をうけて、日米両政府ともあわただしく対応が始まる。日本では第19回通常国会の会期中。16日参議院予算委員会で緊急質問があり、事実確認が求められた。外務省は、在米日本大使館に、日本漁船に過失がないことが明らかになった場合、米国政府がすすんで被害補償をすると明言すれば、世論の沈静化と円満解決ができるはずだから、そのように米国務省と交渉するよう訓電している。また駐日米大使館にも連絡をとり、事実確認を依頼する。翌17日にはジョン・M・アリソン大使が外務省を訪れ、福竜丸乗組員の治療を申し出るが、同時に「船を放置しておくことは日米友好上看過できない」と不満を伝えた。このままでは水爆についての機密保持ができないと示唆し、情報がソ連陣営に流出しないためにも米軍の駐留する横須賀に回航するよう〈助言〉もしていった。[*2]

この「機密保持」については、米アイゼンハワー政権の吉田茂内閣への不信としてわだかまり、懸案事項となって尾をひくことになる。米議会上下院合同原子力委員会のS・コール議長は「日本人漁夫たちが水爆実験をスパイしていたとも考えられる」と発言した（3月23日）。

国会では17日の衆参両院の予算委員会等で、第五福竜丸に関する質問が続き、危険区域の国際法上の有効性、核実験の事前通告の有無から、原子力の国際管理にいたるまでが問いただされた。この時期新聞記者たちは船を取材し、科学者たちは独自に「死の灰」を採取して分析を始める。

水爆というトップシークレットに不特定多数が触れることに対して、米側は苛立ちを隠さない。19日にはアリソン大使が「調査の結果補償すべきことが明らかになれば、補償に関し必要な措置をとる」と声明を発表し、危険区域を拡大変更する。一方で外務省古内参事官の焼津調査に、広島ABCC[*3]のジョン・モートン博士を合流させ、乗組員の健康状態を調査。古内参事官は事実確認とともに、乗組員の身辺及び思想調査も行っていた。

日米の医師・科学者

3月24日、日米連絡会議が外務省内で開かれた。[*4]午前中には乗組員の治療について、午後には放射能汚染マグロを中心に日米関係者による事実確認と情報交換がおこわなれた。中泉正徳医師から治療のために「死の灰」の成分や治療法を教えてほしいという申し出に対し、来日した米原子力委員会保健衛生部長メリル・アイゼンバッド博士は、乗組員を直接

中部日本新聞

〝落度あれば補償〟

ビキニの被災 アリソン大使が声明

一カ月で治る

ABCC モ博士談

モ博士ら焼津へ

山本さんを診察するモートン博士

『臨時

『中部日本新聞』1954年3月20日付

3月19日アリソン大使は米側に明らかに落度があるのならば、補償するのは当然だと声明を発表した。

外務省外交文書
本章で紹介する外交資料は主に1991年10月24日に公開された「第五福竜丸その他原爆被災事件関係一件」約3400ページによる。第五福竜丸をめぐる日米のやりとり、国内の被害分析、俊鶻丸派遣などに関する文書（リールC－0002）と補償問題、放射能汚染マグロ、意見書・陳情書（リールC－0003）からなり、放射能汚染魚の検査港から報告された被災船のリスト等も収録されている。このとき公開されなかった約2500ページ分は、読売新聞静岡支局の情報公開請求により2004年に入手した。

＊1　事件当時、外務省アジア局長だった中川融へのインタビューによる（植村秀樹『再軍備と55年体制』）。

＊2　外交文書「ビキニ環礁付近における邦人漁夫の原爆被災の件」岡崎外相発・在米井口大使宛185号（1954年3月17日・至急）

＊3　原爆傷害調査委員会（Atomic Bomb Casualty Commission）。1947年米軍合同調査団の原爆医学調査をひきつぐ組織として広島と長崎に設立。

＊4　外務省アジア局に日米の関係者、担当者が参集し、午前中には第五福竜丸被災の経緯と乗組員の病状についての報告、午後には「輸出冷凍鮪及び鮪缶詰のラヂオアクチーブ検査に関する取り扱い措置」について検討が行われた。
日本側は、午前中は東大の美甘義夫、中泉正徳医師らのほか、厚生省、文部省、外務省の担当部局責任者が出席。米側はアイゼンバット博士、モートン博士と米大使館レオンハート書記官、極東軍のマークス大佐らが出席した。午後は、通産省、水産庁の担当者も出席してマグロの検査方法や検査機器についての協議が行われた。

診察させれば治療できると答えるというように、両者の議論はかみ合わない部分も多い。マグロの「汚染」についても、23日にコール議長が「日本の報道は誇張している」と談話を発表している一方で、対米輸出マグロの検査についての基準についてさらに厳格化するよう言及していた。そしてこのふたつの議題の合間に、アリソン大使は奥村勝蔵外務事務次官を訪ね、「(イ) 福竜丸の汚染消除を米海軍に行わしめるか、同船を海中に沈めるか又は同船への立ち入りを防止されたい。(ロ) 米側の技術者にも自由に患者をみさせて貰いたい。(ハ) 放射能を帯びた灰、着衣、木その他のインヴェントリー〔編注：物品目録〕をとり政府が責任をもって保管されたい。(ニ) 本件関係の外部への発表を審査し検閲するようにされたい。」と告げていく[*5]。

25日、日本政府は安藤正純国務大臣のもとに、「第五福竜丸善後措置に関する打合会[*6]」(以下、善後措置打合会) という省庁連絡会議を設置、8月末まで17回に及ぶ会議が開かれた。また福竜丸乗組員の病状については、医師が個別に発表するのを制限し、原爆症調査研究協議会[*7]を通して行うこととした。死の灰採取者、取材に訪れたジャーナリストも政府によって詳細が把握され、一覧表となって残されている。不安や疑心暗鬼のおさまらぬ26日、ビキニ環礁ではキャッスル作戦2回目のロメオ実験が行われた。

かけひき

3月31日　国会には朝永振一郎、武谷三男、中泉正徳が参考人として呼ばれ、広島・長崎の被害との比較や米側の対応、乗組員の容態についてなどが詳らかにされた。この日、外務省では危険区域の縮小[*8]

＊5　電文「第五福竜丸の被災事件に関する件」岡崎外相発・在米井口大使宛207号(1954年3月26日・極秘)

＊6　議長：国務大臣・安藤正純／委員：内閣官房副長官、外務、文部、大蔵、厚生、農林、運輸各省事務次官／幹事：外務省アジア局長・中川融、大蔵省主計局長・森永貞一郎、文部省大学学術局長・稲田清助、厚生省医務局長・曽田長宗、厚生省公衆衛生局長・山口正義、厚生省環境衛生部長・楠本正康、農林省水産庁長官・清井正、運輸省海上保安庁長官・山口伝、総理府審議室総轄参事官・田上辰雄

＊7　厚生省管轄で、広島・長崎の原爆被害者に対する全額国庫負担治療と原爆後遺症の治療法究明のために、国立予防衛生研究所内に設置された協議機関。会長・小林六造 (予研所長、日本学術会議放射線影響調査特別委員会・医学班長兼任)。臨床・環境衛生・食品衛生の3小委員会で編成。1953年11月17日～1954年10月5日まで設置され、1954年10月7日より原爆被害対策に関する研究連絡協議会に改組された (会長・塩田広日本医大学長。総括・臨床・環境衛生・食品衛生の4部会で構成)。

＊8　3月19日に米軍により「危険区域」が約8倍に拡大されたため、迂回を余儀なくされた日本の遠洋マグロ漁に支障をきたしていた。

や実験の事前通告、実験前の退避勧告、マグロ漁期の実験の見合わせなどを申し入れるエード・メモワール（外交覚書）を提出した。同日ストローズ米原子力委員長が声明を発表、「第五福竜丸は警告を無視した不注意」と揶《や》揄《ゆ》した。

4月に入ると、アリソン大使は科学者たちの死の灰の分析・発表を制限できない吉田首相に書簡を送り、直接不満を告げる。機密情報を規制できない場合はMSA[*9]など将来の日米関係にも影響があると警告してきたのだ。このアリソン書簡を首相に提出するにあたり、外務省はこうした苦情がくるのは日本の科学者や医師たちが偏狭な思考だからであって、かれらを御しきれないのは厚生省、文部省である。外務省と米大使館は解決にむけて検討を重ねているが、この事件は米側の落ち度なので、補償も謝罪も要求できるのだから、しかるべきタイミングで公的に要求するよう申し添えている。

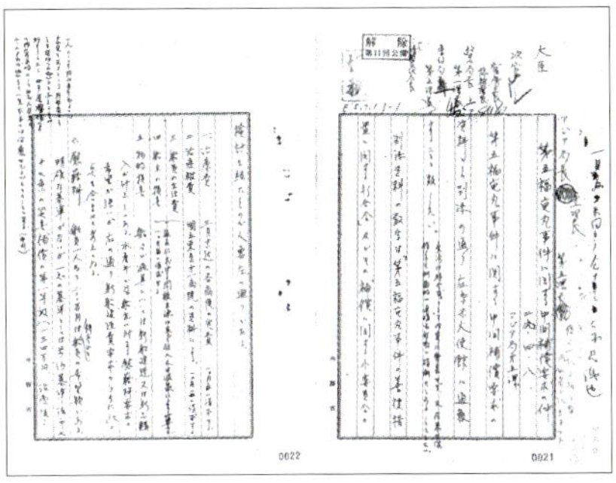

外交文書「第五福竜丸事件に関する中間補償要求の件」アジア局第五課（1954年4月8日・極秘）

アメリカに対し被害額を提示する範囲と金額が「善後対策打合会」で検討されたと記されている。第五福竜丸乗組員に対する慰謝料として労働基準法の災害補償に準じて計算し、一人当たり200万円としている。欄外に「一人200万円は多すぎるとの意見もあるところ、外務省としてはこれを値切った惑い〔ママ〕を与えることは好ましくなく、他方原爆傷害の内容不明にして、日本人医師の言によれば、恐らく一生本当には治癒せざるべしとのことである」との中川アジア局長の書き込みがある。

治療と補償

乗組員たちの治療をめぐっては、モートン一行が焼津での診察の際、見舞いの言葉もなく研究材料としてみているのではないかという、乗組員たちの反発が強かった。また、戦争の記憶も生々しい時代であり、抵抗感があるようだと、当時の厚生省は分析している。そこに米側からの「スパイ視」がさらに、乗組員たちの内面を逆撫でしたことは言うまでもない。

直接に診察させないことを、日本側の善意のなさと米側からの非難がつづくなか、4月9日、岡崎勝男外相は日米協会で「水爆実験に協力する」と発言。同日アリソン大使からは、ようやく公式に遺憾の意が表明された。

＊9　アメリカの「相互安全保障法（Mutual Security Act）」に基づく軍事援助と経済援助。1954年3月8日にMSA関連4法「日米相互防衛援助協定」「農産物購入協定」「経済的措置協定」「投資保証協定」が調印され、5月1日発効。

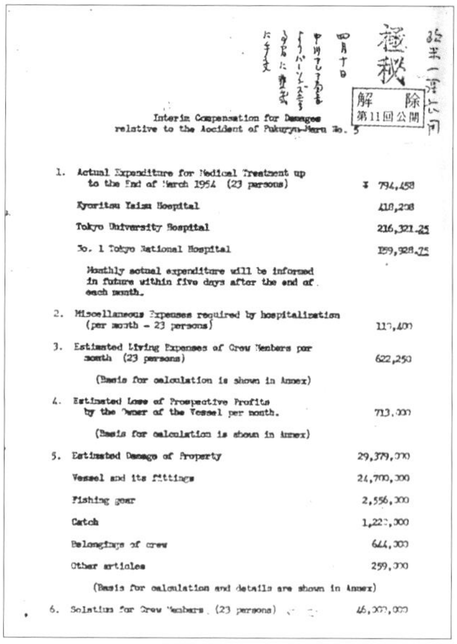
極秘

解除
第11回公開

Interim Compensation for Damages
relative to the Accident of Fukuryu-Maru No. 5

1.	Actual Expenditure for Medical Treatment up to the End of March 1954 (23 persons)	¥ 794,458
	Kyoritsu Yaizu Hospital	418,208
	Tokyo University Hospital	216,321.25
	No. 1 Tokyo National Hospital	159,928.75
	Monthly actual expenditure will be informed in future within five days after the end of each month.	
2.	Miscellaneous Expenses required by hospitalization (per month - 23 persons)	117,400
3.	Estimated Living Expenses of Crew Members per month (23 persons)	622,250
	(Basis for calculation is shown in Annex)	
4.	Estimated Loss of Prospective Profits by the Owner of the Vessel per month.	713,000
	(Basis for calculation is shown in Annex)	
5.	Estimated Damage of Property	29,379,000
	Vessel and its fittings	24,700,000
	Fishing gear	2,556,000
	Catch	1,220,000
	Belongings of crew	644,000
	Other articles	259,000
	(Basis for calculation and details are shown in Annex)	
6.	Solatium for Crew Members (23 persons)	46,000,000

外務省がとりまとめ、1954年4月10日に米国政府に提出した第五福竜丸被害の中間報告。

外務省がとりまとめた被害の中間報告が提出されたのは翌10日。第五福竜丸の船体及び漁具などの損害額、23名の入院・治療費、乗組員への慰謝料等77,629,000円のほか、間接的被害（第五福竜丸以外の漁獲物廃棄、検査等による地方自治体の行政費、魚価値下がりなど）も計上する予定であることが報告された。アリソン大使は入院・治療費は妥当だとしても、魚の値崩れなどは日本の過剰報道でパニックになったためと国務省に報告している。

外務省内部からも、この補償要求では損害の範囲が広く包括的すぎるとして、一括支払いで迅速に解決すべきという動きが現れる。万が一日本側から訴訟をおこされることにでもなれば、日米関係がこじれないともかぎらないとの懸念の下、米政府が補償金を支払い、日本政府が分配する方式が4月15日に外務省欧米局から進言された。この事件はアジア局が担当していた。

放射能汚染魚が見つかる船はその後も続き、被害額が増える一方で、日本は要求すべき補償額が定められないまま5月になる。5月から7月は沖縄から九州にかけての日本近海で汚染魚が多くみつかっている。この海域を唯一の漁場とする九州・和歌山・四国の小型船が大阪や室戸に水揚げしており、検査費用や水産加工業界の損害額も計上され、合計金額はますます増えていた。

5月21日アメリカ大使館から非公式に15万ドル（約5400万円）が内示される。そしてこの金額は法的責任に基づく損害賠償ではなく、慰謝料（ex gratia）であることが示された[*10]。アリソン大使の報告に基づき、いわゆる間接被害については支払うことはできないという姿勢だったが、日本側の計算では損害額は25億円とされていた。

＊10　外交文書「第五福竜丸事件関係の補償に関する件」岡崎外相発・井口大使宛440号（1954年5月27日・極秘）

ここからは、数字の攻防である。

アリソン大使は日本側の計算を「非現実的な数字」と一蹴したが、米政府では、議会の審議が必要な予算への計上ではなく、MSAに基づく資金を利用して、100万ドル（約3億6000万円）を上限に補償交渉を進めることを決定。これを受けてアリソン大使から岡崎外相に、直接被害3億円程度の支出が可能である旨が伝えられた（7月6日）。「善後措置打合会」で安藤国務大臣は「3億円程度では各方面に振り分けることはできない」と発言し、8月10日衆議院水産委員会では、直接・間接を問わず早急に補償するよう要求する決議がなされたが、吉田首相は100万ドルを上限に交渉妥結する心づもりであることが米側には伝えられた。

吉田内閣の崩壊

少数与党で発足した第五次吉田内閣は、造船疑獄、国会延長をめぐっての乱闘事件などで求心力を失っていた。

8月下旬から久保山愛吉の容態が悪化。9月23日に死去すると、国内の原水爆反対の世論は沸騰する。米政府はこうした動向から「日本人の核兵器への恐怖心と嫌悪」を敏感に受け止めていた。

岡崎外相は「政府部内及び国会方面にもこうなっては100万ドルでは足りず、200万ドル、すくなくとも150万ドルを必要とする声大なり」とアリソン大使に通知（10月4日）。訪米してロバートソン国務次官補にもその旨を告げた。

10月28日米側は150万ドルで折衝する姿勢を示した。日本政府は以下のような数字的根拠を示し交渉を訓示した。

外交文書「ビキニ関係補償問題に関する件」岡崎外相発・在米井口大使宛983号（1954年10月29日・極秘・至急）

イ）第五福竜丸関係損害

――― 120,265,300円

ロ）他の漁船の漁獲物廃棄に伴う損害

9月25日迄分総計413隻

――― 185,871,387円

ハ）危険区域拡大に伴う航行迂回による損害

――― 125,764,241円

ニ）魚価下落による損害補填のための融資決定額

――― 433,000,000円

ホ）以上総計

――― 864,900,928円

（中略）

200万ドルがなんとしても不可能な場合には、180万ドル程度にて解決することもやむを得ずと考えるが、その際は万一死亡者が出た場合には久保山に準じ一人1万ドル程度を追加するよう米側の了解をとりつけられたい。

交渉が長引くなかで、12月7日吉田茂内閣が総辞職。150万ドルでの解決を用意するというアリソン大使に対し、12月9日に発足した鳩山一郎内閣は重光葵外相を通して200万ドルでの決着を指示、アリソン大使には「米国政府の現政府に対する好意の表現として新春早々に発表したい」と申し入れた。アリソンは、鳩山政権は少数政権であることを考えれば、早々に総選挙を迎えるであろうことを踏まえ、200万ドル以下での解決はないと判断し「日本では伝統的に一年の決算にあてられる大晦日」に発表できるよう、この金額で合意することを国務省に進言した。[*11] 翌1955年1月4日、鳩山内閣の初閣議で確認されたうえ、日米交換公文が発表された。

＊11　坂元一哉「核兵器と日米関係」。高橋博子は「この200万ドルは、米国政府の心理戦略の協議機関である工作調整委員会（OCB：Operation Coordinating Board）の承認を経て相互安全保障法（MSA）にもとづいて対外活動本部の予算から」「対日心理戦略の一環として出された」と分析している（高橋博子『封印されたヒロシマ・ナガサキ』）。

補償金の配分は日本政府にまかされており、間接被害についても7割を支払うことが可能となった。一方で交換公文の文言には「法律上の責任の問題と関係なく慰謝料として」という表現が入り、アメリカは議会で議論することも、将来の先例となることも避ける形で解決がなされたのだった。[*12]

東京国立第一病院退院時の記念撮影（1955年5月20日）

消された被ばく者たち

日米政府による「政治決着」で、アメリカには法的責任はなく、「すべての傷害、損失、損害についての完全な解決」として慰謝料が支払われたことで、この交換公文が取り交わされた後には事件も被害者も存在しないこととなった。

大石又七が「いま振り返って思うと、ビキニ被爆者たちの悲劇は久保山局長の死が始まりで、『死の灰』放射能という悪魔は一人また一人と長期間にわたって大勢の命を奪っていく」（大石又七『これだけは伝えておきたいビキニ事件の表と裏』）と記しているとおり、日米交換公文による見舞金支払いで、何かが解決したわけではなかった。第五福竜丸乗組員に限っていえば、被ばく後21年目から次々と他界している

大石はまた、「『一部、一生就労不能になる者がでる惧れもあるので、その治療費、生活費について特別な考慮が必要』と医学的にも言われていたのに、政治はここでも俺たちを無視し、切り捨てた」。「退院と聴いて俺たちは治ったのだ、良かったと喜んで退院した。だが、本当は治っていなかったのだ。退院するときも俺の肝臓はまだ腫れていたし、下痢も止まっていなかった」（大石又七『矛盾』）と証言している。

体調のよしあしに係らず、1955年5月20日、東大病院と東京国立第一病院に入院していた22名の乗組員が一斉に退院した。これは、「ビキニの被爆者はこれでもういなくなった」（『矛盾』）ことも示唆している。

＊12　外交文書「ビキニ事件損害の補償に関する件」重光外相発・在米井口大使宛（1954年12月14日・極秘）「米側の基本的考え方は（イ）本件補償は一に人道的考慮と米側好意に基づき法律上の責任の問題を全く度外視して行われるものである点を公文の中に明記したいこと（ロ）本件補償はランプサムの支払い〔編注：一括払い〕によりすべてを解決せんことを目的として行われるものであるから、今後まぐろを投棄することがあっても、また不幸にして更に死者が出ても、追加の支払いは行わない建前であり、この点も公文中に明記しおきたいこと、の二点である」

手紙に託された心

みやこさん私も二年生です
おとうさまの、ことを、うちの人からきき
ました。ほんとうに、ごしんぱいでしょうね
わたくしは、ほんとうにおきのどくにお
もっています。きっとなおりますように、
かみさまに、おいのりしています。おだい
じにしてあげてください、
九月二日
さようなら

第五福竜丸平和協会では、主に久保山愛吉氏遺族から寄贈された約3000通の手紙を所蔵している。入院中の久保山に宛てたものが大半を占めるが、久保山死去前後からは妻すずや、子どもたちへのお見舞いや励ましの言葉をしたためたものも多い。大石又七によれば、特に個人名が書かれていない手紙は病室の箱に入れて、皆で回覧したとのことで、そのような箱がいくつもあったという。

子どもたちがみたビキニ事件

所蔵する手紙のうち、約半数が小中学生ら子どもたちからのもので、なかには学校単位で投函されたものもある。

見ず知らずのおとな―久保山愛吉の容態悪化が報じられ、自分自身もまた不安に陥れられた放射能の恐怖、得体の知れない水爆によって久保山が息をひきとったと知ったとき、子どもたちは嘆き、くやしがり、遺児たちのさびしさに思いを馳せて泣いた。そして二度とこのような核実験はやめてもらいたい、自分がおとなになったら平和な世の中にします、と思いのままに手紙を綴った。どうして戦争の準備をするのだろう、なぜ政治家は核実験を支持するのだろう、と家族や友人らと語り合ったことを、率直に文章にしている。

乗組員・池田正穂は「無垢な学童たちからのほとばしる声を、私たち患者は回し読みしながら幾度泣かされたことでしょうか。またどれほど力づけられたことでしょうか」と記している(「水爆患者第1号の手記」)。

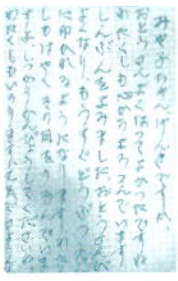

戦争の傷跡

久保山愛吉死去が報じられた9月23日～25日に書かれた手紙は100通を超える。10月9日の「漁民葬」後も、連日のように労働組合や青年団、学生自治会などからの弔文・弔辞が遺族のもとに届けられた。

所蔵する手紙は第五福竜丸の地元・静岡県からのものが600通以上、放射能汚染魚を獲った船が多かった高知県からの手紙も東京と並び300通を超える。なかには広島・長崎の原爆被爆者からのもの、巣鴨の戦犯拘置所からのもの、引揚げ船興安丸からのもの、戦死者遺族からのものなどそれぞれに戦争の痛みを内包した文章が多い。また結核療養所の入院患者は、病の不安を共有する者として、残された家族たちを励ました。

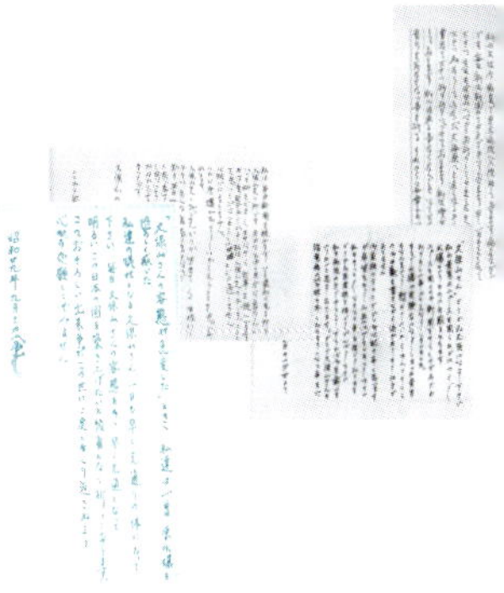

1

くるしむおぢさんへ

くぼやまさんのおぢさん、おからだがすこし良くなりましたとのこと心からおよろこびもうし上げます。

わたくしのおうちでは、いつも朝と夜は、ビキニのかたがたのため、とくにくぼやまさんのおぢさんのためにおいのりをしておりました。おかあさんは、わたくしに、かみさまは、良い人をきっと、良くなおしてくださるでしょうと、ときどきおっしゃいます。でもまだお目があかずにやすんでいられるとラジオがいいます。

2

わたくしは、ラジオがにくくて〱たまりませんでした。きょうはじめてラジオがすこしからだか良くなりましたといいましたのでわたくしは、とんでよろこびました。そしてまた、てんしゅさまにかんしゃのおいのりをしました。夜は、みんなでかんしゃのいのりをしました。おぢさんほんとうにおめでとうございます、こんどは、おぢさんがあるいたりもっとたくさん、おはなしができ

3

るようにおいのりをします

わたくしのおうちはとてもたのしいです。ですからおぢさんも早くたのしいお家にかえってくだるようにげんきになってくださいね

このおてがみおかあさんにないしよでだしましたごめんなさい

おぢさんほんとうによかったわね

どうぞしなずにがんばってくださいひろこもいっしょうけんめいおいのりします

おじさんしなないでください

二ねん

ひろこ

ラツオで、まいに、「くぼやまさんはなおってきた」といっていましたが、きょうになってとつぜん、しんだので、ぼくは、かなしくおもいました。ぼくはみやこちゃんと同で三年生ですぼくのおとうさんがしんだらぼくはどんなになくんでしょうとおもいました。

水そばくだんやげんしばくだんはわるいバクダンです

名前を書かず失礼です。私のたより一度目をとうして下さい。

みや子ちゃんへ

突然ですがごめんなさい。

久保山さん、元気を出して下さい。私は貴女に同情します。私も貴女と同じ境遇だからです。というのは私は前の戦争で父をなくしたからです。科学の力はおそろしいものです。みや子ちゃんの愛[redacted]さんは科学の犠牲になられたわけです。ですから私は科学と戦争をにくんでいます。貴女も同感だと思います。みや子ちゃん!! でも私達はにくしみを投げつけずに平和への道の発見に努力するのが[redacted]正しいのです。日本人はみな戦争をきらっている事はいうまでもありません。しかし大人は何をするかわかりません。遠くはなれていても私達は心だけはかたく結んで平和を守ろうではありませんか。

かしこ

秋分の日　鳥取県の一少女

久保山みや子ちゃんへ

1

「六時五十五分、第五福りゅう丸、無線長久保山愛吉
氏がなくなりました。」と、ラジオから、放送されました。
私は、茶わんをあらっていて、はっとしました。ついになくなった
のか。けれど、けれど、みや子ちゃん力を落さないでください。
私は、茶わんをあらうのを、わすれて
聞きいりました。「静岡県やえ津
の久保山さんのるすたくの庭には、
久保山さんが植えた花が、一つ、二つ、三つ、
とさびしくさいています。」とラジオが
なおも、続けて放送しました。
私たち、国民でも、この位悲しいのに
ダレス長官、アイゼンハァー首相は、

小諸なる古城のほとり
雲白く遊子かなしむ
藤村

信州小諸　懐古園

2

なんとも思っていないのでしょうか。
九年前、広島へ世界最初の原ばくを落しても、
まだこりないのでしょうか。
では、さようなら。

多津子

九月二十三日　夜七時半

久保山様

小諸なる古城のほとり
雲白く遊子かなしむ
藤村

信州小諸　懐古園

No1.

みや子・やす子・さよ子ちゃん
お父様が、おなくなりになって、どんなに
おかなしみになったことでしょう、
私も新聞を読んでむねがいっぱいになりま
した。
今日は、どうかしら、今日はどうかしらと
しんぱいしていましたが、とうとうきのう
午後七時のラジオのかなしいしらせが
耳にはいりました。母も「かわいそうに、お家の
人々がどんなにおかなしみになった
ことでしょうね」といいます。
今日の夕刊にやす子ちゃんのつづり方が
出ていましたね、

No2.

私はそれを読んで泣きました。
そしてなんどもなんどもくりかえして読みました、
でもみや子ちゃんもやす子ちゃんもそしてまだ
ちいさなさよ子ちゃんも元気をだしてお母さまや
おばあさまのゆうことをよくきいていっしょうけんめい
勉強して下さいね、
ちょいちょいお手紙をあげますから、
みや子ちゃんもお手紙を下さいね
私は千代田区立富士見小学校の
五年生です。
これからはお友達になりましょうね
ではみなさまによろしく。さようなら

千恵子より

みや子
やす子
さよ子ちゃんへ

原子力の「平和」利用

第五福竜丸の「被ばく」を報じた1954年3月16日の読売新聞朝刊から5日後、3月21日の読売夕刊は、乗組員の放射能症の火傷など重篤症状の写真を1面トップに載せ、水爆＝放射能の恐怖を伝えている。

しかし、この紙面の見出しは「原子力を平和に」とある。記事には「急性放射能症患者第1号」増田三次郎さんの“放射線障害の実験台として扱われるのはゴメンだ！”とのコメントをがある。ところが記事後段はこう書かれている。「いかに欲しなくとも原子力時代は来ている……恐ろしいからと背を向けているわけにはいくまい。克服する道は唯一つ、これと対決することである……恐ろしいものは用いようですばらしいものと同義語になる。その方へ道を開いてわれわれも原子力時代に踏み出すときが来たのだ」。

第五福竜丸が水爆実験に遭遇した3月1日の翌2日、衆議院の予算委員会に「原子力予算」3億円が前触れもなく提出された。斎藤憲三、稲葉修議員の改進党、日本自由党など保守3党の共同提案で、さしたる審議もなく4日の衆議院本会議で通過してしまう。原子炉研究費2億3500万円。その金額の根拠を共同提案者の中曽根康弘議員は、「濃縮ウランはウラン235だからね」と述べたという。

一方、正力松太郎社主のもとで読売新聞は、この年1月1日から原子力エネルギーの特集「ついに太陽をとらえた」を30回連載し、これにかかわった記者が「第五福竜丸のスクープ」に大きな役割を果たしたのだった。読売新聞社は、原子マグロや放射能雨が国民の不安を掻き立てていた8月に新宿伊勢丹で「だれにもわかる原子力展」を開く。会場には第五福竜丸の舵輪も焼津から運ばれ展示された。原水爆禁止の世論が広がる一方で、1955年11月には東京・日比谷で「原子力平和利用博覧会」が開催され、札幌、仙台、名古屋、大阪、福岡などの都市を巡回するが、1956年5～6月には広島平和記念資料館（原爆資料館）を会場に開かれている。「博覧会」の地方開催は地元の新聞社が開催に加わり「平和利用」をマスメディアが担う形が作られていく。

1955年11月日米原子力協定が調印され、原子力基本法成立、翌年1月、湯川秀樹博士を強引に引き込んで原子力委員会が発足（湯川博士は1年後に辞任）、正力が委員長になる。5月には科学技術庁が発足し初代長官に正力が就任した。そして東海村の実験炉が初の臨界に達したのは1957年8月27日であった。

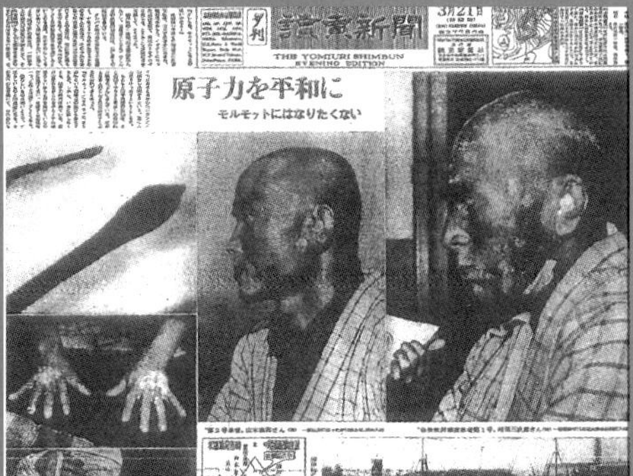

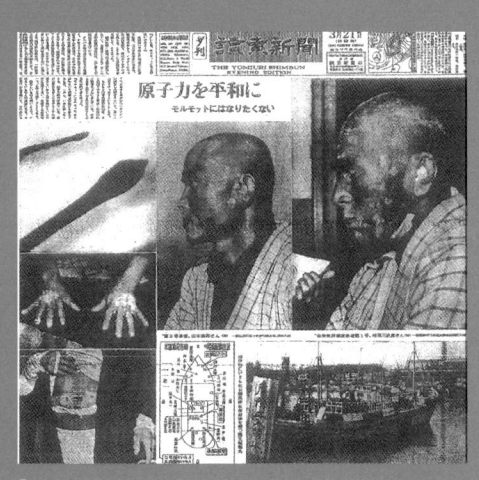

『読売新聞』1954年3月21日付夕刊

マーシャル諸島の核実験被害

5.

　アメリカの核実験が終了してから54年後の2012年9月に公表された国連人権理事会特別報告者[*1]によるマーシャル諸島の核実験被害報告書は、このような事例が人権侵害にあたるとした。アメリカが核実験による影響の全容を公表していないため、マーシャル諸島の人びとの健康と安全な食料や水の確保、本来の持続可能な暮らしが脅かされている。

　核実験の被害に対する金銭的補償と医療は不十分である。とくに、故郷の島を核実験の放射能で汚染されたため離島を余儀なくされた人びとが他の島々で分散して暮らす状況は“国内の難民”状態に等しく著しい人権の侵害である。マーシャル諸島は、日本の南東約4600キロ、太平洋中西部のミクロネシアの東端の海域に環状に広がる珊瑚礁の島々からなる。人びとは、海抜数メートルの低く平らな島に生えるヤシやパンの実、ラグーン（礁湖）[*2]でとれる魚介を食べ、天水を利用する自足持続型の暮らしを営んできたが、ドイツと日本に統治され、日米の戦争を体験させられた後、アメリカの核兵器開発の実験場とされた。

ドイツと日本の統治、日米の戦争

　第一次世界大戦が勃発した1914年、日本はドイツに宣戦布告し、それまでドイツ領だったミクロネシアの島々を占領し、「南洋群島」とよんだ。住民は「島民」とよび、日本語による皇民化教育を行った。1933年に国際連盟を脱退後はマーシャル諸島を対米戦の前進基地として島々に日本軍を進駐させた。日本軍がハワイの真珠湾を攻撃した約３カ月後の1942年２月末、アメリカ軍はマーシャルの日本軍基地への攻撃を開始した。各島の日本軍は壊滅させられ、戦闘に巻き込まれて多くの住民が亡くなった。戦闘は1944年４月に終了し、マーシャルの人びとは30年間に及んだ日本の統治から解放された。

伝統的な囲い込み漁ムオ（ロンゲラップ島）

日米の激戦地のひとつクワジェレン島の日本人墓地

「戦争を終わらせる」ための被害

第二次世界大戦後、アメリカは、住民の意思を聞くことなくマーシャル諸島のビキニ環礁を核実験場に選んだ。1946年3月、ビキニの人びとに「人類にとって有益であり、世界の戦争を終わらせるため」と告げて約270キロ東のロンゲリック環礁の無人島に移住させた。7月、2回の核実験が行われた。実験後アメリカは、ビキニ環礁以外の島に放射能は広がっていないとした。2回目の水中核実験の放射能はビキニ環礁のラグーンとすべての島々を汚染した。この間、移住先のロンゲリック環礁の島で飢えにさいなまれた人びとは、1948年3月、アメリカ軍基地があるクワジェレン島に移動した。

アメリカは、1947年にビキニ環礁の西約350キロのエニウェトク環礁を新たな実験場に選び、人びとを約230キロ南西のウジェラン環礁の無人島に移住させたのち核実験を始めていた。1948年4月30日の2回目の核実験後、南東約740キロのクワジェレン島に降った雨から異常に高い放射線が検出された。核実験の放射能が実験場以外の島に飛散した最初だった。

放射能の雨が降っていた時、クワジェレン島基地の滑走路脇ではロンゲリック環礁の島から移動したビキニ島の人々が布製のテントで暮らしていた。半年後、人びとは故郷ビキニの南約770キロにあるキ

＊1　国連人権理事会理事長に任命され、特定の国家や地域の人びとの人権に関する調査、観察、助言を行い、報告書を提出する。2006年に新設された。

＊2　環状に広がるサンゴ礁の島々に囲まれた内海で、天然の生けすとされ魚介が豊富でとりやすい。

リ島に移動させられた。キリ島はラグーンのない島で、食料の補給がたびたび途絶えたため、ここでも飢えにさいなまれた。

エニウェトク環礁で核実験が始められる前の1947年7月、マーシャル諸島を含むミクロネシアの島々はアメリカを唯一の施政権国とする「国連信託統治領[*3]」とされた。信託統治協定の第6条は「(アメリカは)自治または独立のいずれかに向けて信託統治領住民の発展を促し、この目的のために……土地や資源の喪失、健康を守る」と規定していた。しかし、ビキニ島とエニウェトク島の人びとは、すでに移住させられた島で飢えにさいなまれ、故郷の島々は破壊され、放射能に汚染されていた。

水爆実験被害

マーシャル諸島の人びと、島や海は、この後、水爆実験でさらに被害をうけることになった。1952年11月1日にエニウェトク環礁で行われたアメリカ初、世界最初の水爆実験の放射能はウジェラン環礁の島々とエニウェトクから移住していた人びとに被害を与えた。1954年3月から5月にかけてキャッスル作戦と名付けられてビキニ環礁などで行われた6回の水爆実験はさらに甚大な被害を及ぼした。

世界最初の水爆実験とキャッスル作戦

世界最初の水爆「マイク」は、核融合をおこす重水素、三重水素を冷やすための6階建て、重さ約82トンの巨大な装置だった。爆発威力は広島原爆の約700倍の10.4メガトン。爆発地点のエニウェトク環礁エルゲラップ島は爆発で消滅し、海底に直径約2キロ、深さ50メートルのクレーターを作りだした。キャッスル作戦は装置であっ

＊3　国連の委託を受けた国の管理の下におかれた非独立地域。マーシャル諸島を含むミクロネシアは、アメリカの戦略的信託統治領とされて軍事利用が可能になったためビキニとエニウェトク環礁は「戦略区域」に指定され核実験が行われることになった。1978年の住民投票の結果、1986年にマーシャル諸島共和国とチュークやポンペイ島などから成るミクロネシア連邦が独立し、非核憲法を制定したパラオは1994年に独立したことで国連信託統治は終了した。

た水爆を、実用的、運搬可能な兵器とするために行われた実験シリーズ。6回の実験の合計爆発威力は約48.2メガトン、広島に投下された原爆の約3220発分に相当した。どの実験でも大量の放射能が発生し、世界各地に降り落ちて地球全体を被ばくさせた。

このうち、1954年3月1日にビキニ環礁で行われた水爆ブラボー実験（15メガトン。広島原爆の約1000倍の威力）は、ビキニ環礁の東約180キロのロンゲラップ島住民82人（4人が妊娠中）や同470キロのウトリック島住民157人（9人が妊娠中）、さらに500キロ以上離れたアイルック、リキエップ、メジット、ウォッチェ島などの住民に放射能をあびせた。ロンゲラップ島とウトリック島住民はアメリカ軍によって避難させられたが、他の島々の住民は置き去りにされた。また、ビキニの東約270キロのロンゲリック環礁で気象観測を行っていた28人のアメリカ兵も放射能をあび、避難させられた。

ロンゲラップ島で放射能をあびた人びとは、避難させられるまでの間にあびた放射能と汚染された水や食料などを通して体内に摂りこんだ放射能によって半数致死量[*4]に近い放射線をあびた。多くの人びとが下痢や嘔吐、火傷や脱毛など高レベルの放射線をあびたことによる急性症状にみまわれたが、かけつけたアメリカの医師団は「プロジェクト4.1」[*5]という研究のために治療は行わず、症状の推移を観察しつづけた。

ブラボー実験から約3カ月後の1954年6月、ウトリック島の人びとが帰郷させられた。帰郷について米原子力委員会の議事録は「（ウトリック島は）住むには安全だが、世界でもっとも汚染された場所のこの島に住むことは、彼らがどのくらいの量、どの種類の放射

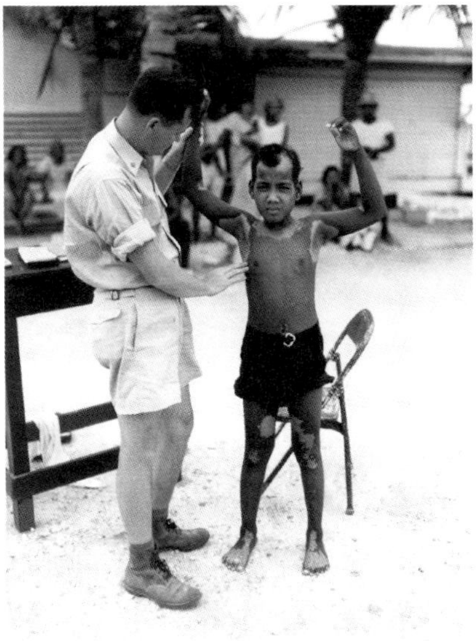

ブラボー実験後、「死の灰」による火傷の症状を調べられるロンゲラップ島被ばく者イロシ・ケペンリ（当時7歳）。1960年、ガンと思われる病気で亡くなる。

＊4　人工放射線を1回で3000〜4000ミリシーベルトあびた場合、およそ半数の人が亡くなる。下痢や嘔吐、皮下出血、脱毛などの急性症状にみまわれる。

＊5　米原子力委員会(AEC)や軍特殊武器プロジェクト(AFSWP)、海軍医療研究所（NMRI）などが1953年に計画したもの。正式名は「高爆発威力兵器の放射性降下物によるガンマ線及びベータ線被ばくした人間の反応研究」。核戦争がおきた時の兵士の戦闘能力に影響を及ぼす限界被ばく放射線量を知るためといわれる。

いまも不安の日々
ビキニの被爆者たち
ヤシガニ食用禁止
米の"定期検診"続く
住民は調査団を歓迎

『朝日新聞』1971年12月19日付

性核種を摂取するか尿を通してさかのぼることができ、良好な環境データを得ることができる」と記した。

ロンゲラップ島の人びとはブラボー実験から約3年後の1957年6月に帰郷させられた。この処置についてブルックヘブン米国立研究所[*6]は「……研究と産業分野における放射性物質の広範な使用は、人びとをさまざまな形で被ばくさせる可能性を増大させている。それゆえ、人間に対する放射線の知識が必要とされており、人びとが住むことは人間に関するもっとも価値ある生態学的放能線被ばくデータを提供してくれる」とした。当時アメリカでは、国の支援の下、民間会社が核燃料の製造と原子炉の製造および輸出を始めようとしていた時期で、放射性物質や放射線の人体への影響に関する情報を必要としていた。放射能が残る島への帰郷は人体実験ではないかといわれたが、1995年10月にアメリカが公表した「放射線人体実験最終報告書」[*7]では人体実験とは認めていない。

ウトリック島とロンゲラップ島に帰郷した人びとの間では、最初に死産と流産が多くみられ、ついで甲状腺異常が、そしてガンが多発した。1980年代に入ると、被ばく3世の子どもたちに生まれつき手や足、内臓などに欠陥が多く見られた。ロンゲラップ島住民は1985年5月、「子どもたちの将来のため」として全員で故郷の南約190キロにあるクワジェレン環礁北西端のメジャト島に移住した。

放射能除染作業による被害

核実験が終わってもマーシャル諸島の人びとへの被害はつづいた。核実験終了から10年後の1968年、アメリカは23回の核実験（水爆は11回）を行ったビ

＊6　原子力エネルギーの平和利用を探求するために1947年に設立された国立研究所。水爆ブラボー実験の放射能をあびたロンゲラップ島などの人びとの健康調査は同研究所医学局のロバート・コナード博士などによって40年以上にわたって行われた。

＊7　クリントン米大統領の諮問委員会が作成した、プルトニウムを注射する、放射能入りの食事を食べさせるなどアメリカが1944年から74年まで行った約4000件の放射線人体実験に関する900ページ以上の報告書。

キニ環礁南部のビキニ島とエニュー島の放射能は減っているとの「安全宣言」を発表した。

翌69年には放射能汚染が残る土や草木を削り取り、鉄塔や観測壕などの核実験施設を解体して取り除く作業を始めた。土や草木をブルドーザーでラグーンに押し流し、解体した実験施設の残がいは外洋に棄てるというものだった。除染作業と合わせて帰郷する人びとのためのコンクリート製の家が建てられ、食料のヤシやパンの実などの木が植えられた。

1972年、キリ島に移住していた人びとの一部が帰郷したが、1975年に井戸水と一部の人の体内からアメリカの基準値以上の放射性セシウム137[*8]が見つけられたためヤシの実の食用が制限された。1978年8月、帰郷していた全員がキリ島に戻された。除染を行ったにもかかわらず地中深くに潜んだ放射能がヤシの実を通して人びとに摂りこまれたのだった。以後、ビキニ島の居住は禁じられ、ビキニ環礁全体が閉鎖された。アメリカは、帰郷していた人びとが体内に摂りこんだ放射能は危険な量ではないとしたが、1982年、帰郷したビキニ島で生まれ育った9歳の子どもがリンパ腺ガンで亡くなった。島の放射能と子どもの死の因果関係は無視された。

もうひとつ、44回の核実験（うち水爆6回）が行われたエニウェトク環礁でも核実験が終わった20年後の1978年から放射能除染作業が行われた。除染は核実験が集中的に行われた環礁北部の島々で行われた。放射能に汚染された土や草木は削り取られ、実験施設は解体されて生コクリートと混ぜ合わせてルニット島の核実験で作られたクレーターに棄てられ、厚さ約54センチのコンクリートで覆われた。作業はオーバーオールの放射線防護服と全面エアマスクをつけたアメリカ陸軍兵によって行われた。

エニウェトク環礁で行われた放射能土砂の除染作業を行うアメリカ兵

＊8　核分裂反応で作られる人工放射性核種で、半減期は33年。筋肉組織に集積するが、筋肉の新陳代謝でまもなく外に出される。セシウム137が環境に蓄えられているときは自然界のカリウムと一緒に身体に取り込まれる。

作業の終了とともに移住先のウジェラン環礁から人びとが帰郷したが、居住はエニウェトク環礁南部の3つの島に限定され、核のゴミ捨て場があるルニット島をはじめ環礁北部の島々への立入りは禁じられた。環礁北部の島々への立入り禁止は、環礁全体の島とラグーンを活用して暮らす人びとの自足持続型の暮らしが成り立たないことを意味した。

不十分な補償による被害

核実験によって健康、島々と海の被害をうけたマーシャル諸島の人びとは、1981年3月から9月にかけてアメリカに対して損害賠償訴訟をおこした。訴訟をおこしたのは核実験場とされて故郷の島を失ったビキニとエニウェトク島の人びと、核実験の放射能の被害をうけたロンゲラップ、ウトリック、アイルック、リキエップ、メジット、ウォッチェ、ウォットウ、ウジャエ、ラエ、マロエラップ島などの約3000人で、信託統治協定違反として総額約58億ドルの損害賠償を求めた。

これに対してアメリカは、マーシャル諸島を含むミクロネシアの島々の信託統治領終了後の政治的地位として「自由連合協定[*9]」の締結を提案した。協定の第177条には核実験による放射能補償が含まれていた。協定を承認するか否かは住民投票にはかられ、訴訟をおこしたビキニやエニウェトク、ロンゲラップ島の人びとなどは反対運動を繰り広げたが、ほとんどのマーシャル諸島の人びとは承認した。

この結果、アメリカは、1987年から15年間に核実験場となったビキニとエニウェトク島住民と、水爆ブラボー実験の放射能をあびたロンゲラップとウトリック島住民に総額1億5000万ドル、4島住民の医療保

＊9　多額の経済援助と引きかえに防衛と安全保障、外交権の一部の権限はアメリカがもち、ミクロネシアは内政権だけをもつという内容。通称コンパクトとよばれる。2003年に最初のコンパクトが終了するとマーシャル諸島共和国とミクロネシア連邦（ヤップ、チューク、ポンペイ、コスラエ島で構成）は2011年に期限20年の新コンパクトに署名した。

険費として総額3000万ドルを支払った。

アメリカは放射能補償の中で、核実験による個人の被害補償と失った資産の損害賠償を行う「核賠償裁定委員会」（NCT）[*10]の設立と運営、補償金支払いの原資として4575万ドルを支給した。NCTは核実験によるマーシャル諸島の被害を調べ直し、マーシャル諸島の29の環礁と5つの島のうち21の環礁と島が被害をうけ、当時の住民約1万2000人が被害をうけたことを明らかにした。

また、1946年7月から1958年8月までビキニとエニウェトク環礁で行われた67回の核実験の合計爆発威力は約108メガトン（広島原爆に換算すると約7200発分に相当）で、核爆発で粉々にされた珊瑚に付いて放出された放射性ヨウ素131[*11]の量はネバダ実験場で行われた100回の大気圏内核実験で放出された量の約42倍、1986年4月に旧ソ連のウクライナでおきたチェルノブイリ原発事故で放出された量の約150倍と見積もった。

これらの事実を基に、NCTは、アメリカ本国の「放射線被ばく者補償法」などを参考に個人の核実験被害補償の対象として36の病気[*12]を設定し、病気の種類によって12万5000ドルから5000ドルの補償金を支払うとした。また、核実験の放射能汚染で居住が不可能となった土地や破壊された生活環境、除染や島の復興、故郷の島を離れて他の島で暮らす間の苦難と精神的被害などを含んだ損害額を裁定した。

健康被害だけでなく被害者の土地や生活環境、他の島での避難中の苦しみなど精神的被害への補償は世界で最初のものである。損害額の裁定は、核実験場とされたエニウェトク島とビキニ島住民、水爆ブラボー実験の放射能汚染をうけたウトリック島とロンゲラップ島住民に対して行われ、損害総額は約

＊10　アメリカの核実験によるマーシャル諸島政府や国家、住民の過去から現在、未来にわたる被害を裁定し、賠償金を支払うために1988年に設立。

＊11　核実験や原子炉の事故などで大量に放出される放射性核種で、半減期が8日間のヨウ素131と1570万年のヨウ素129がある。牧草から牛、ミルクの食物連鎖をへて体内に入り甲状腺に集積する。

＊12　当初25の病気を設定したが、アメリカの「放射線被ばく者補償法」などの改正を参考に補償対象の病気を増やし、2003年に36の病気を設定した。アメリカの補償法にはない甲状腺結節や機能低下症など甲状腺関連の病気が多く、放射線による火傷も補償の対象としている。

ガンで亡くなった姉の墓前に立つロンゲラップ島の被ばく者ノリオ・ケペンリ

20億ドルと裁定した。

補償金の支払いは1991年から始められた。2008年までに被害補償を認めた個人は約2100人、補償総額は約9700万ドルであるが、資金の不足により約20パーセントの人びとへの補償金が未払いとなっている。またビキニやロンゲラップ島などの人びとへの損害賠償金の支払いも大部分が未払いとなっている。NCTによる個人補償と島々の住民に対する損害賠償の支払い金不足が明らかになったことから、マーシャル諸島政府は2000年9月、アメリカに対して約32億ドルの追加補償を請求したが、拒否された。マーシャル諸島の人びとは核実験被害の補償の面でも切り捨てられ無視される被害をうけたのである。

いまも続く核実験被害

「子どもたちの将来のため」として1985年5月に故郷の島を去ってから四半世紀以上が過ぎたロンゲラップ島では、居住地域と教会などがある公共用地の放射能除染が終わったとしてメジャト島などに分散して暮らす人びとに帰郷が促されている。

マーシャル諸島の人びとの間では、自分の所有する土地に住まない人は大洋を漂うヤシの実と同じといわれている。ロンゲラップの人びとは放射能による再度の被害をうけるのではと恐れ、帰郷するかどうか心は揺れている。7歳で水爆ブラボー実験の放射能をあび、甲状腺[*13]の摘出手術をうけたリジョン・エクニランは、2012年8月に亡くなる前に日本人のインタビューに、「(帰郷は)汚染された島に戻るか、他人の島に住み続けるかの選択です」と答えた。

2010年にユネスコの世界遺産に登録されたビキニ環礁のビキニ島も除染すれば居住が可能であると

＊13　のど仏の下にあり、食物に含まれるヨウ素が作る甲状腺ホルモンを分泌し、発育や新陳代謝を促す器官。

いわれている。しかし故郷ビキニを去って65年以上が過ぎ、キリ島などに分散して暮らす人びとの大半は故郷ビキニの暮らしを知らない。

マーシャル諸島の人びとは、核実験の放射能による直接の被害だけでなく、放射能除染による新たな放射線被ばく、不十分な補償金と医療保障など形を変えた被害を繰り返しうけ、そのたびに心をむしばまれ、人権が損なわれてきた。

2013年5月に公表された国連人権理事会特別報告者の福島第一原発事故による被害者の調査報告書も、事例は違ってもマーシャル諸島の人びとが核実験の被害でうけたことと同様に人権の侵害が著しいとした。人権とは、人間が健康で安全な暮らしを営む基本的な権利である。

核兵器実験による被害や原発事故による被害は世界各地でおきており、生みだされた多くの被害者は隠され、無視されている。新たな核の被害者を生みださない方法と、すべての核の被害者の救済が国際的な規模で行われることが急がれている。

ビキニ環礁が世界遺産に

2010年7月、ビキニ環礁はユネスコ(国連教育科学文化機関)の世界遺産に登録された。その理由として「サンゴ礁の海に沈んだ船やブラボー水爆の巨大なクレーターなど、核実験の証拠を保持している。繰り返された核実験はビキニ環礁の地質、自然、人びとの健康に重大な影響を与えており、平和と地上の楽園とは矛盾したイメージをもち核時代の夜明けを象徴している」と発表した。環礁内の大部分の島は放射能が強く人間の居住は不可能なため“訪ねることができない”世界遺産となっている。

44回の核実験の放射能汚染土が埋められたエニウェトク環礁ルニット島

23回の核実験に使われたビキニ島の観測壕

子どもたちの将来のために、と故郷の島を離れるロンゲラップ島の人びと

ビキニの核実験の数と核実験で消えた島の数を星に表した旗章をつけた制服のキリ島の警官

茹でたタコの実を食べるメジット島の母と子

マーシャルとの40年
—— 心の通う交流を

島田興生

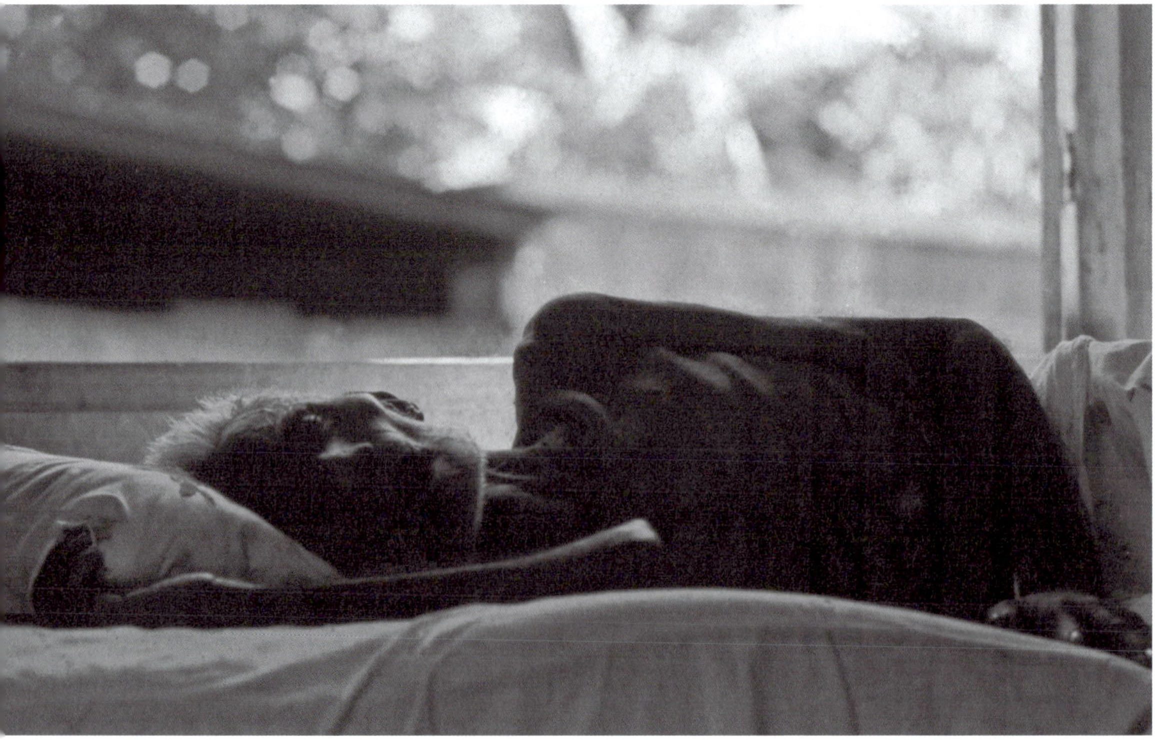

病床のナプタリ・オエミさん

終わっていないビキニ事件

1954年3月1日のビキニ事件から23年目の1977年に写真集『ビキニ・マーシャル人被曝者の証言』（JPU出版）を自費出版した時、カメラ雑誌の書評で「まだこういうテーマを追いかけている人がいるのか」とか、「アウト・オブ・デート（時代遅れ）」と言われた。事件から20年、そんな時代だった。それでも友人たちの尽力で初版3000部を売り切り、さらに2000部増刷した。

1974年7月、ジャーナリストの前田哲男さんと私はビキニ東方のロンゲラップ島を訪ねた。島はビキニ水爆実験で放射性降下物（死の灰）を浴び、島民86人が被ばくしたことで知られていた。島に着くと、船上から民家の夕《ゆう》餉《げ》の煙がヤシ林をたなびくのが見え、静かな海面を魚が跳ねる音が聞こえた。核に汚染された暗い悲惨なイメージとは正反対の豊かな自然と穏やかな暮らしがあった。しかし到着5日後にひとりの老人が亡くなった。ナプタリ・オエミさん（64歳）。甲状腺を患い、胃がんが命を奪った。ナプタリさんは被ばく島民86人のうち20人目の被ばく死者だった。船でようやく着いた私たちを待ち、何かを伝えようとしたナプタリさんの死。自然の回復の裏に潜んだ被ばくの爪あとの深さ。

4週間滞在し、島にいた23人中22人の被ばく者の証言を集め、写真を撮った。最後の晩には男たちから送別会をして貰い、島を離れた。夕闇の船尾に立つと、水平線に次第に小さくなって行く島影が見えた。ようやく日本に帰れるというのに、残された人たちのことを思い胸が痛んだ。

穏やかなロンゲラップ島の日常の暮らし、子どもの誕生日パーティ

被ばく、救出、3年後の帰島

ビキニのサンゴ礁の海で水爆「ブラボー」が爆発したとき、ロンゲラップ島には82人の住民と母親の胎内に4人の赤ちゃんがいた。午前10時、白い粉が降り始めた。この日島民が浴びた放射線は米国原子力委員会の発表で1.75シーベルト。脱出しなければ死亡する人もでかねない状態だった。被ばくから3日目、島民はようやく救出され、米軍クワジェリン基地に運ばれた。

3年後の57年6月末、被ばく島民85人を含む250人が米国政府の「安全宣言」を受け、ロンゲラップ島に帰島した。各家族は新しい家を貰った。しかし、間もなく人びとにガンや甲状腺症、流・死産が多発した。

（右頁上写真）
最初に移り住んだマジュロ島リタ地区
（右頁下写真）
レインボーウオリア号を迎える女性たち

マーシャルに引っ越す

1985年5月、私と妻は一匹の柴犬をつれてマーシャルの首都マジュロ島に引っ越した。それまで年1回か2年に1度、マーシャルの旅を続けてきたが、しょせんは旅の人。一緒に住まなければ、生活習慣や考え方は見えてこない。妻が仕事を止めたのを機会に、ふたりで移り住むことになった。6年4カ月滞在し、被ばく後遺症の調査だけでなく、ジョン・アンジャイン元村長、弟のネルソンさんなど多くのマーシャル人やアメリカ人の友人を得ることが出来た。

放射能の島からの脱出

私たちがマジュロに引っ越した時、ロンゲラップ島で大きな動きが起こっていた。島民全員が島を捨て、南200キロの無人島に脱出するというのだ。島民は1957年6月に米国の「安全宣言」を信じ島に帰った。しかし放射能は残り、島民の健康をむしばみ続けた。窮状を訴えるには島民は「島を捨てる」という捨身の行動しかなかった。

荷物の片づけもそのまま、5月15日、私はマジュロに立ち寄ったグリンピースの帆船「レインボーウオリア号」に同乗、2日後、船はロンゲラップに到着した。すでに学校や民家の解体が始まっていた。移住地でその廃材で家を建てるためだった。

移住先のメジャト島は東西1キロ、南北0.5キロの小島。この島が選ばれたのは井戸水が出たこと、病院のあるイバイ島に近かったことだ。しかし、イバイ島まで120キロもあった。島民は「メジャトは野生の木しかなく大勢の人が住むには小さすぎる」と嘆いたが、それでも「ポイズン（毒＝放射能）があるよりましだ」と新生活に順応しようとしていた。

メジャトの子どもたち

1994年1月、移住して9年目を迎えたメジャト島を訪ねた。私たち夫婦は91年9月にマーシャルを去り、日本に帰っていた。島民は「食べ物がなく、お腹がすいて困ります。病人をイバイ島に運べず、死んでしまったこともあった」と疲れた顔で話した。食糧を運び、病院に通うために、小型のディーゼル船（ブンブン）があればどれほど助かるだろうか。

＊1　ブンブンはエンジン音のマーシャル語表記。

WELCOME TO RONCLA
BA-EMAN KARJERE
"WE LOVED, THE FUTURE of

当時、日本には中古漁船が多数あった。これを安く買い、サンゴ礁用に改造し、島に送る支援プロジェクトを考えた。マーシャルで暮らした人、被ばくに関心ある人に計画を伝えると約400人の会員が集まり、「ブンブンプロジェクト」が発足した。千葉県の富津港で船を見つけ、97年8月には第1号船「リ・マンマン（北の星）号」をメジャト島に届けた。船がメジャト島に到着すると、深夜にもかかわらず大勢の女性が歓声を上げて、出迎えてくれた。

帰島の夢、いつかなう

島民たちはその後米国政府と粘り強く交渉し、脱出4年後の89年11月に「安全宣言」の見直しを勝ち取った。98年には表土の汚染除去、発電所、空港、埠頭などのインフラ予算48億円が認められ、再建工事が始まった。しかし、米国は2011年10月には「帰島勧告」を発表、早急の帰島を促し始める。

リミヨ・エボンさん（73歳）は20人目の死者になったナプタリさんの長女。教師を退職し、現在マジュロで暮らす。父母だけでなく、自身も被ばくし、9種類の薬を飲んでいる。03年には「私は帰らない。夫の島に行く」と言っていたが、12年には、「私は被ばくしているので、帰ってもいいと思っている」と言った。

一方、汚染除去が完全でないことや放射能に対する不安から帰島に反対する人も多い。マーシャル政府も現時点での帰島には反対だ。

しかし、帰島賛成派にしろ反対派にしろ、本人や家族の被ばく歴や体験、米国政府や医師団への不信に違いがあっても、現在のロンゲラップ島の地表、魚、植物の放射線量がよく分からないと言うことでは共通している。

マタヨシ村長の兄のジャカネ・アキキさんは生前、中立系科学者による環礁全体の島、魚介類、植物の科学調査をわれわれなどに依頼していたが、2013年4月に病死し計画は中断したままだ。

穏やかな暮らしを続けていた太平洋の民。冷戦と核開発競争の激流に投げ込まれて60年。彼らの今後は私たちの運命でもある。心の通った交流を続けて行きたいと思う。

（フォト・ジャーナリスト）

マジュロに着いたリ・マンマン号、マジュロで試運転

再建工事で建てられた帰島民用住宅

環礁北部の放射能調査を望んでいたジャカネ・アキキさん

世界の核実験被害

6.

　世界最初の核実験は、1945年7月16日の夜明け前、アメリカ、ニューメキシコ州アラモゴードの砂漠で行われた。実験後、爆発地点の北約55キロの町ビンガムの牧場の牛の皮膚が変色し、やがて皮膚ガンとなって死んだ。

　また、北東に2000キロ以上離れたニューヨーク州北部のフィルム会社のフィルムが感光した。いずれも核実験で放出された放射能が原因だが公表されなかった。広島と長崎への原爆投下後、周辺に降った“黒い雨”も放射能を含んだものだったが、被害は黙殺された。

　第二次世界大戦後、アメリカについで旧ソ連、イギリス、フランスそして中国が核兵器開発のための核実験を大気圏（地上や水中、空中）で開始した。大気圏内核実験は大量の放射能を放出し、実験場周辺だけでなく風に運ばれて遠く離れた地域に被害を与え、風雨と地形によって「ホットスポット[*1]」を生みだすことは知られていたが、各国は被害を無視して核実験を行った。

アメリカ

　アメリカは、主に太平洋のマーシャル諸島と国内のネバダ実験場[*2]などで、1946年から1962年まで201回の大気圏内核実験を行った。マーシャル諸島のビキニとエニウェトク環礁では67回の大気圏内核実

世界の主な核実験・核爆発地点

験を行い、当時マーシャル諸島に住んでいた約1万2000人に被害を与えた。実験場となったビキニとエニウェトク環礁、水爆実験の放射能をあびたロンゲラップ環礁の島々を汚染し、居住を不可能にした。

ネバダ実験場での核実験では風下地域のネバダ州、ユタ州南部とアリゾナ州北西部に住む約17万人が被害をうけただけでなく、アイダホ、モンタナ、サウスダコタ、ミネソタ州などの酪農地帯の牧草を汚染し、ミルクを通して全米の子どもたちに被害を与えた。

旧ソ連

旧ソ連は1949年から1962年まで、主にカザフスタンのセミパラチンスク実験場[*3]などと北極海のノバヤ・ゼムリャ島[*4]などで219回の大気圏内核実験を行った。セミパラチンスク実験場などでの実験では草原で羊を放牧して暮らす約120万人のカザフの人びとに被害を与えた。1997年に実験場周辺の村で行われた

＊1　核実験や原子炉の事故などで放出された放射能が局所的に集まった場所で、周囲に比べて放射線がとくに高い。

＊2　朝鮮戦争の勃発とともに小型核兵器の開発にせまられ、1951年1月にネバダ州ラスベガスの北西約100キロの空軍射爆場に隣接した岩山に囲まれた砂漠に設けられた。広さは鳥取県と同じ、約3500平方キロ。1951年から92年まで、大気圏内核実験を100回、地下核実験を804回行った。

＊3　岩山と草原が広がるカザフの人びとの大地に1949年7月に設けられた。広さは四国とほぼ同じ約1万8000平方キロ。1949年から89年まで、合計456回の核実験が行われた。地下核実験は、実験場内にある高さ約900メートルのデゲレン山といわれる岩山で224回行われた。デゲレン山中には核実験のためのトンネルが181本あり、世界最大の地下核実験場といわれる。西カザフのカプスチン・ヤールでは10回の大気圏核実験を行った。

＊4　北極圏にある南北2つの島からなり、高爆発威力核兵器の実験場が1954年10月に設けられた。実験場はそれぞれの島と両島を分けるマトチキン海峡付近の3カ所にある。1954年から90年まで、カラ海などでの実験を含めて130回の核実験を行った。ノバヤ・ゼムリャ島の東側の沿岸と海域は原子力潜水艦や砕氷船の原子炉、核廃棄物の投棄場所として知られている。

調査では、生まれた子どもの3人に1人が心と体に欠陥がみつけられるなど次世代への影響がみられている。ノバヤ・ゼムリャ島では約1500人の先住民族ネネツの人びとを大陸側に移住させて核実験が始められたが、放射能は大陸に向かって流れ、沿岸地域に暮らす先住民族のネネツやコミ人に被害を与えた。

イギリス

イギリスは1952年から1962年までオーストラリアと南太平洋のモールデン島、クリスマス島（現、キリバス共和国領）で21回の大気圏内核実験を行った。オーストラリアの核実験[*5]ではオーストラリア人と先住民族アボリジニの人びとに被害を与えた（2013年時点でオーストラリア政府は29人のアボリジニを被害者として認定している）。南太平洋の核実験ではクリスマス島にヤシの実などを採りに訪れていたギルバート諸島の人びとに被害を与えた。

フランス

フランスは1960年から1966年まで、アルジェリアのサハラ砂漠[*6]と南太平洋のポリネシア[*7]で50回の大気圏内核実験を行った。サハラ砂漠での核実験では地元アルジェリアの人びとと砂漠を遊牧するトアレグの人びとに被害を与えた。しかしフランス政府は、被害者はいないとしている。

南太平洋での核実験はタヒチ島の南東約1200キロのモルロア、ファンガタウファ環礁で行われ、約2000人のポリネシアの人びとが被害をうけたとされている。

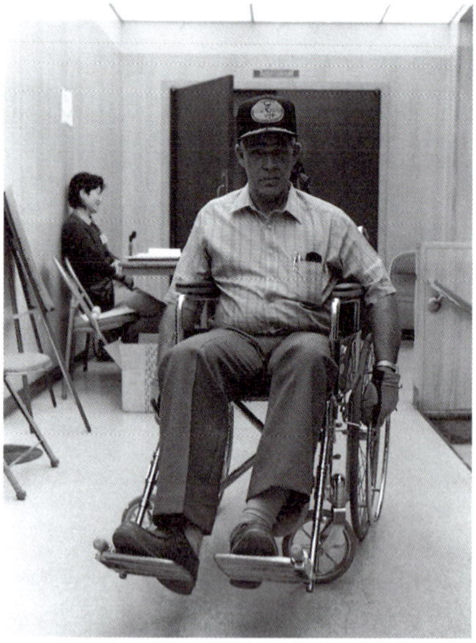

ネバダ実験場での核実験時の軍事演習に参加後、骨髄ガンとなった元アメリカ陸軍兵

＊5　インド洋にうかぶ西オーストラリア州のモンテベロ諸島と、南オーストラリア州グレイト・ビクトリア砂漠のイミューとマラリンガで12回の大気圏内核実験を行った。マラリンガではプルトニウムなどを爆発、燃焼させるマイナー・トライアルとよぶ実験を行い、さらにひどい放射能汚染を引き起こした。

＊6　フランスからの独立戦争中のアルジェリアに1957年7月に実験場が設けられた。実験を開始した1960年から2年後のエヴィアン協定で、アルジェリアは、独立と引きかえに核実験期間の5年間延長と地下での核実験を要求したため1961年からは地下核実験に切り替えられた。1962年7月、アルジェリアが独立したため1966年に実験場は閉鎖された。1960年から66年まで大気圏内核実験を4回、地下核実験を13回行った。

＊7　アルジェリアが独立した1962年、南太平洋にあるフランス領ポリネシア、ツアモツ諸島のモルロア環礁とその南約30キロにあるファンガタウファ環礁に実験施設を設けた。1966年から74年まで大気圏内核実験を46回、74年から96年まで地下核実験を147回行った。両環礁はサンゴが厚く堆積した石灰質の地質のためもろく、たび重なる地下核実験で地盤の沈下や地中にできた亀裂から放射能漏れがおきているといわれている。

中国

中国は1964年から1980年まで、新疆《しんきょう》ウイグル自治区のロプノール実験場[*8]で22回の大気圏内核実験を行った。中国政府は実験場周辺の住民への被害は明らかにしていないが、100万人以上のウイグルの人びとが被害をうけたといわれる。

ネバダ実験場の風下地域のユタ州で羊の放牧中に被ばくした次男を失った父親

周辺地域の被害

核実験を行った国の被害とは別に実験場から遠く離れた地域でも被害がみられている。モンゴル西部、中国とロシアの国境が接するアルタイ地域[*9]では、頭が二つのヤク[*10]がみられ、人びとの間では腎臓ガンが多くみられている。原因は、セミパラチンスク実験場とロプノール実験場の両方の核実験の放射能が流れ込んだからとされている。

また、北極海を囲むカナダ、アラスカ、ロシア、スカンジナビア、グリーンランドなどの北極圏でトナカイ（カリブー）の放牧で暮らす約40万人の先住民族の人びとに食道ガンと腎臓ガンなどが多発している。米ソと中国が北半球で行った大気圏内核実験で空中高く吹き上げられた放射能が北極圏に集まって降り落ち、トナカイの餌のコケを汚染し、そのトナカイを主食としていることが原因とされている。

イギリスが1953年にオーストラリアのイミューで行った核実験の放射能で失明した先住民族アボリジニ

被ばく兵士

大気圏内核実験はまた、核実験や実験時の軍事演習、実験後の除染作業などに動員された「被ばく兵士」を多数生みだした。

アメリカでは、核実験時に核爆発を目撃させられ、

*8　「消える湖」として知られるロプノール湖の近く、ウイグルやカザフ、キルギスなど約2000万人が住む地域に1959年10月に設けられた。10万平方キロ以上の広さがある世界最大の実験場で、周辺に核兵器の開発、製造施設などがある。大気圏内核実験は1964年から88年まで22回、地下核実験は81年から96年まで23回行った。

*9　西シベリアとモンゴルに広がる高原地帯で、4000メートル級の山々、3つの湖、13の川がある。モンゴル側には約8万人が羊などの放牧で暮らしている。最近は、砂漠化がすすんで湖や川が消え、貴重な動植物が絶滅しているといわれている。ロシア側は黄金山地とよばれ、1988年に世界遺産に登録されている。

*10　ウシ科の動物で、標高4000メートル以上の草原に棲み、家畜として荷役に使われるだけでなく乳と肉は食用とされ、糞は燃料に使われる。

キノコ雲の下で行われた軍事演習に動員された兵士は「人間放射線測定器」とよばれた。アメリカの被ばく兵士は約41万人（うち約20万人は広島、長崎への進駐兵）、旧ソ連の被ばく兵士は1954年9月にオレンブルグ州トツキで行われた核実験に参加した約4万5000人とされている。

イギリスの核実験にはイギリス兵が2万4000人、オーストラリア兵が1万人、ニュージーランド兵が551人とフィジー島の兵士が約300人、フランスがサハラ砂漠とポリネシアで行った核実験では約14万7500人が被ばく兵士となった。

中国の核実験ではキノコ雲の下に突入訓練する写真が公表されているが、被ばく兵士の数は明らかにされていない。

核実験被害補償

核実験被害は、1980年代から1990年代初めにかけてアメリカや日本、ヨーロッパなどで開かれた放射線被ばく者国際会議[*11]で病気に苦しめられている状況や被害者としての認知と補償を訴えたことで明らかにされた。

この結果、アメリカでは、被ばく兵士に対する「放射線被ばく退役軍人補償法」（REVCA[*12]）、ネバダ実験場の風下地域の被害者などに対する「放射線被ばく者補償法」（RECA[*13]）、核実験場などでの民間人労働者の被害に対する「エネルギー雇用労働者職業病補償法」（EEOPICA[*14]）が制定され、設定された病気に罹った者に補償金が支払われている。

これらのアメリカの放射線被ばく者補償法は補償の対象となる被害地域や病気、補償金額が何度も見直され、多くの被害者が補償を得られるように改正

＊11　1980年4月、アメリカで市民グループによる「放射線被害者市民公聴会」、84年4月に「放射線被害者円卓会議」、同10月に「第1回放射線被ばく生存者会議」が開かれたことをきっかけに日本や世界各地で開かれる。1986年9月には「第1回核被害者世界大会」がニューヨークで、第2回は92年10月ベルリンで開催された。一方、ウラン採掘から核兵器製造と核実験、核燃料製造と原子力発電、核廃棄物のすべての過程で被害をうけている世界の先住民族による「世界ウラン公聴会」が92年9月にオーストリアのザルツブルグで開かれた。

＊12　大気圏内核実験と同時に行われた軍事演習に参加した元兵士（退役軍人）に対する補償法。1984年の「ダイオキシン・放射線被ばく退役軍人補償法」をへて88年に制定された。大気圏内核実験や演習に参加した兵士約21万人と原爆投下後の広島と長崎に進駐した兵士約19万5000人が対象とされ、25種のガンに罹った者（2013年時点）に補償金が支払われる。

＊13　大気圏内核実験期間中にネバダ実験場の風下地域のネバダ、ユタ、アリゾナ州の一部に住みガンなどに罹った住民に5万ドル、アリゾナやニューメキシコ州などのウラン鉱山の採掘労働者と精錬工場労働者に10万ドルを支払うとして1990年に制定された。2000年に大幅に改正され、風下地域は拡大されて補償の対象となるガンなどの病気も13から22種に広げられ、ウラン採掘労働者や精錬労働者が補償をうけられる病気も拡大された。また、核実験や核実験後の除染作業などに参加した民間人労働者とウラン鉱石の原石を運んだ運搬労働者も補償の対象者に加えられた。

＊14　核兵器の製造と実験に関連する原子力委員会やエネルギー省の直接契約及び下請契約企業や研究所に雇われ、放射線やベリリウムなどの被害による職業病を発症した者に15万ドルを支払うとする補償法で、2000年に制定された。とくに、指定された78の核研究所や核関連施設、核実験場などで働いた者は“特別被ばく者集団”とよばれ、22種のガンに罹った者には無条件で補償金が支払われる。

されている。

ロシアやイギリス、フランスにも核実験被害者に対する補償法はあるが、主に被ばく兵士に対するものである。

アメリカの核実験被害をうけたマーシャル諸島では、アメリカの資金で設立された「核賠償裁定委員会」（NCT）が核実験の被害をうけた個人と、被害をうけた島の人びとの損害賠償を行っている。損害賠償補償には、核実験の放射能で汚染されて居住が困難となるなど失われた島と海などの資産、島と海で成り立っていた暮らしやコミュニティ、独自の伝統や文化、島の除染と復興の費用、故郷の島を離れて他の島に分散して暮らすことの苦難などを査定の対象としている。

これまでの核実験被害補償は、核実験の放射能が原因とされる病気に罹った本人に限定され、核実験場となった土地や放射能で汚染された環境、その地で成り立っていた人びとの暮らしなどに対しては行われていない。しかし、世界の核実験場はすべて先住民族の土地である。アメリカが核実験を行ったビキニとエニウェトク環礁はマーシャル諸島の人びとの、ネバダ実験場は先住民族ウェスターン・ショショニの土地である。旧ソ連のセミパラチンスク実験場はカザフの人びとの土地であり、ノバヤ・ゼムリャ島はネネツの人びとの島である。イギリスが核実験を行ったオーストラリアは先住民族アボリジニの、クリスマス島はキリバス諸島の人びとの島である。フランスが核実験を行ったサハラ砂漠は、アルジェリア人と遊牧の民トアレグの人びと、モルロア環礁などはポリネシア人の島である。中国のロプノール実験場はウイグルの人びとの土地である。核実験は先住民族の土地と環境を放射能で汚染し、今なお

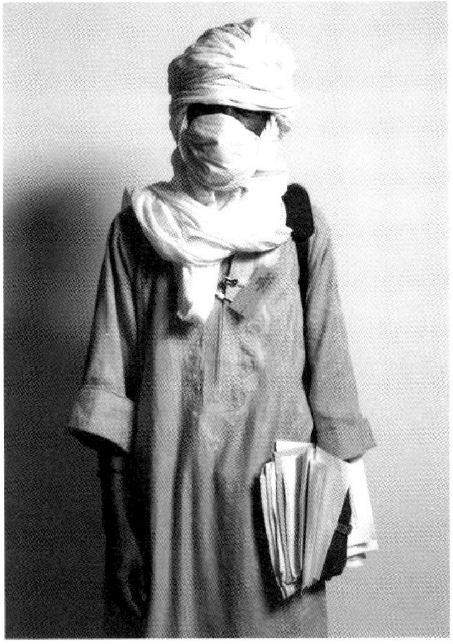

フランスがアルジェリアのサハラ砂漠で行った核実験で被害をうけたと語った遊牧民トアレグの人

ソ連と中国両方の核実験の放射能をうけていると語ったモンゴル西部、アルタイ地域の人

汚染している。

今なおつづく核実験と環境汚染

アメリカ、旧ソ連とイギリスは1963年8月に「部分的核実験禁止条約」（PTBT）を締結して大気圏内核実験を停止した。以後、核実験は地下に移った。しかし、フランスは1966年まで、中国は1980年まで大気圏内核実験を続けた。この間、1974年にはインドが、1998年にはインドとパキスタンが、2006年には北朝鮮が地下核実験を行った。地下核実験もたびたび放射能を大気中に放出した。国連科学委員会[*15]の報告によれば、1945年から2013年まで世界では2050回以上（うち大気圏内核実験は500回以上）の核実験が行われ、約300万ペタ・ベクレルの放射能を放出したとしている（ペタは1000兆。チェルノブイリ原発事故では6960〜8930ペタ・ベクレルを放出）。

核実験で放出された放射能のほとんどは太平洋に降り落ち、海水を汚染し続けている[*16]。

核実験、とくに大気圏内核実験の放射能による被害の全容は今なお明らかではない。米国立ガン研究所[*17]は1997年、1950年代の核実験の放射能でアメリカ人の間に約7万5000件の甲状腺ガンが発症すると見積もったが、2013年4月には6万220件になるだろうと下方修正した。フランスは2013年6月、ポリネシアでの核実験被害の一部を公表し、これまで核実験の被害はないとしていたタヒチ島が基準値の500倍以上の放射能で汚染されていたことを明らかにした。各国による核実験被害の実態、全体像は今なお明らかにされず隠されつづけている。

かつての核実験場もまた新たな放射能汚染源となりつつある。除染作業で放射能汚染土などを投棄し、

＊15　正式名は「原子放射線の影響に関する国連科学委員会」（UNSCER）。1950年代初め、米ソ英の核実験の放射性降下物による被害が現れて世界各地で即時核実験禁止の声があがったため、人への被ばく放射線のレベルと影響評価をまとめる委員会として1955年12月に設置された。軍事利用と平和利用とを問わず放射線被害を評価する国際機関で、報告書は「国際放射線防護委員会」（ICRP）の基礎資料に使われる。

＊16　気象庁気象研究所地球化学研究部の2007年の報告によれば、米ソ英フランスと中国による500回以上の大気圏内核実験の放射能の大半は北半球地域に降り落ち、このうち、太平洋の海水には1970年1月時点で約1億4000万ベクレルの放射能が残っているとしている。これとは別に、太平洋の海底にはアメリカと日本によって合計約900兆ベクレルの核廃棄物が投棄されている。

＊17　アメリカ保健社会福祉省の中の国立衛生研究所のひとつとして1937年に設立。アメリカ自身やソ連など世界の核実験の放射性降下物によるアメリカ人のガンの罹患率などを調査している。チェルノブイリ原発事故後はウクライナやベラルーシと共同で白血病や甲状腺ガンの調査を行った。

封じ込めたマーシャル諸島エニウェトク環礁のコンクリート製ドームには無数の亀裂が入って放射能漏れが心配されている。また、海面上昇による水没の危機にもさらされている。

イギリスが核実験を行ったオーストラリア中部のマラリンガでは、除染作業後も地表に残る放射能が干ばつと強風で吹き飛ばされてシドニーなど大都市に飛散している。旧ソ連が核実験を行ったカザフスタンのセミパラチンスク実験場では500カ所以上に約1億3700万トンの危険な核廃棄物が残され、地下核実験が行われたデゲレン山のトンネル内には猛毒で核兵器の製造が可能なプルトニウムが大量に残されているため米国とロシアの科学者による除去と監視が行われている。

核実験の放射能被害は今なお地球をむしばみつづけている。

第1回核被害者世界大会の参加者による国連へのデモ

世界最初の核実験の爆発地点（米ニューメキシコ州アラモゴード）

1962年にネバダ実験場で行われた水爆セダン実験による直径396メートル深さ96メートルのクレーター

セミパラチンスク実験場の風下地域カラウル村で開かれた核実験禁止集会に病気がちな子どもを抱いて参加したカザフの人

ロシア北極圏でトナカイを放牧する先住民族ネネツの人

イギリス最初の核実験が行われたモンテベロ諸島

核なき世界への動き

7.

1954年、ビキニ環礁から吹き上げられた死の灰は成層圏に達し、その放射能が世界各地で検知されることとなった。大気や海洋の放射能汚染という前代未聞の現実をつきつけられ、人びとは、原水爆が単に強力な兵器であることを超えて、敵国の破壊にとどまらず必ず自国をも害するような新しい脅威であることを、実感させられた。広島・長崎への原爆投下によって開かれた核時代は、ここで新段階に入ったといえる。

そのことを雄弁にうたったのが「ラッセル＝アインシュタイン宣言」である。日本の湯川秀樹博士を含む11名の科学者によって1955年7月に発せられたこの宣言は、今や世界の人びとが、国別の主権にとらわれた古い考え方を捨てて、智恵を出し合って戦争を克服しなくては、種としての人類の存続自体が危うい、と訴えた。

同じ1955年、広島で原水爆禁止世界大会が開かれ、海外14カ国からも代表が集った。広島、長崎を発信地とする原水禁運動は国境を越えた広がりをみせはじめる。1957年には東西の科学者が集まって第一回パグウォッシュ会議が開かれ、日本からも湯川秀樹、朝永振一郎、小川岩雄が参加した。翌58年にはイギリスでCND（核軍縮運動）が立ち上がり、10万人が核兵器工場に向かってデモを行った（オルダーマストン行進）。また、繰り返されるマーシャル諸島での核実験に対して、実験海域にヨットで乗り入れ直接阻止行動を行う人びともあらわれた。

オルダーマストン行進　英トラファルガー広場を埋める人びと（1958年4月）

50年代半ばから展開したこの世界規模の運動は、今日に至るまで続いており、史上最大かつ最長期間にわたる社会運動といわれる。

その基盤となったのは、核兵器のもたらす「いのち」への脅威を感じ取った民衆の生活感覚であり、それを裏付ける学者たちによる先見性と科学性にもとづいた原水爆についての知見の普及であった。また広島、長崎の被爆体験の伝承活動や平和教育をつうじて、核兵器がもたらす惨禍についての認識はいっそう共有されるようになった。文学や映画、芸術作品にもその影響は如実にあらわれた。社会的な教育のプロセスが始まったのである。

原水爆禁止世界大会に向かう平和行進（1958年8月）

冷戦下にすすむ核軍拡

ところが、同じ1950年代から核兵器は急激に増加する。米ソを中心とする東西両陣営の対立は「冷戦」として固定化し、軍事的には臨戦態勢の恒常化を招いた。アジア・アフリカでは「代理戦争」の性格を帯びた熱戦がしばしば勃発した。

すでに1954年初め、アメリカは核兵器を国防の中心に位置づけるいわゆる「大量報復」戦略をとることを宣言していた。その後、さまざまな「核戦略」が論じられる中で、核戦力は増強の一途をたどる。米ソの平和共存・緊張緩和の時期においてさえ、軍産複合体[*1]が軍備拡大をおしすすめた。全世界を何回にもわたって滅ぼすことができる「過剰殺戮」状態は「新冷戦」[*2]のさなかの1980年代にピークに達する。

さらに米ソ以外にも核兵器を保有する国が増えていった。核の水平拡散である。第二次大戦中にマンハッタン計画の当事国であったイギリスは、1952年にオーストラリアで最初の核実験をおこない、第三の核兵器保有国となる。フランスも植民地アルジェリアの砂漠で1960年に、さらに中国は1964年に新疆ウイグル地区で、それぞれ核実験を成功させた。ここにみられるように、核実験は常に、少数民族の土地でおこなわれてきたことを記憶したい。

核の危険の回避へ

こうした核兵器の増殖のさなか、1962年10月には世界を震撼させた「キューバ危機」が発生した。米ソは核戦争の瀬戸際までにらみ合ったが、双方のトップリーダーの自制によって、破局は辛うじて避けられた。この経験を契機に、米ソ首脳間にホットラインが敷かれ、軍備管理による平和共存がはかられるようになる。

その一方で、平和のためには核兵器は必要だとい

＊1　軍備の拡大に既得権益を有する軍需産業（巨大企業）、軍部、政府（政治家）による連合体。1961年1月米アイゼンハワー大統領が退任演説でその存在を指摘、影響力の強まりに懸念を示した。

＊2　1979年の旧ソ連のアフガニスタン侵攻、1981年発足の米レーガン政権（保守・対ソ強硬派）の下での新たな核戦略や軍備増強で米ソ緊張が高まり「新冷戦」といわれた。1985年ソ連ゴルバチョフ書記長の登場によって関係改善がすすみ冷戦終結にいたった。

非核兵器地帯図

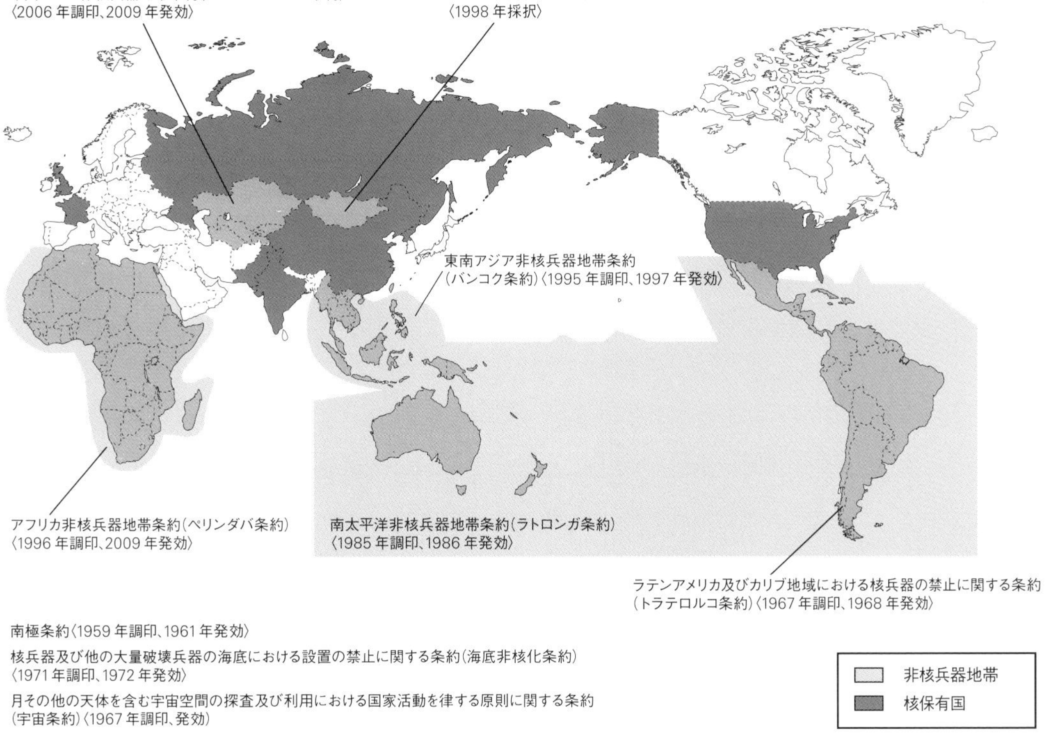

う考え方が、核保有国やその同盟国で受け入れられていった。「恐怖の均衡」によってこそ戦争は自制され、平和が保たれるという論理である。核の「抑止力」によって現在の平和が保たれているという命題は、よく考えれば、およそ証明不可能である。また歴史の現実をふりかえれば、一種の安全神話だったのではないかという疑いを免れない。

なぜなら、事故や誤認による偶発核戦争の危険は想像される以上に大きかった。かつて相互確証破壊（MAD）という核戦略を唱道したマクナマラ元米国防長官本人も「（核戦争が勃発しなかったのは）実はわれわれが非常に幸運だったからにすぎない」と述懐している。そして朝鮮戦争やベトナム戦争などの武力紛争に際しては、核兵器の使用を主張する軍人・政治家が常に存在した。核兵器が在る限り、使われる危険が伴い続けるといえよう。

このことから多くの国々は、核兵器は安全を損なうものととらえてこれに反対し距離を置く政策を追

第2回国連軍縮特別総会（SSDⅡ）100万人デモ（ニューヨーク、1982年5月）

70年代から80年代にかけ世界的に反核世論・運動が高まった。

ギリシャ：マラトン－アテネ反核行進（1983年）

求してきた。例えば国連総会などで様々な核軍縮決議や条約を支持する、あるいは自らなせることとして「非核兵器地帯」を形成・宣言することなどを行っている。キューバ危機の5年後にラテンアメリカ諸国はメキシコのリーダーシップのもとで非核地帯条約を取り結ぶことに成功し、その後、南太平洋、アフリカ、東南アジア、そして中央アジア、モンゴルへと非核兵器地帯は拡がってきた。まさに世界の多数派は非核の防衛政策をとっているのである。

1989年に冷戦終結が宣言され、その後、米ロ両国の核弾頭総数は削減されつつある。1970年に発効したNPT（核不拡散条約）は、核保有を許される国を米ソ英仏中の5カ国に制限する内容であったが、1995年、これを無期限延長することが決まった。翌1996年には包括的核実験禁止条約も結ばれた。同じ年、国際司法裁判所が核兵器に関する勧告的意見を発し、その使用が限りなく国際法違反に近く、また各国には核軍縮交渉を進展させる義務があるとした。

しかし、それでも依然として1万7000発以上の核兵器が世界に存在し（ストックホルム国際平和研究所年鑑2013年版）、このうち約2000発は冷戦期と変わらぬ「警告即発射」態勢をとっているといわれる。そして、1998年にはインドとパキスタンという武力紛争の当事国が核実験を行い、隣国の朝鮮民主主義人民共和国も2006年以来3回の核実験を行った。イスラエルは核実験こそ実施していないが、核兵器保有が公然の秘密となっている。

非核国と市民社会の連携

近年「核兵器のない世界」が、核保有国のリーダー自身によって目標として言及されるようになっている。

最大の核保有国である米国のオバマ大統領が選挙戦中からそれを掲げ、2009年4月のプラハ演説で明言し、核廃絶を求める人びとを勇気づけた。だが大統領は同時に、それは自分の生きている間には実現しそうにない（努力を続けることには意味がある、という文脈ではあるが）とも述べている。世界各地で武力紛争は絶えず、核兵器の脅威は21世紀に入った今日も減少していない。むしろ高まっているとさえいえるだろう。

その現実に立ち向かうグローバルな市民社会の活動が続けられている。最大の核保有国である米国でも政治・報道のメインストリームにおいて「核兵器をゼロにする」という目標を掲げること自体が、極論として異端視されなくなった。世界の引退した著名政治家や外交官、軍人を中心とする「グローバル・ゼロ」というNGOも立ち上がり、「ノーベル平和賞フォーラム」「欧州リーダーシップネットワーク」などといった様々なレベルでも改めて核廃絶の必要が語られるようになった。

従来の核廃絶運動もまた、活動を活発化させている。1985年にノーベル平和賞を受賞したIPPNW（核戦争防止国際医師の会）や、1996年の国際司法裁判所勧告的意見を引き出す上で力のあった法律家の国際ネットワークIALANA（国際反核法律家協会）は活動を続けている。各国の議員が連携するPNND（核軍縮・不拡散議員連盟）も2000年に発足した。平和市長会議は1982年の国連軍縮特別総会を機会に広島市長のイニシアチブで発足したが、今世紀に入って急速にメンバーを増やし、158カ国・地域の5860都市（2013年末）の参加を得るにいたった。これらの団体は、インターネットを通じて密に連絡を取り合い1999年のハーグ世界平和市民会議の折に立ち上

世界市民平和会議（ハーグ、1999年5月）

日本からの参加者によるアピール（ハーグ国際司法裁判所前）

核不拡散条約再検討会議に向けて被爆者の行動
（ニューヨーク、2010年5月）

げられた国際的ネットワーク「アボリション2000」などが、互いの情報交換の場となっている。軍縮が議論される毎年秋の国連総会第一委員会や5年ごとのNPT再検討会議、その3年前から年ごとに計3回開かれる準備委員会といった機会にNGOとして参加し核廃絶を推進するよう各国に情報提供したり、働きかけを積極的におこなうにあたっては、婦人国際平和自由連盟の一部門であるリーチング・クリティカル・ウイルが連絡調整の役割をほぼ恒常的に果たしている。

動きの鈍い核保有国や「核の傘」に執着する国々に業を煮やしたこれらのNGOの中には、具体的な目標として「核兵器禁止条約」の成立を求める活動を始めるものも現れている。核兵器に対する明確な法的規制を求める動きである。細菌・生物兵器や毒ガスのような化学兵器に対しては、それぞれ禁止条約が定められ、圧倒的多数の国がそれに従っている。ところが核兵器についてはそうした条約がいまだにない。非人道性が明らかな核兵器について禁止条約がないのは不自然ではないか。核兵器は絶対に使ってはいけないという国際的な規範を確立するために、参加しない国があったとしても、賛同国のみで禁止条約をつくることには意味があるのではないか。そうした視点から、ICAN（核兵器廃絶国際キャンペーン）が2007年に発足し、提携団体は80カ国、300団体以上に広がった（2013年10月時点）。この背景には、「対人地雷」や「クラスター爆弾」を禁止するためにNGOと賛同国とが連携しながら1997年と2008年に国際条約を成立させた一定の成功事例がある。

核なき世界への発信を

核兵器に対する法的規制（核兵器禁止条約を含む）

については、2008年に潘《パン》基《ギ》文《ムン》国連事務総長がそれを求め、2010年のNPT再検討会議の最終文書で初めて言及された。これが強い潮流となったのは、国際赤十字運動が一歩前に出て、核兵器の非人道性を訴え始めていることが大きい。2015年の再検討会議に向けて開かれた2012年ウイーンでの準備委員会では、赤十字の国スイスを中心とする16カ国が声明を発表し、核兵器の非人道性を訴えている。同趣旨の声明は秋の国連総会、翌年のジュネーブでの準備委員会、秋の総会でも繰り返し発せられ、参加国は32、80、125カ国と増加した。2013年秋の声明には被爆国の日本も名を連ねた。

2013年3月には、オスロで核兵器の非人道性についての国際会議が開かれた。核保有国代表の姿はなかったが、127カ国・国際機関が参加して、あらためて核兵器が使用された場合に予想される被害についての認識の共有をめざした。結論はやはり、対処できないほどの破壊と人的被害がもたらされるというものであった。同会議は、2014年2月にはメキシコで開催される。

また2013年12月、核使用が限定的であっても、まきあげられる砂塵や延焼の煙によって20億人が飢餓に瀕するほどの気象変動が起きるという研究がIPPNWから発表された。核の「非人道性」は従来、被爆者の訴えであった。それが今、新しい視覚から、世界に受け止められつつある。核による破壊と人的被害についてのデータは少なくまた世界に十分に共有されていない。「核のない世界」実現のために、いま広島、長崎そしてビキニからのいっそうの発信が求められている。

世界の核兵器数（2013年初頭現在）

国名	戦略核	戦術核	予備／非配備	保有核	総数
ロシア	1800	0	2700（戦術2000）	4500	8500
米国	1950	200	2500（戦術300）	4650	7700
フランス	290	−	?	300	300
中国	0	?	180	250	250
英国	160	−	65	225	225
イスラエル	0	−	80	80	80
パキスタン	0	−	100-120	100-120	100-120
インド	0	−	90-110	90-110	90-110
北朝鮮	0	−	10未満	10未満	10未満
合計（概数）	4200	200	5800	12000	17300

＊表中で、−はデータなし、？は核弾頭の保有は認められるが数値が確定できないものを示す。総数には、退役して解体待ちのものを含んでいる。

ラッセル=アインシュタイン宣言（抄訳）

人類が直面する悲劇的な情勢のなかで、私たちは、科学者が、大量破壊兵器の発達の結果として生じた危険を評価し、ここに添えた草案の精神で一つの決議を討議するために、会議に集うべきであると感じている。

私たちはこの場合、あれこれの国、大陸あるいは信条の一員としてではなく、その存続が疑わしくなっている、人間として、ヒトという種の一員として語っているのである。

私たちは新しいやり方で考えることを学ばなければならない。私たちが自らに問わなければならない質問は、その結果は全ての側に悲惨なものとなるにちがいない軍事的な争いを防止するために、どんな手段を取ることができるか、ということである。

一般公衆は、そして権威ある地位にある多くの人々でさえ、核爆弾を用いた戦争に伴っておこる事態について分かっていない。一般公衆はまだ、都市の消滅という程度にしか考えていない。新爆弾が旧爆弾よりも強力だということ、そして、一つの原爆は広島を消滅できたが、一つの水爆はロンドン、ニューヨークやモスクワのような最大都市を消滅できるだろうということは理解されている。

疑いなく、水爆戦争では大都市が消滅させられるだろう。しかし、これは、私たちが直面する小さな悲惨事の一つである。たとえ、ロンドン、ニューヨークやモスクワの全ての人々が絶滅したとしても、世界は、数世紀のうちにその打撃から回復できるだろう。しかし私たちは今では、とくにビキニの実験以来、核爆弾は想像されていたよりも遥かに広い地域にわたって徐々に破壊を広げうることを知っている。

確かな権威筋によれば、広島を破壊した爆弾の2500倍も強力な爆弾を今ではつくることができると言われている。そのような爆弾は、地上近くまたは水中で爆発させられると、放射能を持った粒子を上空へ吹き上げる。それらの粒子は、死をもたらす塵または雨の形で徐々に落下し地球の表面に到達する。日本の漁夫たちとその漁獲に被害を与えたのはこの塵であった。

そのような致死的な放射能を有する粒子がどの位広く拡散するのか、だれも知らない。しかし、最も権威ある人々は一致して、水爆を用いた戦争は人類に終末をもたらすことが十分にありうると述べている。もし多数の水爆が使われるならば、全面的な死滅がもたらされることが危惧される。そのさい、即死者はその一部で、大多数のものは徐々に進行する病と身体崩壊に苦しみながら死に至る。

そこで、ここに私たちがあなた方に提出する問題、厳しい、恐ろしい、そして避けることのできない問題がある。私たちは人類に終末をもたらすか、それとも人類が戦争を放棄するか？

もし私たちがそれを選ぶならば、私たちの前には幸福と知識と知恵の絶えざる進歩が横たわっている。私たちは、その代わりに、私たちの争いを忘れることができないために死を選ぶのであろうか？私たちは人間として人間に訴える。あなた方の人間性を想起せよ、そしてその他のことは忘れよ、と。あなた方にそれができるならば、道は新しい楽園に向かって開かれている。できないならば、あなた方の前には全般的な死の危険が横たわっている。

決　議

いかなる将来の世界戦争においても核兵器は必ず使用されるであろうこと、そして、そのような兵器が人類の存続をおびやかしているという事実を考慮し、私たちは、世界の諸政府に対して、彼らの目的が世界戦争によっては促進され得ないことを理解し、このことを公に認めるよう促す。したがって、私たちは彼らに、彼らの間のあらゆる紛争問題解決のための平和的な手段を見出すよう促す。

1955年7月9日　ロンドン

マックス・ボルン教授（ノーベル物理学賞）
P・W・ブリッジマン教授（ノーベル物理学賞）
アルバート・アインシュタイン教授（ノーベル物理学賞）
L・インフェルト教授
F・ジョリオ＝キュリー教授（ノーベル化学賞）
H・J・ムラー教授（ノーベル生理学・医学賞）
ライナス・ポーリング教授（ノーベル化学賞）
C・F・パウエル教授（ノーベル物理学賞）
J・ロートブラット教授
バートランド・ラッセル卿
湯川秀樹教授（ノーベル物理学賞）

バートランド・ラッセル（中央）
1872～1970。イギリスの哲学者、論理学者。ノーベル文学賞。数学基礎論と論理学の研究、西洋哲学の研究をはじめとして膨大な著作を残し、平和運動では原水爆に反対してイギリス核軍縮運動を創設、ベトナム戦争反対を唱えた。

アルバート・アインシュタイン（左）
1879～1955。ドイツ生まれのアメリカの物理学者。相対性理論や量子論で物理学に変革をもたらした。ノーベル物理学賞。ヒトラー政権下でアメリカに移住した。1939年にレオ・シラードの要請で「原爆の開発を」との手紙をルーズベルト大統領に送った。その後、核兵器に反対し、死の直前にラッセル＝アインシュタイン宣言を提唱した。
写真は1953年、アメリカのプリンストン高等研究所でのもので右は湯川秀樹。このときアインシュタインは、科学の研究が二度と戦争に使われないようにしなければならない、と述べたという。

1955年7月、バートランド・ラッセルが起草しアルバート・アインシュタインの賛同・署名のもとに、「人類にとって危険なことはすぐ止めなければならない」とするアピールが、ノーベル賞受賞者をふくむ各国の著名な科学者11名の連名のもとに発表された。この宣言はエスカレートする核兵器開発競争と核戦争による人類の危機、核実験による地球汚染を警告したが、宣言の背景にはビキニ水爆実験での第五福竜丸の被ばく事件があった。

宣言は核兵器廃絶の世論や運動に影響をあたえた。また、これを指針として、世界の科学者による“核兵器の廃絶を専門的に検討する”パグウォッシュ会議が設立された。

沈めてよいか第五福竜丸 ── 保存のとりくみ

8.

1954年初頭、アメリカ国務長官ダレスはニュー・ルック戦略＝巨大な核破壊力による大量報復戦略を明らかにした。54年3月1日のビキニ水爆実験は、その烽火とも言えるものであった。米・ソ核軍拡競争は巨大な核戦力の開発にむかっていた。

ビキニ水爆実験被災に直面して、アメリカ政府の対応の第一はこの核開発の秘匿に置かれた。被災した第五福竜丸と乗組員に対する認識は傍若無人であった。それはかつて占領下、広島・長崎の原爆被災、被爆者に対して取りつづけてきた原爆被害の隠ぺい・秘匿の方策にならう非人道とも言えるものであった。被災したマーシャル諸島住民にもこの方策は当てはめられた。日本政府もアメリカの秘匿の方策に追随していった。

沈められようとした第五福竜丸

ビキニ被災事件についての日米政府の対応は、当時の新聞報道からおおよそはうかがい知ることができるが、1991年に公開された「外務省外交文書」には、アメリカ政府が水爆実験の機密保持に懸命であったこと、日本政府もまた「米側に協力し機密漏洩を防止すべしとの結論」であったことが記録されている。そこにはアメリカが「第五福竜丸を沈める」ことを申入れていたこと、日本政府にもその選択肢があったことが含まれている。第4章「外交文書にみるビ

焼津にて第五福竜丸の船体から
汚染された漁具などをおろす

キニ事件をめぐる日米交渉」のなかで、日本政府と在米大使館のあいだで交換された電文によってその経緯がのべられている。

ここでは米軍の機密保持のために第五福竜丸がどう扱われようとしていたか、4章の引用に一部重なる点もあるが、一、二ふれておきたい。

3月16日、在米大使館あてに岡崎勝男外務大臣が発した至急電報はつぎのようなものであった。

「本件（ビキニ環礁における邦人漁夫の原爆被災の件）は格好のトピックとして昨16日以来新聞は勿論、国会における質問の中心になりたる感あり、且つ左翼分子の煽動もあり放置することは、日米友好関係上面白からざるのみならず、米国の必要とするsecurity（機密保持）に対する我方の協力に遺憾の点を生ぜしむる如き空気を誘発するおそれ無しとせず」。

東京水産大学で検査中の第五福竜丸

強力造船所（伊勢市）で改装中の第五福竜丸

水産大の練習船「はやぶさ丸」

3月30日、日本政府は閣議で、第五福竜丸を国で買い上げるにあたっては「このまま放置しておくは機密保持上も面白からざるにつき」買い上げを決めたと述べ、「これが実現の上は横須賀に回航しデイコンタミネイト（消除）するなり、海に沈めるなりできる」「日本の科学者等は永く保存することを主張し居るも、閣議においては反対で、米側に協力し機密漏洩を防止すべしとの結論であった」（4月7日の在米井口大使への極秘電での説明）。岡崎外務大臣が、アメリカの核実験にたいして「実験の成功を確保するため協力する」とまでのべたことが伝えられた[*1]。サンフランシスコ講話条約後2年、「独立」とは名ばかりの脆弱な日本の「主権」、外交のありよう、政府に対する国民のいら立ちと不満の世論がかもされていく。

忘れてよいか第五福竜丸

5月17日、政府は第五福竜丸を「学者の要望にそって学術研究のため文部省予算で買い上げる」と発表した。船体をどこに置くか移転先が決まらないまま、期限付きで焼津港に繋留。8月、米軍施設使用が解除された東京水産大学（現・東京海洋大学）の構内に移されることが決まり、10月31日、水産大学に繋留された。

文部省所管、東京水産大学の所属船となった第五福竜丸は、船上での金魚の飼育や、植物栽培など、汚染調査や残留放射線の研究などが行なわれた。放射能の減衰をまって、56年5月、水産大学の練習船に改装されることになり、三重県伊勢市の強力造船所に回航された。船名は塗りつぶされ、船体はみるかげもなかったといわれている。修復後、船名は「はやぶさ丸」として7月末水産大学に引き渡された。

＊1　岡崎外相は4月9日、日米協会のあいさつのなかで次のように述べている。「われわれは米国に対し原爆実験を中止するよう要求するつもりはない。それはわれわれが、その実験が米国のみならず、われわれもその一員である自由諸国の安全保障にとり必要なことを知っているからである。こうした立場からわれわれはこの実験の成功を確保するため他の自由諸国と協力するであろう。」

以後11年間、「はやぶさ丸」は千葉県館山を母港に学生練習船として使われることになった。

こうして第五福竜丸の名が人びとに語られることも少なくなった。老朽化がすすんだ船は66年頃から使われなくなり、品川の大学構内に戻されたのは1967年の2月。3月には「廃船処分」となる。

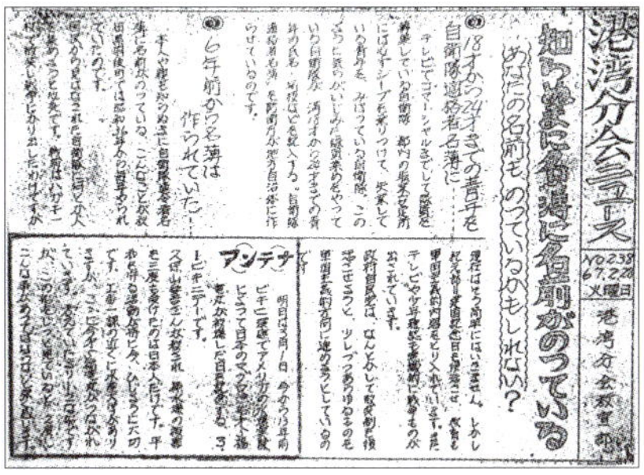
港湾分会ニュース
No.238 67.2.28 火曜日
港湾分会教宣部
知らぬ間に名簿に名前がのっている
あなたの名前ものっているかもしれない?
18才から24才までの青年を自衛隊適格者名簿に
6年前から名簿は作られていた
アンテナ

『港湾分会ニュース』1967年2月

廃船・解体の危機と市民の反応

「明日は3月1日、今から13年前、ビキニ環礁でアメリカの水爆実験によって日本のマグロ漁船第五福竜丸が被爆した日を記念する3・1ビキニデーです。―工事1課の近くに水産大学がありますが、ここに今、第五福竜丸が繋がれています。考えていたより小さな船ですが、この船をじっと見ていると、二度とこんな事があってはならないと強く感じます」東京都職員労働組合・港湾分会のニュース(1967年2月28日付)が伝えた第五福竜丸の姿であった。

第五福竜丸保存募金運動(東京・数寄屋橋)

東京港湾の労働者がじっと見ていた第五福竜丸は、この記事が載った10日後、廃船処分とされ「屑化(解体)することを義務づける」と明記されて業者に払い下げられた。「はやぶさ丸」は、業者の間を転々とし、エンジンなど機械類が個別に売りさばかれ、船体は東京湾のゴミ処分場でもあった「夢の島」埋立地の海に繋留・放置された。第五福竜丸水没の危機であった。

1968年3月、静岡で開かれていた3・1ビキニデーの平和集会で、第五福竜丸が夢の島の埋立地に放置されていることを、地元江東区の代表が報告し、その保存をよびかけた。

各報道機関もあいついで第五福竜丸の事を取り上げた。14年ぶりに市民の前に姿を現し、しかも「船

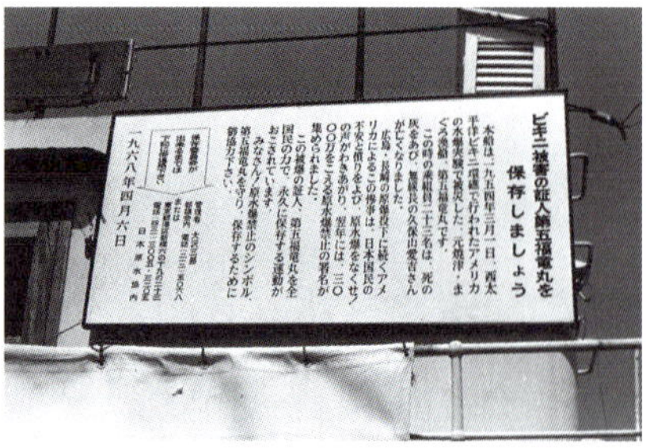

船体に掲げられた保存をよびかける看板

の墓場」といわれるゴミの海に傾いたままの姿で。保存の動きが始められ、それを後押しする記事を報道機関も載せ、伝えた。

3月10日の朝日新聞「声」欄に、「沈めてよいか第五福竜丸」と題した投書が掲載された。投書は「第五福竜丸。それは私たち日本人にとって忘れることのできない船。決して忘れてはいけないあかし」、その船がいま東京湾のゴミ捨場に廃船としての運命にたえている。沈められようとしているその船、「第五福竜丸。もう一度、私たちはこの船の名を告げ合おう。そして忘れかけている私たちのあかしを取りもどそう」と呼びかけた。

投書（全文）　武藤宏一（会社員26歳）

第五福竜丸。それは私たち日本人にとって、忘れることのできない船。決して忘れてはいけないあかし。平和を願う私たちのあかし。知らない人には、心から告げよう。忘れかけている人には、そっと思い起こさせよう。いまから14年前の3月1日。太平洋のビキニ環礁。そこで何が起きたかを。そして、沈痛な気持ちで告げよう。いまそのあかしがどこにあるのかを。

東京湾にあるゴミ捨場。人呼んで「夢の島」にこのあかしはある。それは白一色に塗りつぶされ、船名も変えられ、廃船としての運命にたえている。しかも、それは夢の島に隣接した15号埋立地に、やがて沈められようとしている。だれもが、このあかしを忘れかけている間に。

第五福竜丸。もう一度、私たちはこの船の名を告げ合おう。そして、忘れかけている私たちのあかしを取りもどそう。原爆ドームを守った私たちの力で、この船を守ろう。

いま、すぐに私たちは語り合おう。このあかしを保存する方法について。平和を願う私たちの心を一つにするきっかけとして。（『朝日新聞』1968年3月10日付）

（右頁写真）
夢の島でゴミの海面に傾くはやぶさ丸（第五福竜丸）1968年1月頃

TKI-203

第五福竜丸を美しくする集い

3月12日、美濃部亮吉東京都知事が保存協力を表明。13日、16日、23日と東京・数寄屋橋で保存を訴える市民募金がおこなわれた。19日、船は有志の手に買い取られた。地元の市民、労組員などが船の破壊・盗難などから守る監視を始めた。都港湾局の水面使用の承認もうけ、「この船はビキニ水爆被災の証人・第五福竜丸です」の看板も立てられた。

保存運動と展示館の建設

1969年4月10日、第五福竜丸の保存が、英文学者で評論家の中野好夫、放射能の雨の分析をおこなった地球化学者の三宅泰雄、海洋の生物の放射能汚染を研究する檜山義夫、宗教者の鈴木正久（キリスト者）、壬生照順（仏教徒）、原水爆禁止運動の畑中政春、森滝市郎（広島被爆者）、都知事の美濃部亮吉の8氏によってよびかけられた。いずれも肩書きなしの個人での参加として、福竜丸の保存のために幅広い分野の人びとの力を合わせようとの工夫が凝らされていた。

そして「被爆の証人『第五福竜丸』保存の訴え」が発表された。「訴え」は、原水爆禁止の世論と運動を再結集するものとしてむかえられ、支持が広がった。各界、個人の賛同を得て7月10日には「第五福竜丸保存委員会」が発足した。事務所は東京の被爆者団体・東友会気付とした。

被爆の証人「第五福竜丸」保存の訴え（抜粋）

（第五福竜丸被災の衝撃は）広島と長崎における悲惨の記憶からまだ日も浅く、原爆被爆者の援護すら放置されている中で、三たび核兵器の悲惨を、しかもより巨大な威力

高校生の募金活動

江東区深川・富岡八幡宮前での募金活動

> をもって体験させられた。……これを契機に日本国民の原水爆禁止の国民運動をよび起こした。……十五年前の恐怖は、今日なお、消えるものではなく、核戦争の危機はますます強まっている。……平和への希いと理性への信頼を同じくする国民と共に、保存への具体的な責任を果たそう。

「訴え」が発表される直前の3月22日、NHKテレビは夢の島の第五福竜丸をめぐるドキュメンタリー番組『廃船』(工藤敏樹ディレクター)を放送した。

全国で保存の運動をすすめるための「保存委員会」の発足を受けて、第五福竜丸の母港焼津のある静岡県にも保存委員会がつくられ、福岡県委員会も発足した。

1970年2月21日には、船名を「第五福竜丸」にもどす刻名式がおこなわれた。72年には、船体は陸上に固定され、仮柵、見張小屋も立てられた。費用は全国的に取り組まれた保存募金、団体募金でまかなわれたが、東京都の部局も公園造成の一環として協

船体ペンキ塗りを担った大工さんたち

凧揚げ大会

美濃部亮吉都知事との協議

力した。

73年11月、保存委員会と並立して、第五福竜丸船体を基本財産とする「財団法人第五福竜丸保存平和協会」が設立される（東京都許可財団・会長三宅泰雄）。74年10月、東京都が第五福竜丸永久保存の建物を都の費用で建設すること、建物竣工とともにその管理・運営業務を平和協会に委託すること、などを条件として、第五福竜丸を東京都に寄贈する手続きが取られた。平和協会は、名称から「保存」をはずし「第五福竜丸平和協会」とした。

1975年2月1日、東京都は第五福竜丸を正式に受領。9月、展示館の建設起工、76年4月末竣工。6月10日、都立・第五福竜丸展示館が開館した。

展示館前広場には、無線長の久保山愛吉の残した「原水爆の被害者はわたしを最後にしてほしい」の言葉を刻んだ記念碑が建てられた。

ビキニ水爆被災から22年、水産大学練習船を経て廃船処分から9年、保存委員会結成から7年であった。

「広島と長崎とビキニで、人間の身の上に、特に私たち日本人の上に何が起こったか、その認識をはなれて、今日と今後の私たちの世界観は成り立つことはできません」代表委員美濃部亮吉都知事はこう語った。平和協会の三宅泰雄会長は、「第五福竜丸は過去の歴史というより、むしろ未来の人類の命運を啓示している」と説いた。そして「第五福竜丸保存運動の歴史は、今後の核兵器禁止運動に対しても貴重な教訓をのこしているのではあるまいか。すべて運動はその目的と理念を明確にし、その一点においては、すべての人が、それぞれの思想、信条をこえて一致していなければならない。その上、それを支える民衆の献身と支持があってはじめて、その運動が国民と人類のための運動として成功するのではあるまいか。第五福竜丸は、そのことの真実性を如実にものがたっている」と書き残した。

航海をつづける第五福竜丸

第五福竜丸はいくたびかの「沈められる」危機を乗り越えてきた。それは広島・長崎・ビキニの原水爆被害、こんな事が二度とあってはならないという日本国民の世論の力だった。

第五福竜丸を、夢の島に「発見」し、こころない人の部品持ち去りや打ちこわしを見張り、台風、豪雨を衝いて徹夜での排水をつづけて水没を防ぎ、船の破損には大工が駆けつけ、深川・木場の筏師は足場の悪い埋立地を連日見回った。地元・江東に住み働く人たちの気質、下町市民の船を守った気概を今さらに思う。

運動にはいつも発端があり、多くは民衆の発意が先導する。人びとの創意にはいつも希望がある。第五福竜丸展示館の開館を「不死鳥」の帰還と言い、新しい誕生だと語った人がいた。いま、第五福竜丸展示館には「第五福竜丸は生きている」という垂れ幕が掲げられ、来館者は「第五福竜丸は航海中」との言葉を胸に刻む。核なき世界へ、いくつもの「希望」を乗せて第五福竜丸の航海はつづく。

第五福竜丸展示館開館記念式典

新藤兼人監督揮毫の垂れ幕

夢の島の第五福竜丸　水没寸前の状態から陸上固定をへて、レールを敷き、
建設が開始された展示館に船体を移動するまで（1970〜1976年）

第五福竜丸展示館のこんにち

9.

1976年6月10日、都立第五福竜丸展示館が開館した。以来約40年を経て、夢の島公園の緑豊かな木々のなかに建物はある。コルテン鋼という特殊加工の鋼材で、茶錆色の二枚の貝を合わせたようなシェル構造、東西の出入口は背の高い三角形のガラス張りだ。船の胴体を包み込むように鉄の円柱で組まれた内部は船の格納庫といってよい。

東側から館内に入り目に飛び込むのは起立するような船首、見上げると錨の鎖の穴は第五福竜丸の目玉のようだ。西側から入ると船尾が見事な曲線を描いている。大きな舵が印象的だ。木造の胴体はぬくもりがあり、そっと触れる来館者も多い。子どもばかりかおとなまでも「大きいねえ」と感嘆の声をあげる。

船体を取り囲む壁面には、第五福竜丸の被災、水爆ブラボー、死の灰、マグロ騒動、放射能雨、汚染魚捕獲の場所を示す太平洋の地図、マーシャル諸島の核被害、世界の核実験と核廃絶へのあゆみをたどる解説・写真や資料が展示されている。

展示館の完成を記念し、前のひろばには久保山愛吉無線長の「原水爆の被害者はわたしを最後にしてほしい」との言葉を刻んだ記念碑が建立された（三宅泰雄揮毫）。

少し離れてマグロ塚の石碑がある。元乗組員の大石又七がよびかけて、「なぜマグロが棄てられなければならなかったのか」の問いを次代に伝えたいとの思いで置かれた。第五福竜丸のエンジンは2000

第五福竜丸展示館外観

設計：杉建築設計事務所、杉重彦、和泉伸一、宮田光明
建設担当：東京都財務局特殊建設部
1976年5月竣工、6月10日開館。展示館建物は2013年度日本建築家協会「第13回JIA25年賞」〈長く地域の環境に貢献し美しく維持され、社会に対し建築の意義を語りかけてきた建物〉を受賞した。

年1月に展示施設が作られ据えられた。

2013年1月、来館者は通算500万人を超えた。開館以来、第五福竜丸平和協会は「第五福竜丸と核問題、核被害」を学び伝える市民講座を開催し、展示館は小中高校生の平和・歴史の学習の場として修学旅行や社会科見学などの活用が広げられてきた。

2001年、ビキニ被災事件から50年近くが経ち、21世紀の展示館のとりくみとしてボランティアの会が発足した。来館する学校の見学には「展示館からのお話」として説明を始めた。市民グループからもガイドが求められるようになり、高齢者の方がたの来館も多い。「知らない人に伝えよう、忘れかけている人には思い起こさせよう」を心として、年間600回を超える「お話」をしている。

この10年余は、春と秋の2回の企画展をおこない、第五福竜丸やビキニ事件に関心を深めるだけでなく、アート展やコンサート企画など多彩な表現から第五

船首側から船体を見上げる

福竜丸との結びつきを広げるとりくみを行ってきた。

第五福竜丸は、2017年に建造70年を迎える。船体の大規模な補修、展示館施設のメンテナンス、エンジンの劣化対策など課題は山積しているが、原水爆のない世界への新しい船出を実現させた船を守った人びとの願いに想いを寄せながら、さらなる航跡をたくさんの人びとともに刻みつづけたいと願うものである。

夢の島いま、むかし

ここ夢の島はかつて海であった。東京湾は江戸のころから埋め立てによって街が広げられ新田開発がおこなわれてきた。夢の島のはじまりは、東京湾にそそぐ荒川河口で土砂が自然堆積したもの。そこはアサリやハマグリ、コウナゴなどがよく採れる干潟となる。

太平洋戦争の直前（昭和14年頃）、飛行場にするため一時埋め立てられたが、戦争の激化により中断、戦後の羽田飛行場の建設でこの計画は完全になくなった。ここは、いつの頃からか「夢の島」と呼ばれ、近隣住民の海水浴、釣や潮干狩りの場として親しまれるようになった。

1957（昭和32）年、東京都はここを都内のゴミの投棄場所に指定、高度経済成長期の60年代から70年代にかけては、大量のゴミが持ち込まれ、そこから発生するハエや悪臭が江東区民の住宅地を襲い、大問題になった。

東京都は夢の島を市民の憩いとスポーツの場として公園化することを決め、地下鉄建設で掘り出した土などを利用して造成をすすめ、1976（昭和51）年に夢の島公園としてオープンした。園内には、最新の清掃工場をはじめ熱帯植物館、スポーツ文化館、第五福竜丸展示館、マリーナ、競技場、野球グランドなどがある。

ここは「ゴミの島」からリサイクルされ生まれ変わり、美しい緑の森の公園として都民に親しまれている。

来館者500万人到達の記念写真

見学する高校生

久保山愛吉記念碑

マグロ塚

第五福竜丸のエンジン

廃船に伴い第五福竜丸船体は業者間を転々とし、エンジンなど金目のものが売却された。船体は夢の島に係留されることになる。エンジンは貨物船・第三千代川丸に据え付けられたが、1968年7月、三重県御浜町沖（熊野灘）で濃霧のため座礁、砂浜に乗り上げ、その夜の台風で船体は崩壊してエンジンは海中に没した。（この経緯はNHKのドキュメンタリー『廃船』に詳しい。）

1996年12月2日、このエンジンが引き上げられた。和歌山県海南市の杉末廣らの働き掛けで、1997年3月に「第五福竜丸エンジンを東京・夢の島へ　和歌山県民運動」がよびかけられ、労働組合、生協、婦人会、原水禁運動などが募金にとりくんだ。東京では、同年10月に「第五福竜丸エンジンを東京・夢の島へ　都民運動」が31市民団体の呼びかけで発足し、募金運動とともにエンジンを第五福竜丸展示館前に展示することを要請する陳情が東京都になされた。

1998年2月、青島幸男都知事は、受け入れを表明、エンジンは東京に運ばれた。1998年3月19日、東京都庁前で東京都への贈呈式が行われた。青島知事は大型トレーラーに積まれたエンジンの前で、「このエンジンを第五福竜丸と再会させ、夢の島を平和の発信基地にしたい」と挨拶した。

エンジンはその後、腐食防止や錆止めの処置などが東京都により行われ、展示棟の建設をまって、2000年1月展示・公開された。1月22日、「第五福竜丸・エンジンお帰りなさい集会」が第五福竜丸展示館前で開かれた。

船体とエンジンの再会を記念して、東京地域婦人団体連盟は八重紅大島桜を植樹した。桜咲く4月には、「お花見平和のつどい」が開かれる。

28年間海中にあったエンジンは劣化がすすみ、とくに錆は内部まで侵食して、年々厳しい状態になってきている。

エンジンの引き揚げ後、焼津に到着したエンジンと見崎吉男元第五福竜丸漁労長

お花見平和のつどい

9

展示館を訪れた人びと

公園散策の家族連れやグループ、隣接するバーベキューひろば利用者、陸上競技場の大会参加の中学生など。マーシャル諸島共和国大統領、外務大臣、映画第五福竜丸の新藤兼人監督も数度、男鹿和雄、吉永小百合、林光、米倉斉加年、元乗組員大石又七との対談のために大江健三郎、鳥越俊太郎、被ばく兵士ジョン・スミザーマン、ロンゲラップの被ばく者ネルソン・アンジャイン、久保山みや子一家など、多彩な人たちが来館している。

証言者　大石又七

第五福竜丸の元乗組員・大石又七は、1984年から30年にわたり、その体験と思いを語り続けている。その間、肝臓ガンの手術（1992年）、2012年には脳出血で倒れ、リハビリを続けながら、第五福竜丸展示館や学校などで講演を再開している。これまで北海道や九州、アメリカやマーシャル諸島でも学生や市民グループに語りかけた。その数は700回以上に及ぶ。
以下、大石の著書からの引用をもとにその足跡をふりかえるとともに、現在の思いを語ってもらったインタビューを掲載する。

――俺は死ぬまでたたかいつづける

ふるさとを捨てる

1955年5月、1年2カ月の治療を終えて退院し故郷の吉田村に帰ったものの、再び漁師としての生活に戻ることはできなかった。

「退院と聞いて俺たちは治ったのだ、良かったと喜んで退院した。だが本当は治っていなかったのだ。退院するときも俺の肝臓はまだ腫れていたし、下痢も止まっていなかった。」(『矛盾』)

「退院を少しずつ実感するようになったころ、まわりに変な雰囲気があるのに気がついた。表面は以前と変わりないように見えるが、どうもしっくりしない。すれちがう人がいつまでも見ていたりする。道ばたの人は話をやめて視線が俺を追う。」「近寄ろうとしても、そこには見えない一線があり、ねぎらいながらも、その言葉の奥にもらった見舞金へのねたみのようなものを、チラチラと感じた。今度の事件では日本中、どこの漁業関係も少なからず被害に遭っている。しょっちゅう起こる海難事故、そんな家族もまわりにはたくさんいて、いろんな目で見られた。……第二の人生を東京で生きよう。東京の大勢の人ごみに入ってしまえば、被ばくの過去を知られることもなく、いやな目で見られることもないだろう。」(『死の灰を背負って』)

以来、大石さんは東京でクリーニング業の修行を積み、やがて自分の店を持ち家庭を築き、福竜丸の乗組員であったことは、一切口に出さなかった。それでも時折不安がよぎる。

「被爆の影響は本当になくなったのだろうか。……体はどうにか人なみに動けるようになったが、船に乗っていたころの体にくらべると、持続力がなくなって、頼りない。急にだるさが襲ってきて、横になったりすることもあったが、無理をしないように気をつけていた。威勢のいいのと力を自慢にしてきた俺に、そんな日常はつらかった。」(『死の灰を背負って』)

語る・伝える

そんな大石さんに転機が訪れる。忘れたいと思っていた第五福竜丸が、夢の島で「発見」されたと知り、仲間と誘い合って見に行く。

「俺にとっては、それは大変な迷惑なことだった。福竜丸という名前から逃れるために東京の人ごみの中に隠れた俺だ。被爆者という偏見や差別からも逃れたかったのだ。ビキニ事件から14年が過ぎ、事件はすでに人びとの記憶から消えようとしていた。やれやれ、これで差別されることもなく人並みに生活ができる、と思っていた矢先だ。」(『これだけは伝えておきたいビキニ事件の表と裏』)

ラジオ番組の取材を受けるなどしたものの、自ら語ることはなかったが、1984年中学生から請われて重い口を開き始める。漁船・第五福竜丸の模型も作りはじめ、手記の執筆にも取り組むようになっていった。

「思い返せば変わるきっかけはいくつかあった。まず、はじめての子どもが異常な死産で逆上した。消えたはずの第五福竜丸が夢の島のごみ捨て場から浮上した。仲間たちも怒りを抱いたまま、次々と死んでいく。そして核実験は止むどころか激しさを増し、米ソだけに止まらない。疑問と不安はますます募った。……誰かが言わなければ、いつかきっと大変なことが起こる。それを知っているのは被害を受けた当事者、死の恐怖を身をもって体験してきた俺たち自身ではないのか……。」「忘れたい、いや伝えなければ。そんな戸惑いの中で、ビキニ事件はますます俺の方に近づいてしまった。当然のようにマスコミとの関わりも多くなった。何人の記者が俺の前を通り過ぎていったことだろう。……なかにはいやなこともたくさんあったが、自分だけの問題ではないと思うと、断れなくなっていた。でも心のどこかで、事件がつながっていくことを喜ぶようになっていた。そんな自分にも驚いている。」(『これだけは伝えておきたいビキニ事件の表と裏』)

展示館で子どもたちに語りかける大石又七さん

インタビュー　（聞き手: 市田真理）

大石さんはいつも、講演の冒頭で「自分は平和のためじゃない、怒りと恨みから話しているんです」と言われますね。

仲間たちは怒ることもそれを口にすることもなく、悔しい思いで亡くなっていきました。久保山愛吉さんが七転八倒の苦しみのなか亡くなった姿を見て、「次は俺か」と覚悟を決め、不安と恐怖の中で生きてきました。それは仲間たちも同じだと思います。

仲間の一人、鈴木鎮三さんは入院中から「この問題は加害国アメリカの責任なのだから、裁判でけじめをつけるべきだ」と訴えていましたが、当時の私にはよくわかりませんでした。いま、この事件の政治決着の経緯や、原子力導入をめぐる政治のやりとりを知り、責任をとるべき立場の人が必ずいる、そのことを今言わないと、亡くなった仲間が浮かばれないと思うようになりました。ですから、私の場合「恨み」なんです。

そんな大石さんが、子どもたちにもっと知ってほしい、自分の頭で考えてほしいと語りかけます。

子どもは頭がやわらかいですからね。そしてインターネットなどを駆使して、世界中と情報交換をして事実を知る環境にあると思います。事実というのは一面的なものではなくて、さまざまな角度から見なくてはならない。私の話をきっかけに、そのことに気づいてくれたら、と願っています。

後世に語り継ぐ、そのために手記を出版されたほか、「マグロ塚」も作りました。

築地には、みんなが「原爆（原子）まぐろ」と呼ぶようになった、第五福竜丸が獲ったマグロが埋められています。これは、わたしひとりで何かをつくるのではなく、思いのある人が少しずつお金を出し合って建てたものです。思いを同じくする人たちと「築地にマグロ塚を作る会」をたちあげ、一緒に勉強しています。マグロ塚は、築地市場の再整備が落ち着くまで、夢の島の展示館前に仮設置となっており、船といっしょに見学されているようです。地下鉄・都営大江戸線「築地市場駅」の地上出口のそばには、ステンレス製のプレートがつけられました。

大切な海を二度と放射能で汚さないでくれ、その願いを遺したいと思いました。何百年も伝えるためには素朴で単純な石がいい、石なら地震や火事に遭っても残りますから。

その思いに反して、福島第一原発の事故が起きました。

再び、放射能の被害がおきた、被ばくする人が出た、そのことが悔しくてなりません。

日本のような地震大国に、原子力発電所はそぐわないと、その怖さをずっと言い続けてきました。小学生や中学生にも、「みなさんはいま幸せだと思っているかもしれないけれど、その恐怖と背中合わせなんです」とも言ってきました。そのことが現実になってしまった。放射能は容赦しません。若い人たちにはそのことを勉強してほしいと願っています。

戦争も原発事故も、誰も責任をとらないままなのではないでしょうか。このままでは同じようなことがまた、繰り返されるのではないかと思うと、私は話すことをやめるわけにはいかないのです。私たちが「死の灰」をあびたとき、放射能についての知識がありませんでしたから、怖がることも避けることもできなかった。若いみなさんたちには、正しい知識と判断力をもってほしいです。

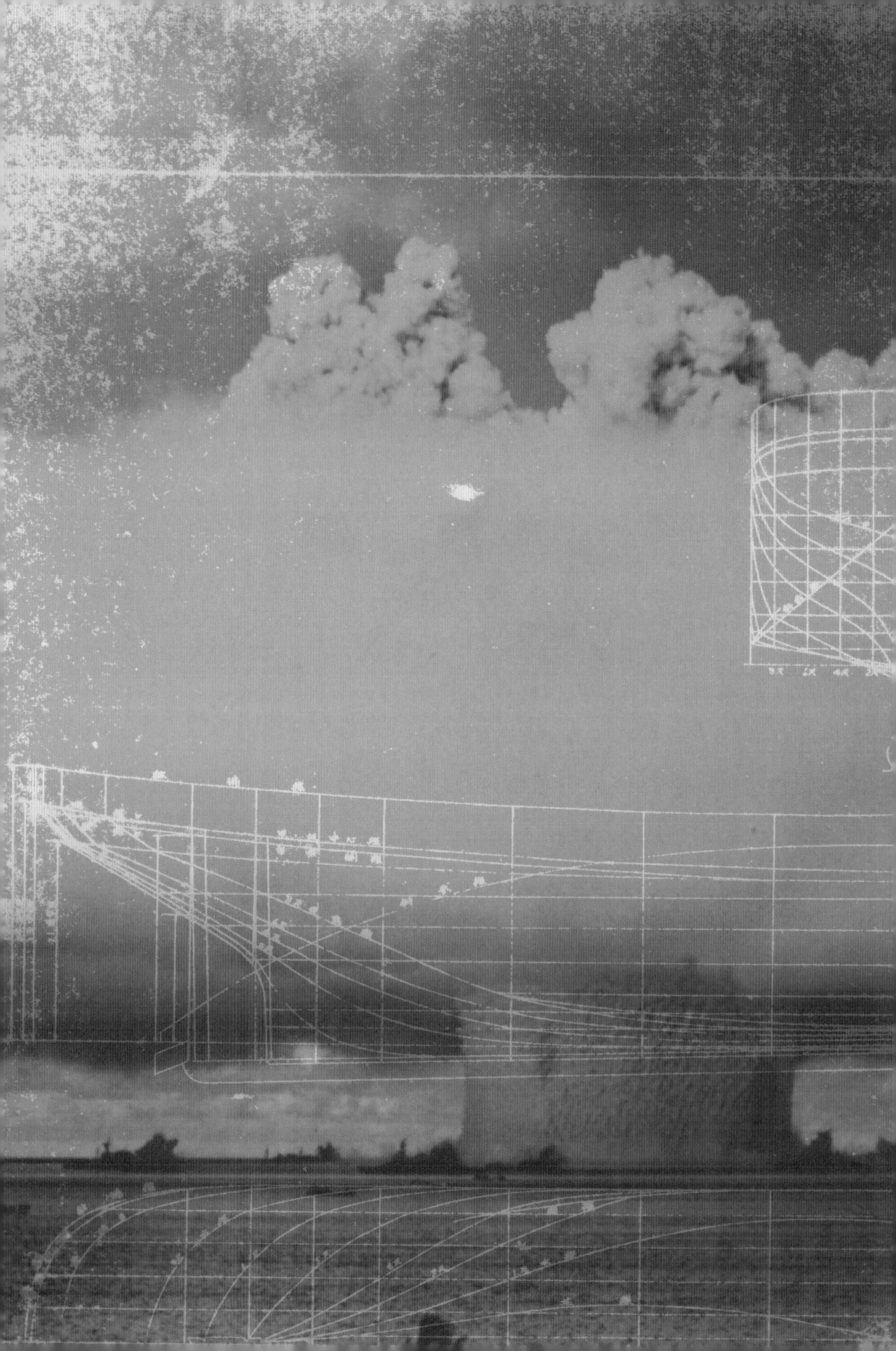

第五福竜丸展示館 収蔵品

II

10.

漁船・第五福竜丸と漁業

木造のマグロ船・第五福竜丸の前身は、第七事代《ことしろ》丸《まる》といいカツオ船として造られ、1947（昭和22）年3月に進水した。発注主は神奈川県三崎港の寺本正市で、和歌山県南端の古座《こざ》造船所（現・串本町）で建造された。

長くつづいた戦争の時代は、日本が無条件降伏（敗戦）を受け入れようやくピリオドを打つことができた。日本は連合国軍の占領下におかれた。戦争で何もかも失い、都市は空襲で焼け野原と化し、大変なモノ不足、食糧難の時代だった。国民のほとんどがいつも腹をすかせ飢えていた。「たんぱく質が足りないよ」がはやり言葉となり、動物性たんぱく源として魚の確保が大きな課題だった。

この時期、各地でたくさんの木造の漁船が造られるのだが、GHQ（連合国軍最高司令部）は、船や航空機の製造を規制し、許可を受ける必要があった。しかし、深刻な食糧不足のもとで、100トン未満の木造漁船の建造だけは制限がなくなった。

船を造った男たち

古座造船所が事代丸の発注を受けたのは、戦争が終わって約1年後の1946年10月、造船所は復員した青年たちで活気に満ちていた。設計・船大工棟梁は南藤藤夫が担い、以下8人の船大工により建造された。その木材は、三重県七里御浜（熊野灘）のマツ材をはじめスギ、ヒノキ、堅牢さが必要な部分はケヤキなどおよそ200石（約100本相当の木）用い、竜骨には縁起をかつぎお寺のマツを使用したという。

じつは完成間際の事代丸のトン数が140トンあることがわかり、古座造船の植村直太郎社長は、検査官に「お願い」し、99トンで書類を作ってもらったとの逸話が残っている。[*1]

漁船・第七事代丸（1947年3月）

第五福竜丸被災の1954年登録の木造のカツオ船、マグロ船は約800隻、今日現存するのは第五福竜丸1隻だけである。

もう一つ重大なことは、GHQにより漁業制限区域（通称マッカーサーライン）が設けられていたことだった。当初は近海漁しか許されなかった。しかも占領軍はしばしば射撃訓練を実施し、漁師の漁場はそれによっても制限を受けた。水産業界は再三にわたり制限区域の緩和をGHQに要請している。この制限が撤廃され遠洋漁業が解禁になるのは、1952年4月のサンフランシスコ講和条約の発効まで待たねばならなかった。

第七事代丸は、カツオ船として数年に渡り好成績をあげたが、1951年に遠洋マグロ船に改修している（静岡県清水市の金指《かねさし》造船所）。カツオ一本釣の漁師がのる突き出た舳先は3メートルほど切り取られ、

戦時中の古座造船所の従業員

神奈川県三崎港の第七事代丸

＊1　徳田純宏『熊野からの手紙』、赤坂三好『わすれないで』

船をぐるりと囲む「ろかい」(デッキ)も後ろ半分を残して取り除かれた。魚倉も4槽のマグロ用に改修され、はえ縄を巻き上げるラインホーラーが取り付けられた。

マグロ船となった事代丸は1953年3月、焼津の西川角市に買い取られ、第五福竜丸と命名された。福竜丸としての最初の遠洋航海は6月10日出航。1回の操業期間は約1カ月半、水爆実験に遭遇したのは5回目の航海だった。

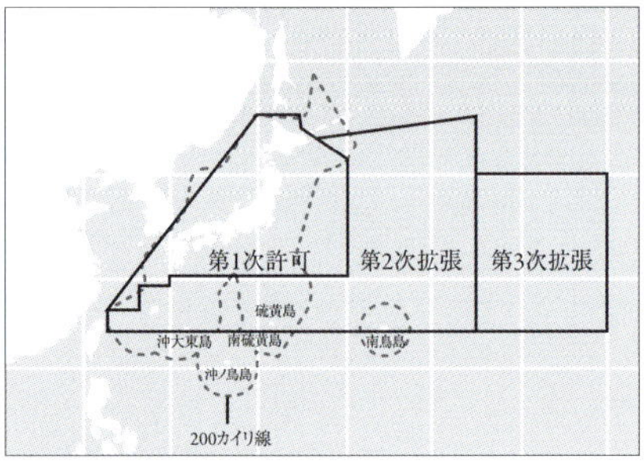

漁業制限・マッカーサーライン

マッカーサーラインは、水産業界・日本政府の要請により次第に緩和された。

第五福竜丸の操業記録

第1次航海　1953(昭和28)年6月10日—7月25日。ニューギニア北東からビスマーク諸島西の海域でメバチをねらい約45トン(1万2千貫)の漁獲。

第2次航海　1953年8月2日—9月21日。インドネシア・チモール海北東海域で操業、約45トン(1万2千貫)の漁獲。

第3次航海　1953年9月29日—11月14日。フィリピン海、パラオ北方海域、カロリン諸島付近で操業、キハダを中心に1150尾の漁獲。

第4次航海　1953年11月21日—1954年1月15日。インドネシアのバンダ海で中型のメバチを中心に52.5トン(1万4千貫)の漁獲。帰港途中の12月28日、インドネシア・ハルマヘラ島付近で領海侵犯の疑いで捕らえられるもののすぐに解放される。この航海の売上げは530万円でまずまずだった。

第5次航海　1954年(昭和29)1月22日—3月14日。ミッドウェー海域、パール島方面でメバチをねらうが不漁でしかも不運なことに、はえ縄の半分余りを流されて失う。そこで、マーシャル諸島へと進路を変更。3月1日未明、この航海最後の14回目の投縄をおこなう。午前3時45分(現地時間6時45分)、水爆実験に遭遇。

マグロはえ縄漁船第五福竜丸模型

大石又七製作、1985年

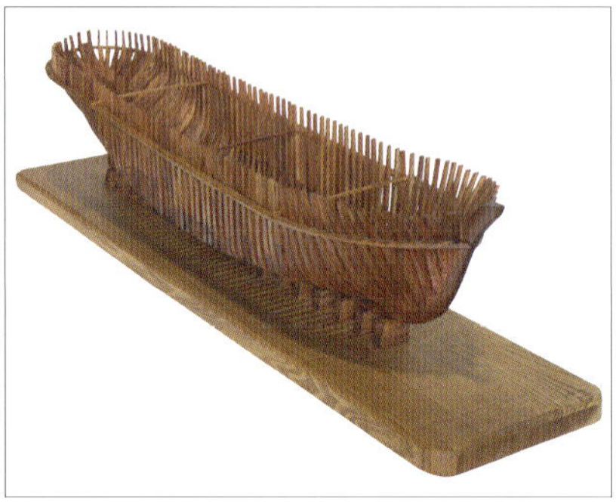

木造船肋骨模型模型

木村九一(強力造船所)製作、2006年

木造遠洋マグロ漁船「第五福竜丸」の絵とき

ビキニ環礁の北東90マイル（約160キロ）の北緯11度53分、東経166度35分の位置。

乗組員は縄を揚げ、米軍の監視飛行機などに注意しながら日本をめざし、3月14日（日）午前5時50分に焼津に帰港。漁獲は7.5トン（約2千貫・154尾、サメを除く）。被ばくした第五福竜丸は、その後ふたたびマグロ漁船として働くことはなかった。[*2]

＊2　第五福竜丸の航海日誌、漁労日誌などをもとに作成。

無線長久保山愛吉と戦争の時代

長く続いた戦争の時代、漁船は日中戦争が始まった1937年から戦争のために供出させられた。徴用漁船といい、アジア・太平洋戦争が始まるとアメリカとの戦闘のためにマーシャル諸島などミクロネシア地域（戦前30年余にわたり日本が植民地として支配していた）の日本海軍の基地で任務についた。軍の物資運搬船、潜水艦や敵艦船を見つけるためのおとり船、本土空襲の米軍飛行編隊の見張り船などの役目を担い多くの漁船が犠牲になった。漁船とそれに乗り込んでいた漁師（軍属）の被害の全容は不明だが、トン数にして約半数の船と数万の漁師が犠牲になったといわれる。

焼津でも90隻余りの漁船が徴用され、帰還したのは13隻で500人の漁民が犠牲になったという（『焼津漁業史』）。第五福竜丸の無線長久保山愛吉も焼津の徴用漁船福吉丸に通信士として乗り込んでいた。その経験から敵を見つけ無電を打てば、それは敵方にも傍受され、攻撃を受けることを熟知していた。

3月1日、光を見て爆音が襲ってくるという事態のもとで、無線長だった久保山愛吉の「パトロールの船や飛行機への警戒」はこうした経験に基づいていると思われる。のちに入院中の久保山は、主治医の熊取医師に「ぼかちんをくらうといけないから…」（アメリカに撃たれるといけない）と語っている。

久保山は、ビキニ環礁から遠く離れるまで無線を打っていない（3月1日16時36分の無線の記録がある）。その後の焼津への打電のなかでも、異常な光と白い灰、乗組員の体調不良などについては、いっさい知らせていない（焼津の無線記録より）[*3]。

＊3　焼津無線局には久保山無線長からの無電の受信記録が残されている（現在、第五福竜丸展示館所蔵）。当時、海上保安庁も受信歴をしらべて一覧表を作成していた。

漁船と延縄漁《はえなわりょう》

福竜丸の漁獲は、おもにメバチ、ビンナガ、キハダ、カジキなどだった。マグロは回遊魚で1年かけて太平洋を周遊する。その寿命は約20年、常に泳ぎ餌のプランクトンや小魚を摂取し、危険が迫ると時速160キロの猛スピードをだす。

マグロは魚体が大きく、網で囲むとパニックを起こしものすごい勢いで逃れようとして網に激突し傷ついて肉質が落ちてしまう。そこで長い縄に釣針をつけて流し、一尾一尾釣上げ甲板上で処理して魚倉に入れる。当時、第五福竜丸のような木造船には電気冷蔵設備がなく粉砕した氷をびっしり詰めて航海にでた。

マグロはえ縄は、幹縄約300メートル（一鉢）に5本の枝縄・釣り針をたらして流す。第五福竜丸では、330鉢を繋いで流したという。総延長は80キロ〜90キロにもなり釣り針1500本ほどがついている。餌のサンマ・さば・いかなどをつけながら、投げ縄に約5〜6時間、3〜4時間待機し、縄を巻き上げる揚げ縄に10時間以上かかる。ガラスの浮きはビン玉（夜間操業のためライトの点灯もあり）、目印の旗竿をボンデンという。獲物は一尾一尾甲板で処理する。サメもかかる。

第五福竜丸が活躍した時代は、キハダやビンナガはツナ缶詰に加工してアメリカに輸出されていた。マグロの放射能汚染にたいし「日本人は騒ぎすぎる」と米原子力委員会は発表しながら、一方でアメリカに輸出されるマグロに対しては厳しい検査を求めていた。

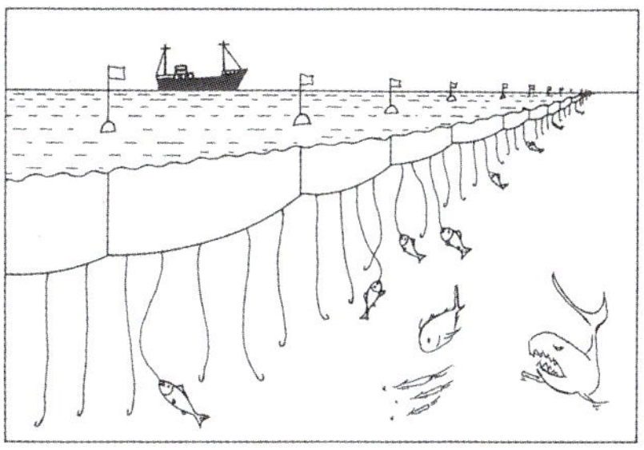

延縄漁

マグロ延縄漁に従事する乗組員たち

操業中の第五福竜丸

核爆発実験による放射性降下物は「死の灰」と呼ばれた。第五福竜丸の焼津帰港後、静岡大学の塩川孝信教授らが船内から採取し分析したものに「純品」とラベルをつけた。「死の灰」は、乗組員が持ち帰ったものをはじめ船内各所から採取され、東京大学、静岡大学、大阪市立大学、金沢大学、京都大学で分析され、20数種の核分裂生成物（放射性核種）が発見された。

a-28　死の灰「純品」

a-29　検査試料「マグロのウロコ」

a-32　検査試料「船体の塗料」

a-33　検査試料「ボンデンのシュロ」

はえ縄のつなぎ目にガラスの浮き（ビン玉）がつけられる。ビン玉につける目印の竹をボンデンといい、先にシュロの葉などをつけた。

a-30　検査試料「ドラム缶上の錆」

a-34　検査試料「サメのヒレ」

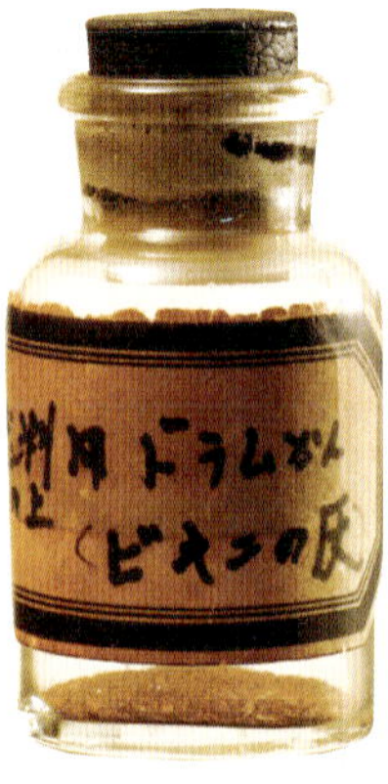

a-31　検査試料「燃料ドラム缶の錆」

a-36　ガイガー計数管

a-45　シンチレーション・カウンター

a-37～39　ガイガー計数管

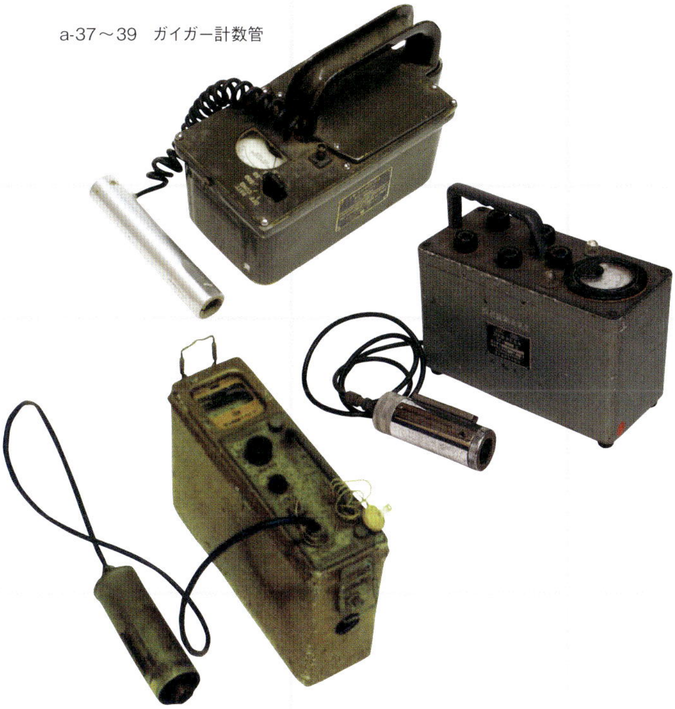

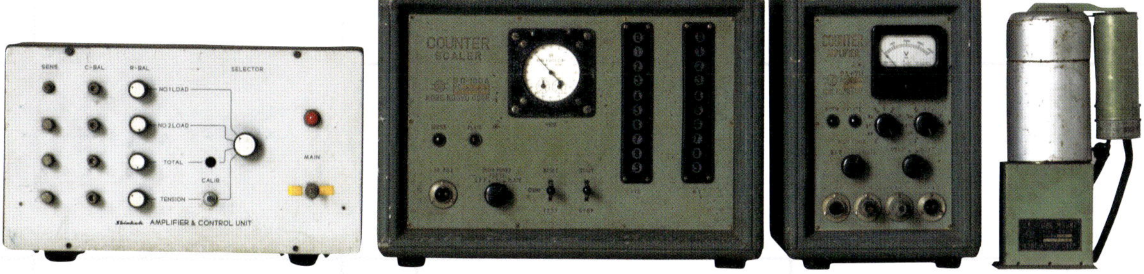

a-41～44　放射能測定装置一式

10

a-26　大漁旗

b-31　手ぬぐい

a-24　大漁旗

a-23　大漁旗

10

b-33　帽子

b-34　帽子

航海前に買い込んだもの

「俺も両手いっぱいに仕込んだ……たばこ新生40個1600円　ゴールデンバット20個600円　シャツ2枚380円　パンツ2枚300円　菓子2800円　ミカン缶詰10個450円　モノゲン3個200円　歯磨き・歯ブラシ1個110円　麦わら帽子1個70円　ゴム長ぐつ1足650円　軍手1ダース660円　ゴム合羽　綿サラシ　娯楽雑誌や食べ物も、たくさん買い込まれた」

（大石又七『死の灰を背負って』）

b-13　作業シャツ「焼津縞」

カツオ縞とも呼ばれた焼津独特の縞で、焼津漁師の粋だった。古来、各家庭独自に作っており、海難事故に遭った際に個人を識別するよすがともなっていたという。

b-14　半袖シャツ

b-1　布団　　b-4　枕

b-9、10　作業ズボン

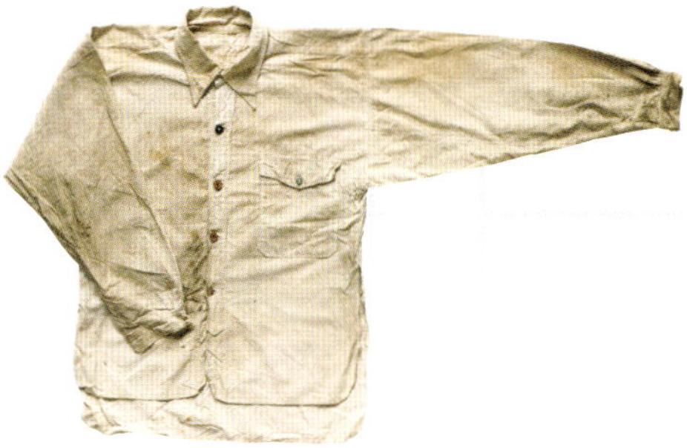

b-11　長袖シャツ

b-12　長袖シャツ

b-16　半袖シャツ

b-17　長袖Tシャツ

b-25　ベスト

b-32　マフラー

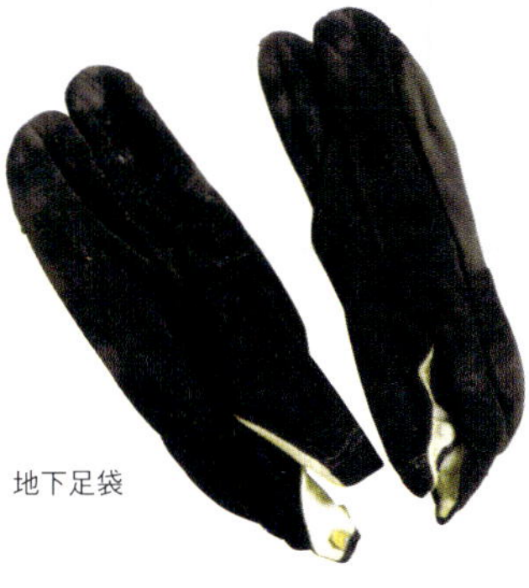

b-30　地下足袋

b-26　パンツ

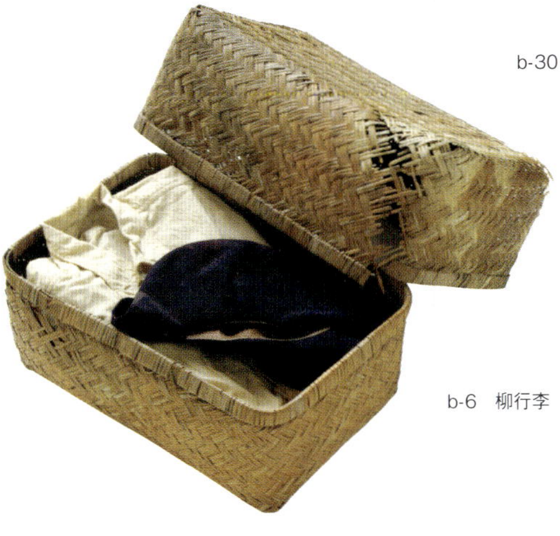

b-6　柳行李

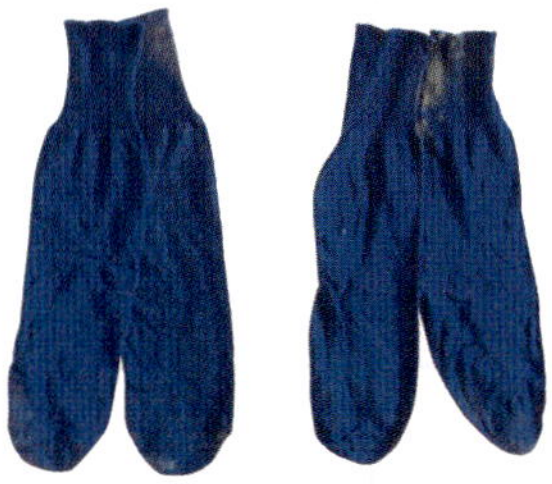

b-29　靴下

c-13　折りたたみものさし

c-21　ナイフ

b-31　手ぬぐい

d-33　楽譜

c-14〜18　筆記用具

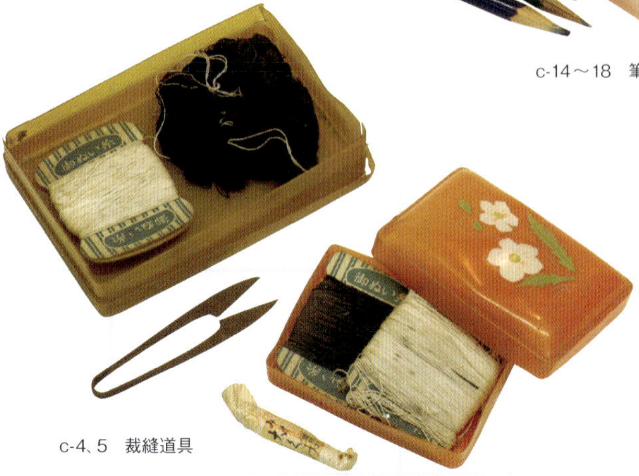

c-4、5　裁縫道具

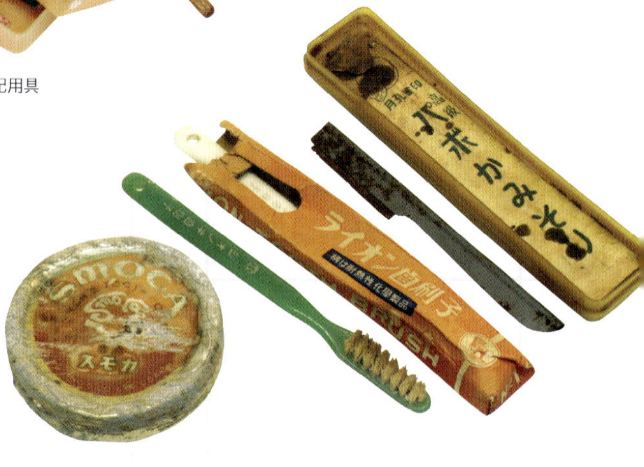

c-1〜3、c-12　洗面用具（歯磨き粉、歯ブラシ、かみそり）

乗組員の生活道具などの多くは、1972年東京大学付属病院倉庫より発見され、1976年展示館開館に際して寄贈されたもの。漁具や衣類など積載物は、1954年5月に船体とともに文部省に買い上げられ研究された。

「6月3、4日の両日、東大関係者等約15名が船の解体作業を行い、市からも宮崎助役ほか約10人が手伝った。付属品の一部、漁具、乗組員の着衣等を120個に梱包した。これらは6月5日午前10時頃、トラック3台に積載、陸路東大へ輸送された。ほとんど空骸化した船体は、以後監視の必要がなくなったのである。これらの搬出物は、文部省と東大の話し合いにより、東大の医学部、農学部、理学部が分担して研究することとなったものであった。」（焼津市『第五福竜丸事件』）

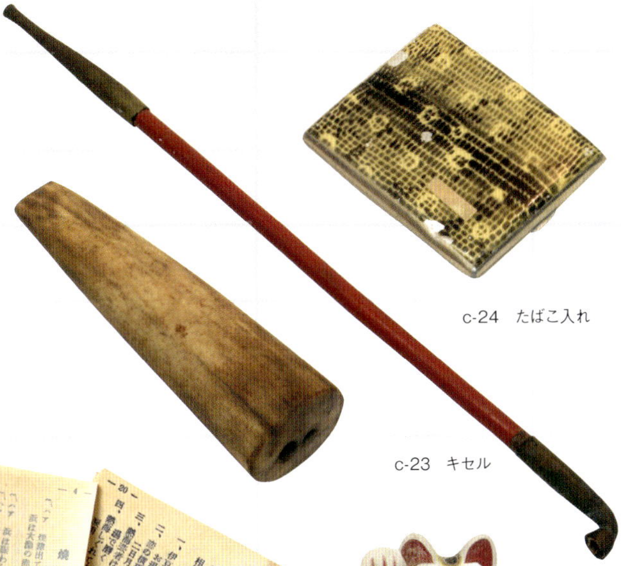

c-24　たばこ入れ

c-23　キセル

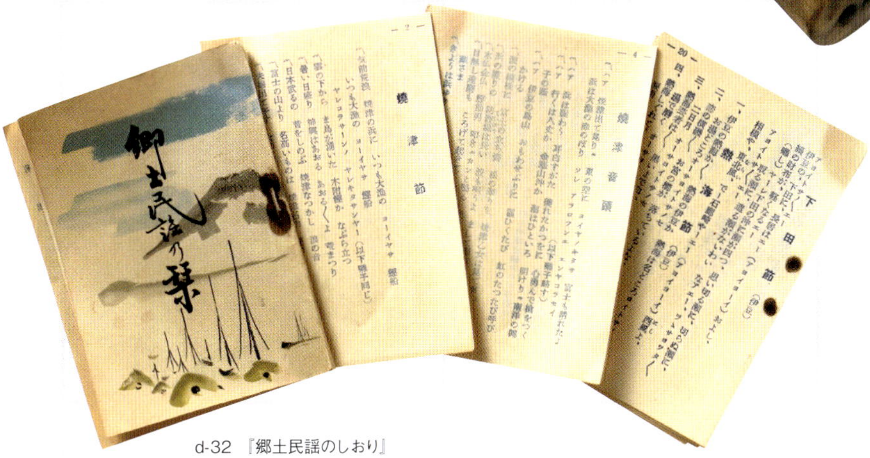

d-32 『郷土民謡のしおり』

c-31　招き猫

c-29　徳利

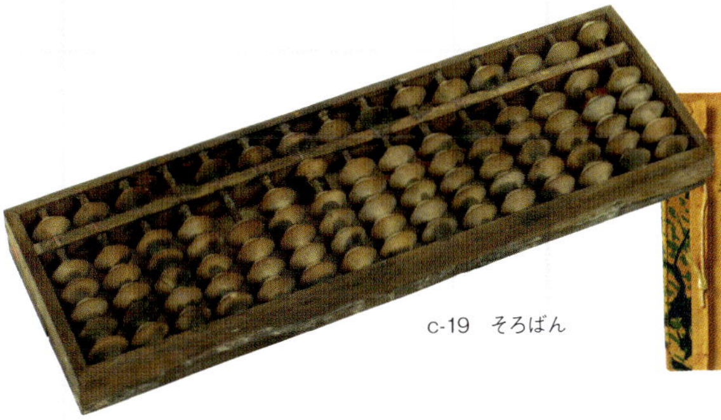

c-19　そろばん

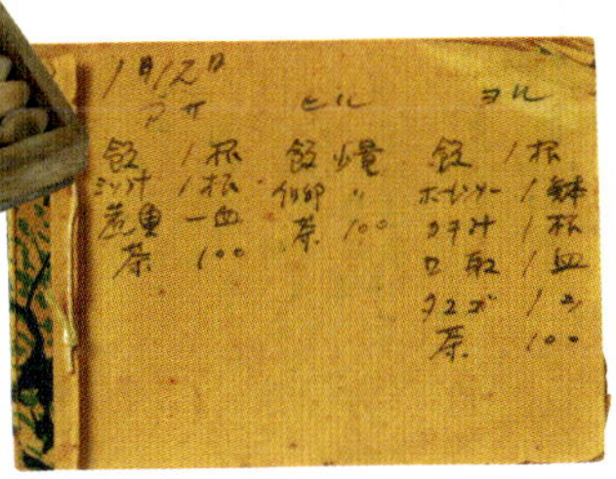

d-19　食事メモ

c-25　マッチ箱

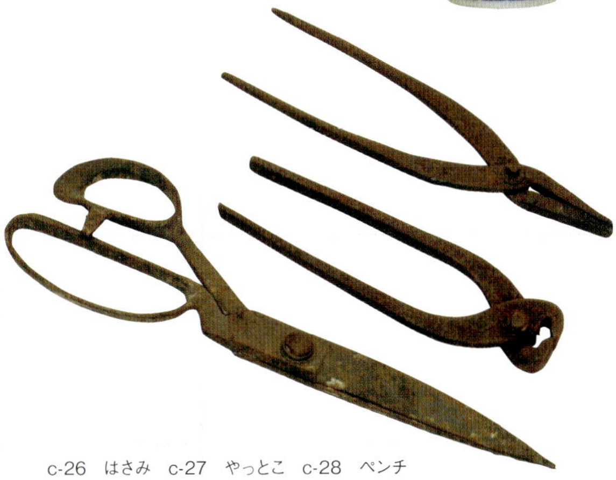

c-26　はさみ　c-27　やっとこ　c-28　ペンチ

c-32　カツオ漁用疑似餌

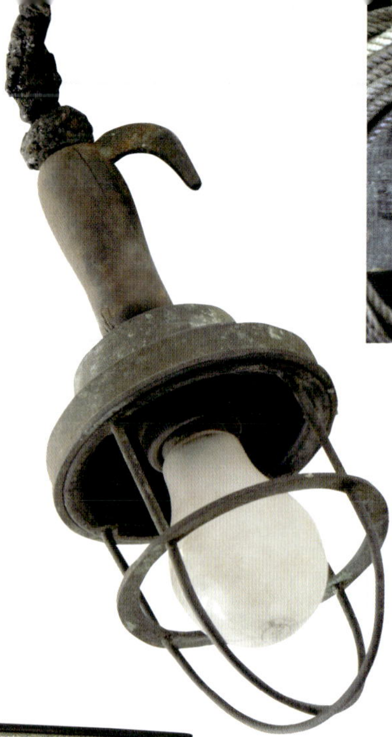

a-11　カンテラ

a-21　マカジキの角でつくられた縄をつなぐための針

a-5　船舶用無線電信送信機

a-6　船舶用無線電信送信機

a-16　ビン玉

a-9　電鍵

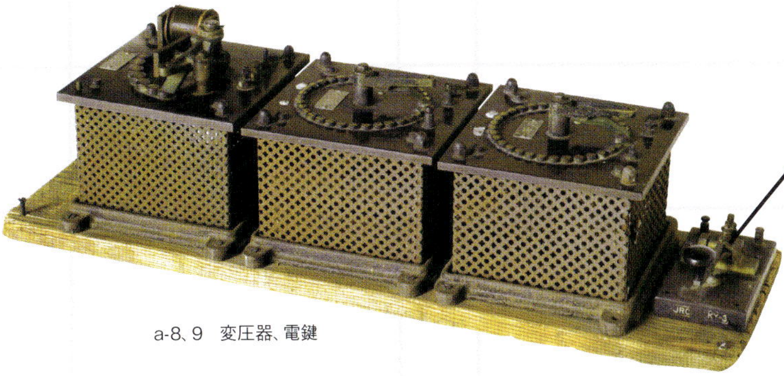

a-8、9　変圧器、電鍵

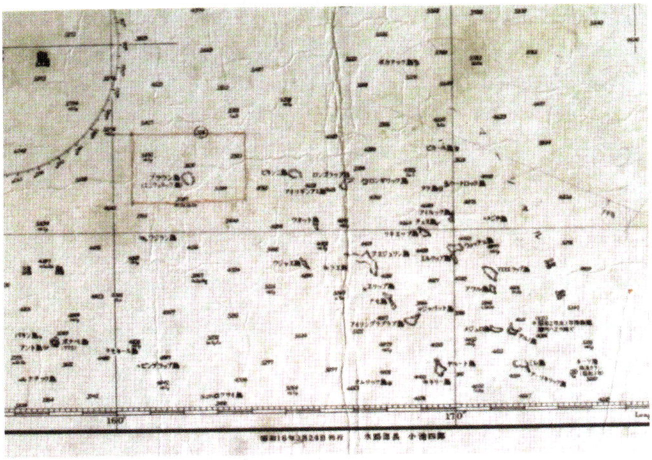

d-58　海図「日本至ハワイ諸島」(部分)

第七事代丸で使用され、そのまま第五福竜丸に引き継がれたと思われる。ビキニ海域には1952年10月にアメリカが指定した「危険区域」と思われる印がつけられている。

a-18〜20　手桶、ささら、デッキブラシ

a-7　短波受信機

a-10　漁笛

10

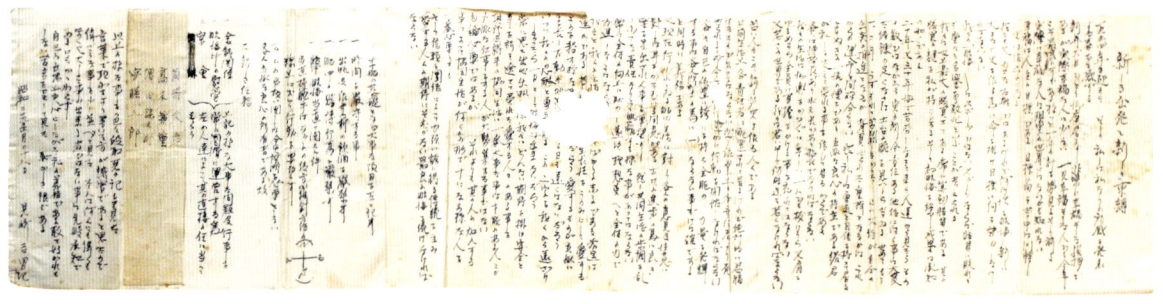

d-31　漁労長・見崎吉男による「船内心得」

操舵室に貼ってあった。規則正しい生活と仕事を徹底させたことがうかがえる。

教科書　d-42

d-46

d-43

d-39

d-50

d-38

d-41

d-40

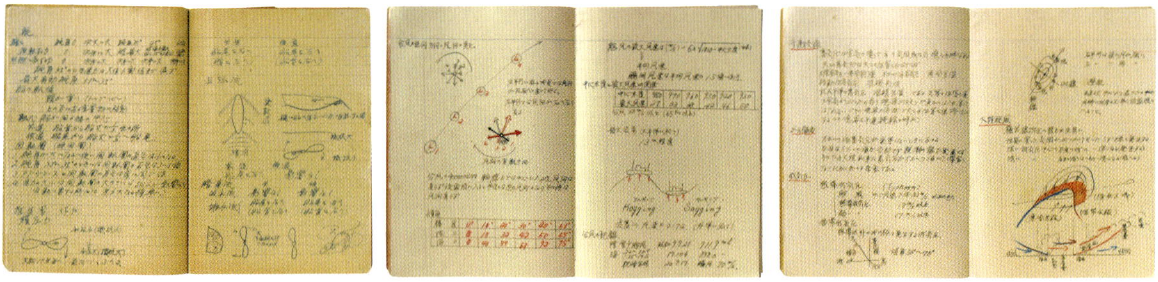

d-14　ノート

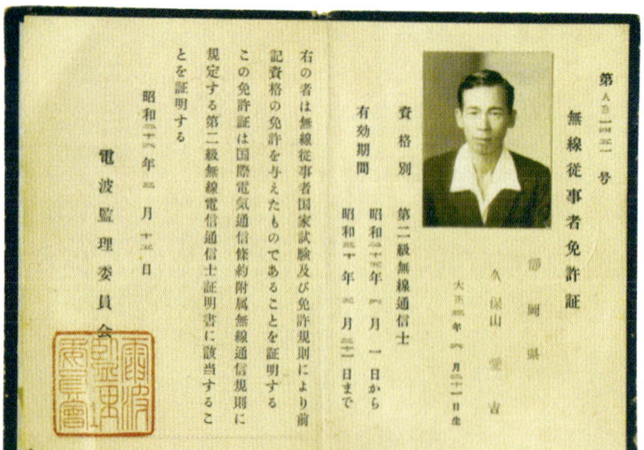

d-30　久保山愛吉　無線従事者免許証

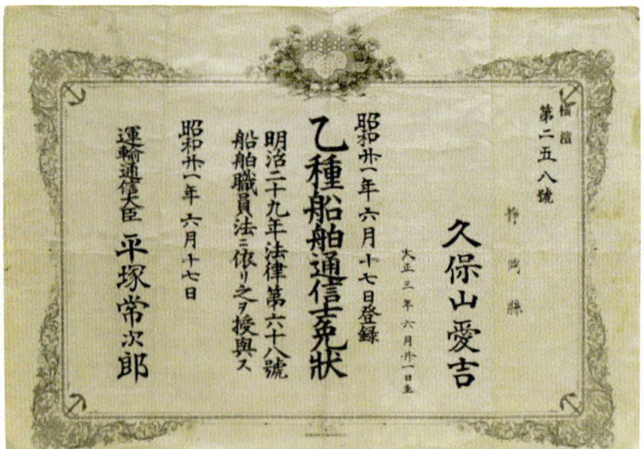

d-29　久保山愛吉　乙種船舶通信士免状

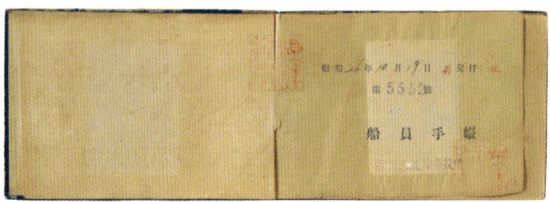

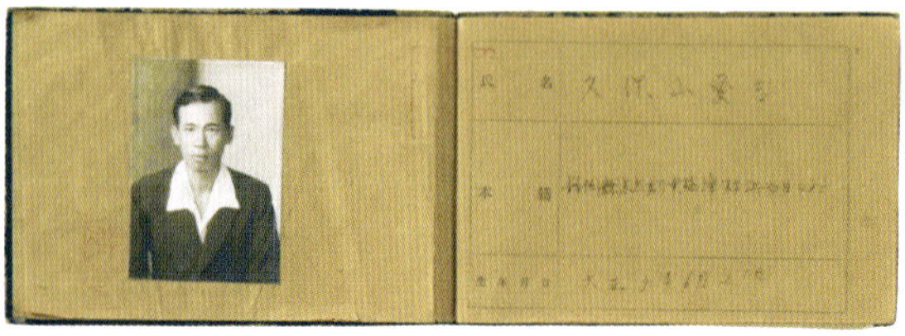

d-28　久保山愛吉　船員手帳

d-23　日めくりカレンダー

第五福竜丸は3月14日焼津に帰港。
その日で止まったカレンダー。

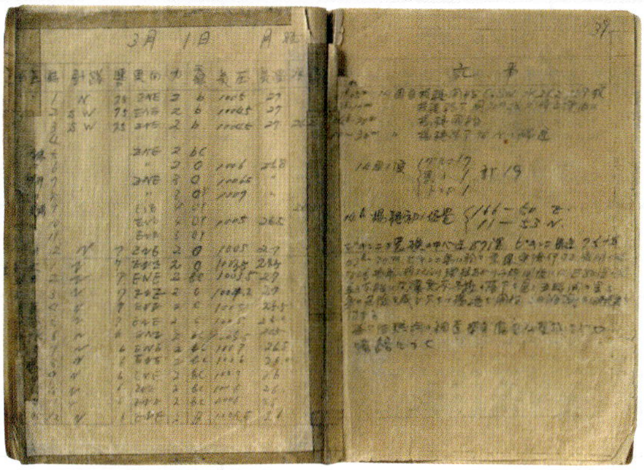

d-5　当直日誌　1954年3月1日(第2章＊7参照)

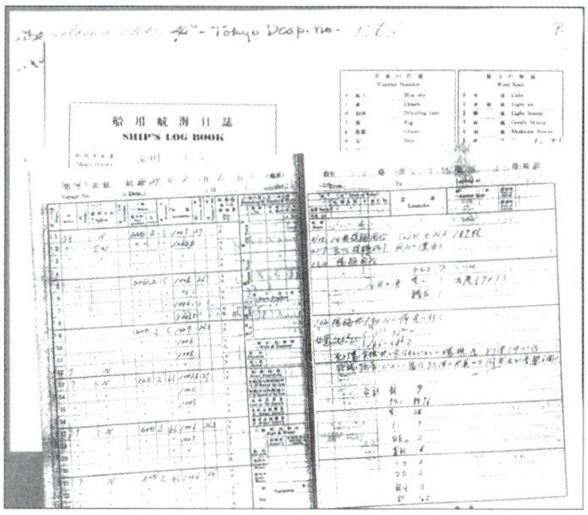

d-2　航海日誌(複写)　1954年3月1日

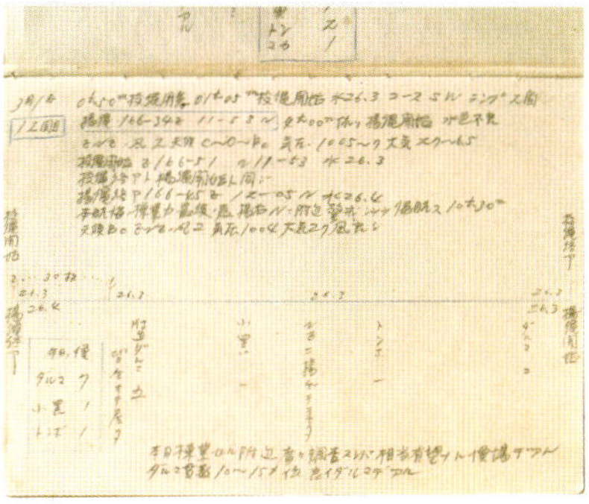

d-4　漁労日誌　1954年3月1日

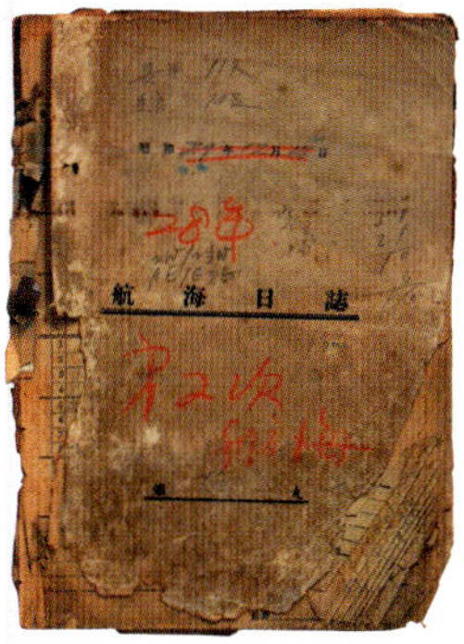

d-1　航海日誌　第2次航海

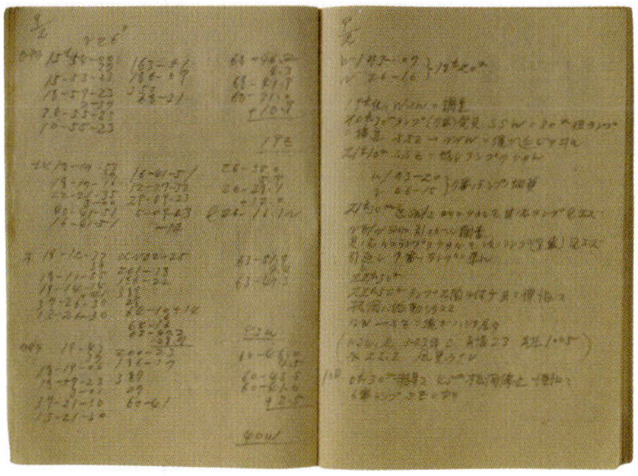

d-3　天測日誌

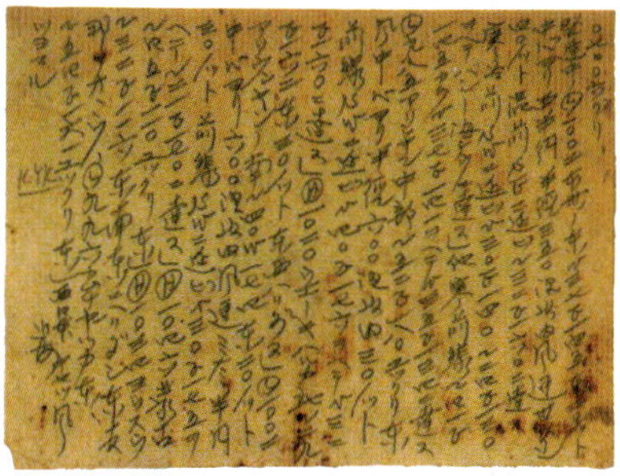

d-25　気象情報を受信したメモ

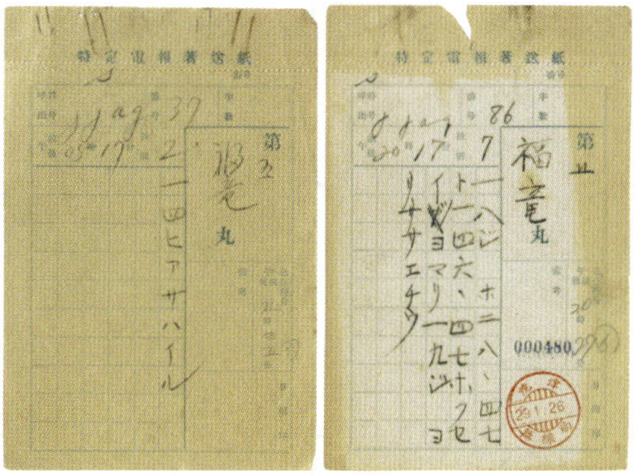

d-24　特定電報著送用紙　第5次航海の出港と帰港を知らせたもの

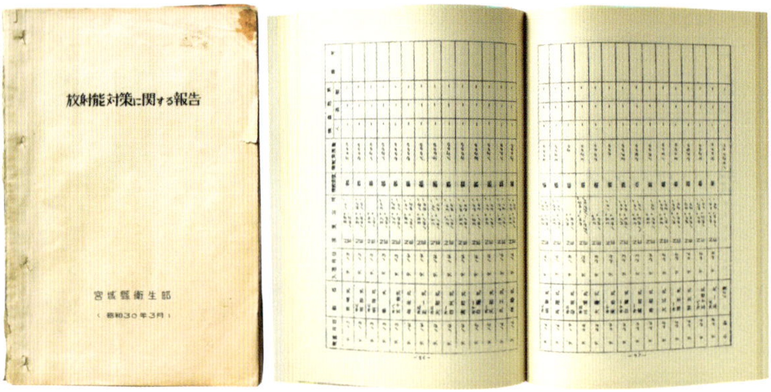

e-39　宮城県衛生部『放射能対策に関する報告』1955年3月

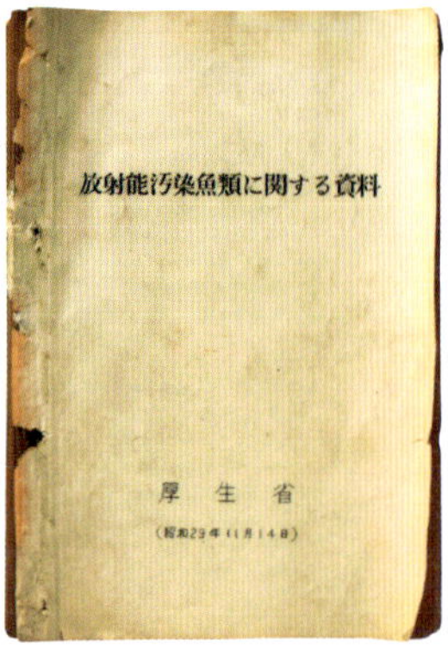

e- 36　厚生省『放射能汚染魚類に関する資料』1954年11月14日

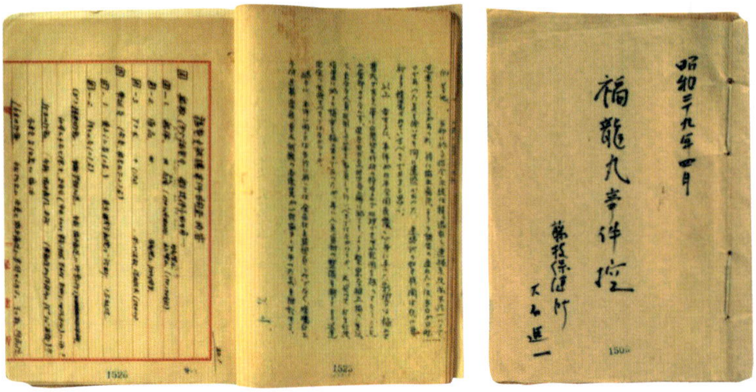

e-3　静岡県藤枝保健所食品衛生課『福竜丸事件控』1954年4月

魚を検査した港では、それぞれ検査の経緯と結果、通達文書などが報告書にまとめられた。また、各港で放射性物質が検出されたマグロ等を解剖し、国立衛生研究所での測定・化学分析の結果が厚生省に報告され、検査打ち切りの根拠となった。

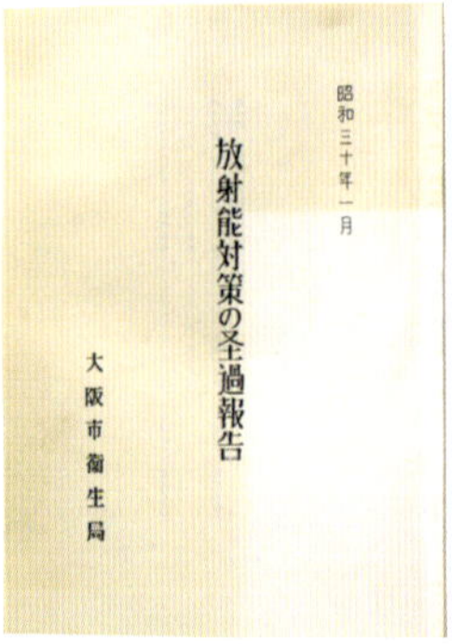

e-38　大阪市衛生局『放射能対策の経過報告』1955年1月

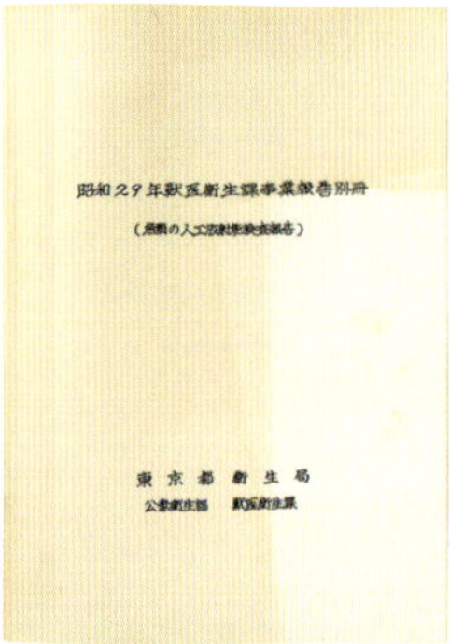

e- 37　東京都衛生局公衆衛生部獣医衛生課『魚類の人工放射能検査報告』1955年

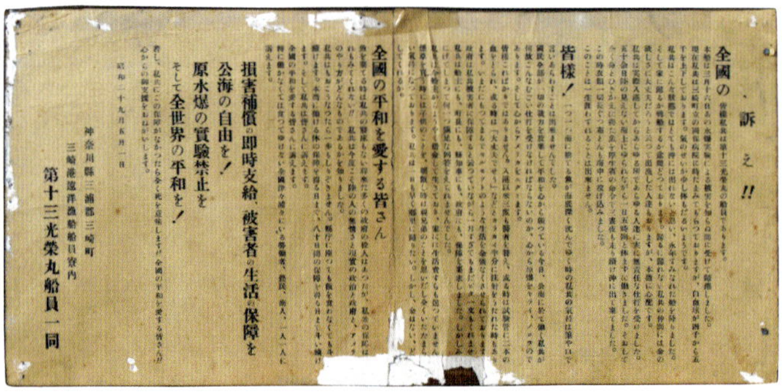

e-10　第十三光栄丸船員の訴え

3月26日に三崎に帰港した第十三光栄丸（119トン）船体と魚から放射能が検出され、積載マグロ1万3000貫が全量廃棄処分となった。

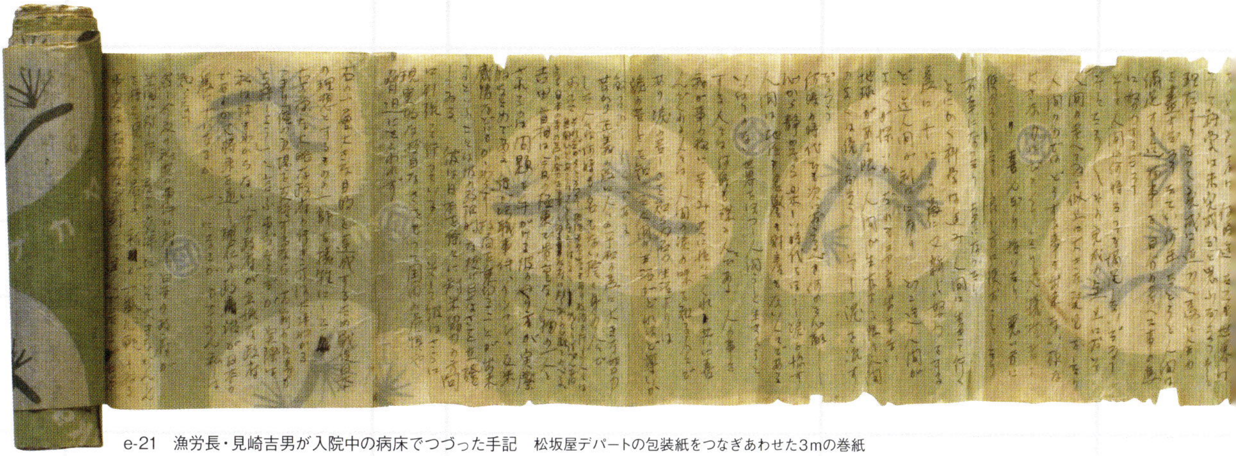

e-21　漁労長・見崎吉男が入院中の病床でつづった手記　松坂屋デパートの包装紙をつなぎあわせた3mの巻紙（抜粋）……あらゆる言論機関はいっせいに立上り、あらゆる角度からこの事件にメスを入れ、世界の世論は沸き立ち、当事者である私は事件のただならぬために苦悩の連日。嵐に飛ばされた木の葉のそんざいそのまゝ病院に収容され、暖かい日本中の人びとにまもられて日時を経過した。そして、水爆禁止が大きく叫ばれた。（中略）事件以来の米国側の言明に対し無条件で私は叫ぶ。そして悲憤の涙を流す。乗組員の幾多の悲惨なる姿、ニュース、映画、雑誌に新聞はもちろん。私はたまらない、彼等の心中を思うと。我々は無関心ではない。名誉毀損、彼等の言明により全員にあたえた心の動揺に対する償いを要求する。

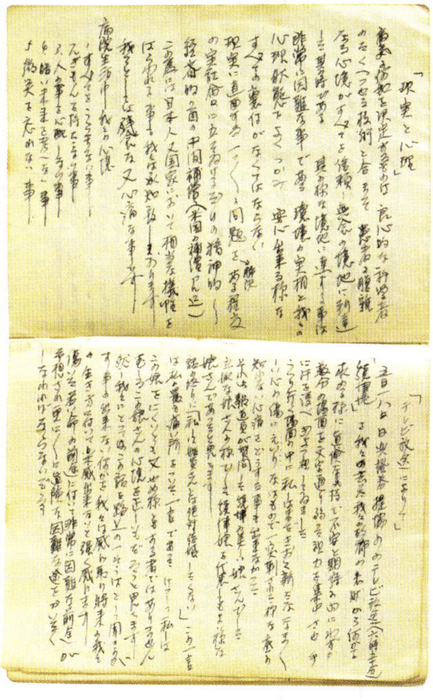

e-8　ノート　入院中に記された見崎吉男の手記

e-7　見舞客等の芳名帳
国立東京第一病院

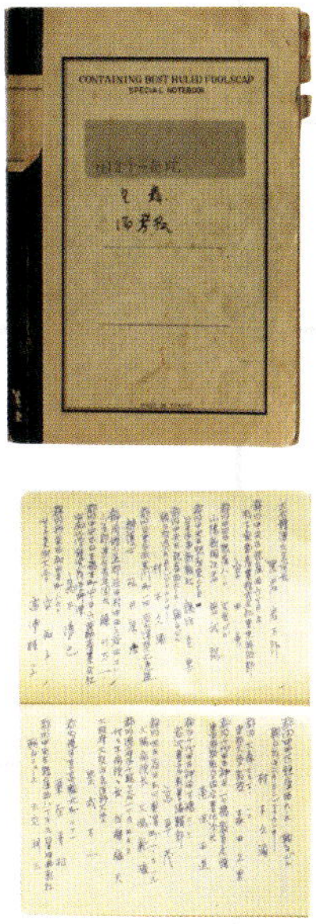

e-6　見舞客等の芳名帳
東大病院

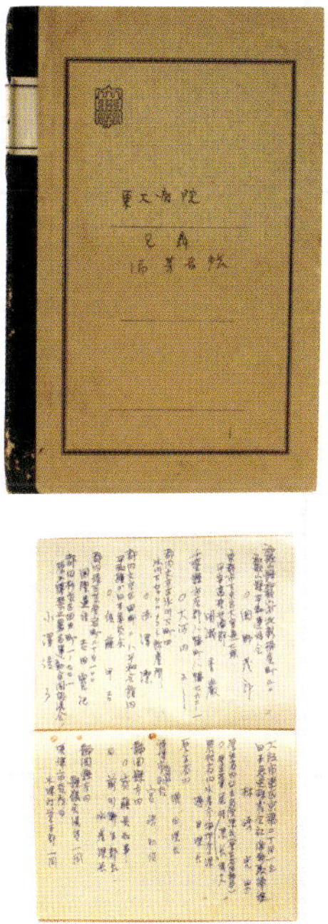

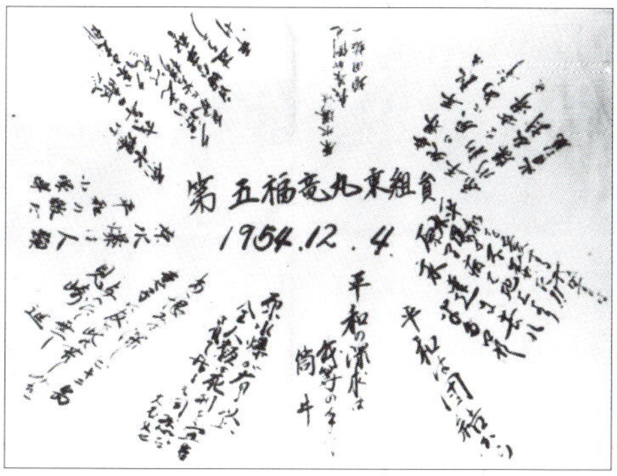

乗組員寄せ書き（写真）
久保山愛吉死去をうけ、やり場のない気持ちを書き記そうと寄せ書きされた。

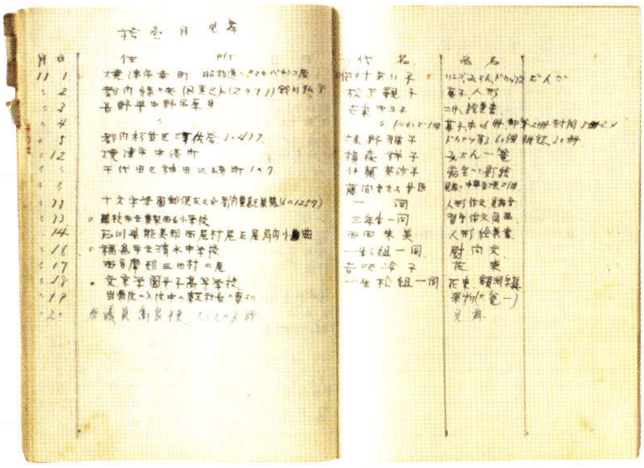

原水爆禁止世界大會
平和の力を広島へ
8.6 広
8.13 大
8.15 東
原水爆禁止世界大会日本準備会

（左頁）e-13　第1回原水爆禁止世界大会ポスター

e-14　第2回原水爆禁止世界大会ポスター

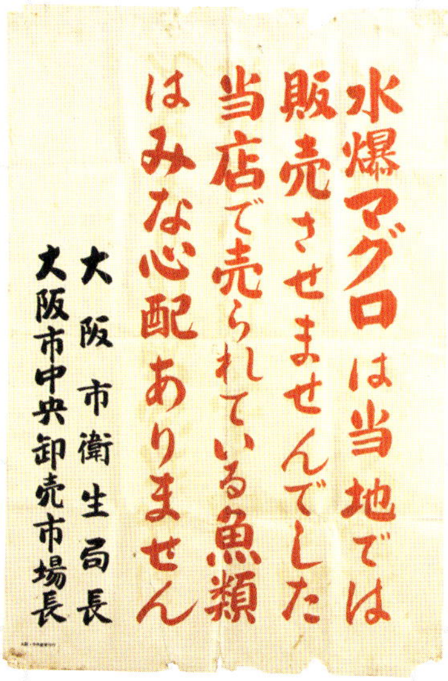

e-59　魚屋に掲示された貼り紙

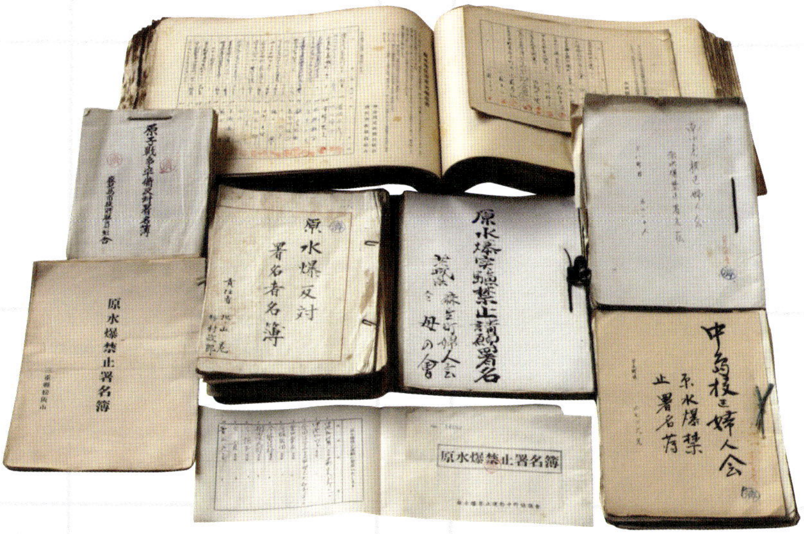

h-1～23　各地でとりくまれた署名簿

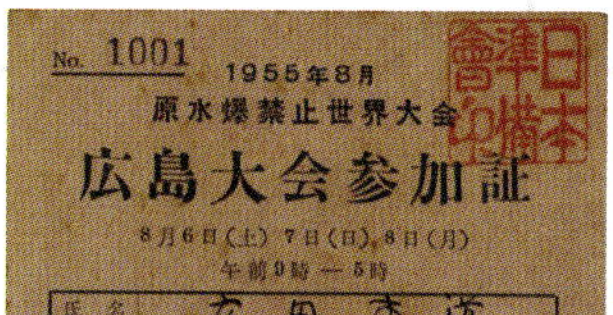

e-11　第1回原水爆禁止世界大会参加証

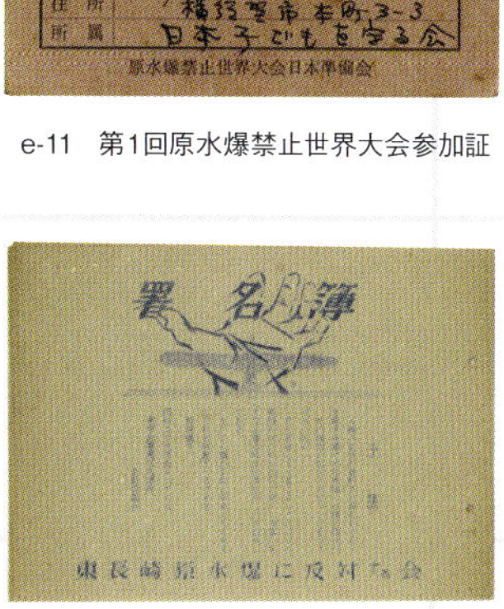

10

ビキニ被爆の証人

第五福龍丸の保存募金を訴えます

第五福龍丸保存委員会

募金送り先　東京都中央郵便局私書函882号

取扱者

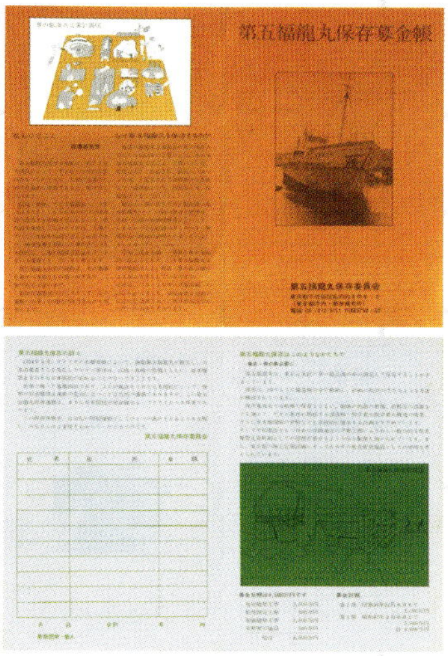
第五福龍丸保存募金帳
第五福龍丸保存委員会
e-18　第五福竜丸保存募金帳

第五福龍丸を
保存しよう
第五福龍丸は
ビキニ水爆被災の証人
第五福龍丸は
原水爆禁止への誓い
広島・長崎・ビキニをくりかえさせるな
5
第五福龍丸保存委員会
e-19　第五福竜丸保存呼びかけポスター

ビキニ水爆被災の証人　第五福竜丸保存のために
1954年3月1日
その日から
第五福竜丸
e-20　保存運動で活用されたパンフレット
（下＝表紙絵・広田重道）

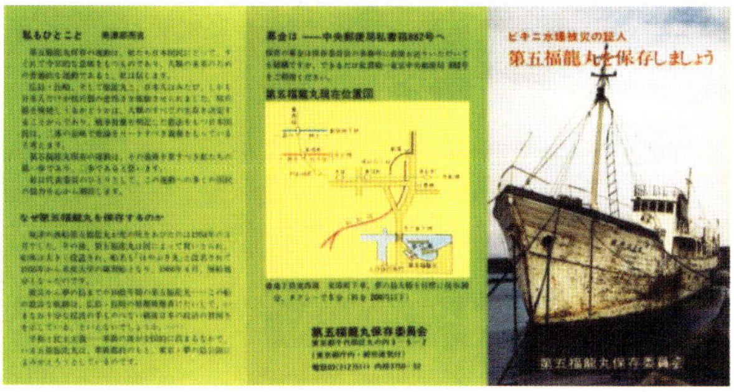
ビキニ水爆被災の証人
第五福龍丸を保存しましょう
第五福龍丸保存委員会
e-20　第五福竜丸保存運動パンフレット

（左頁）e-19　第五福竜丸保存募金を訴えるポスター

木造船第五福竜丸とその保存

日塔和彦

第五福竜丸とその存在意義

第五福竜丸は1947（昭和22）年に進水した木造漁船である。木造船の耐用年数は造船後20年であり、自動車には法律による自動車検査登録制度（車検）があるように、船にも船舶検査制度（船検）があり、定期的な検査、修理が必要である。このため、外洋を航行できるような木造船は現在ではすでになくなり、使われなくなった廃船が海岸近くに打ち捨てられているのを見ることがある。

第五福竜丸は稀有な運命により、廃船となって朽ちるはずのものが、反核・平和の世論と運動で東京都により展示館が建てられ、保存されることになった。現在において総トン数140トンもある遠洋漁業の木造漁船が保存されているのは、第五福竜丸だけである。このことから、第五福竜丸は木造船として歴史的、文化史的に貴重な産業文化財としての評価がなされつつある。というより、評価していかなければならない。

ビキニ水爆実験との遭遇、その後

第五福竜丸は被ばく後、残留放射線の測定・調査により、2年後に改造されて東京水産大学の練習船「はやぶさ丸」として1967（昭和42）年まで使用され、船齢20年で廃船処分に付された。

しかし、実際にはエンジンなど使用可能な部品が抜き取られた後、夢の島（第15号埋立地）に捨てられたが、まもなく東京都職員らによって知られることとなり、新聞・テレビなどで報じられ、船体の保存運動が起こった。夢の島の海面で船は傾き、海水が船内に浸水、船体は1972年に陸上に引き上げられた。1976年、東京都により第五福竜丸展示館が建設され、船は格納・保存されることとなった。

展示館格納後の船体保存問題

船体の保存問題はこの後に発生した。展示館収納後、まもなく腐朽が著しく進行し、船体の垂下や膨らみ、船体内部での部材の落下などが確認されるようになり、5年後の1981年には船尾部分が危険な状態に陥った。所有者である東京都は造船技術史、保存科学の研究者などで「船体補修に関する調査会」を設置して対応策の検討を行った。この結果、本格的な船体調査を行って、保存工事のための計画が策定された。この計画のもとに1985年1月に保存工事が発注された。

保存工事の実施

筆者はこの保存工事の設計監理側担当技術者として係わった。保存工事は難航を極めた。豆腐のように腐れてしまった部材を用いて、夢の島に放置された姿を保存しなければならないのである。当初計画のように船体内部に鉄骨を入れて腐朽部材を支持するのは、将来の保存において困難なことが予想された。そこで工事方針を大胆に変更し、木造船の造船技術を用いて、木材による船体の補強を行うこととし、そのために工事費の増額と工期を延長して工事が行われた。

保存工事は、1986年3月に完了した。第五福竜丸は船体の垂下や歪みがある程度修正され、再び船体としての形を取り戻した。外部は可能な限りそのまま古材を再用し、塗装も塗り替えずに放置されたままの外観の維持に努めたが、破損の著しかった船尾や船首部分は新材に取替えた部分もある。新材には古い部分に合わせて古色塗装を行って周囲になじませた。

船体内部は、内張板を取り外して腐朽した肋骨を残し、この間に新しい肋骨を挿入して補強するという方法を取った。これらは在来の造船技法で行ったため、古い腐朽した船体の中に、新しい船体を造って船の構造的な補強と維持を図ったものである。ただし、機関室はエンジンのオイルが木材保存剤の役目を果たして、まだ多少の強度を保持していると考えられたので、最小限の補強にとどめた。また、学生の学習室となっていた中央部はその設備を取外し、2室の漁槽として整備した。前方漁槽はコルク板を用いた防熱構造とし、壁体の一部を切り取って船体構造がみられるようにした。

保存工事後の問題点

保存工事では、古い構造部材や造作部材は可能な限りそのままとし、新たな部材を組み込んで構造上の補強を行ったものである。そのため、微小な振動や温度・湿度の変化による部材の伸縮などにより、これら腐朽した古材がさらに破損することが憂慮される。特に展示館屋根からの雨漏れが最大の問題点で、雨水はたちまち腐朽した状態の部材をさらに著しく腐朽させることになる。

1998年には屋根からの雨漏りで補修を行ったが、一部甲板の腐朽と思われたものが、実際には甲板梁や肋骨まで腐朽範囲が広がっており、大規模な修理を行わざるを得なくなった。このことは、雨漏りを絶対させてはならないことを示しており、今後の大きな課題である。

今後の第五福竜丸を考える

保存工事を終えてから今年ですでに27年を経過した。木造建築では幾つかの補修が必要な年月である。

今後、第五福竜丸を良好に維持していくためには、いくつかの大きな問題がある。

現船体の内部には多量の古材が使われている。これは廃船として放置された状態を残すという意味だけでなく、学術的な文化財的な保存形態として、オーセンティシティ（真実性）を保つためには必要な処置である。しかし、これらの貴重な古材は、木材としてはすでにその強度を保っておらず、地震などの振動や空気の流動、温度・湿度の変化等によって自然崩壊していく運命にある。木造船としての歴史的価値が認識されつつあることから、これら古材の崩壊を食い止め、将来に向けて保存する努力が必要となる。そのためには、船体の科学的調査を行って変形・歪みの状態を明らかにし、この進行状況をモニタリングしなければならない。同時に展示館内の温度・湿度、風の状態、見学者による館内環境の変化などを調査し、現在の展示館が木造船の保存に適当な施設かどうかを判断しなければならない。もし、適切でないとの判断がなされたら、大規模な改修や改築を考えなければならない時期に達している。

今後、船体を将来まで良好に残していくためには、古材の崩壊防止対策と保存に適切な展示施設が必要であると考える。

（文化財建造物保存技術者）

第五福竜丸補修工事1985年1月―86年3月
船橋補強と機関室補強梁柱

船尾部補修、船鍔の取り付け

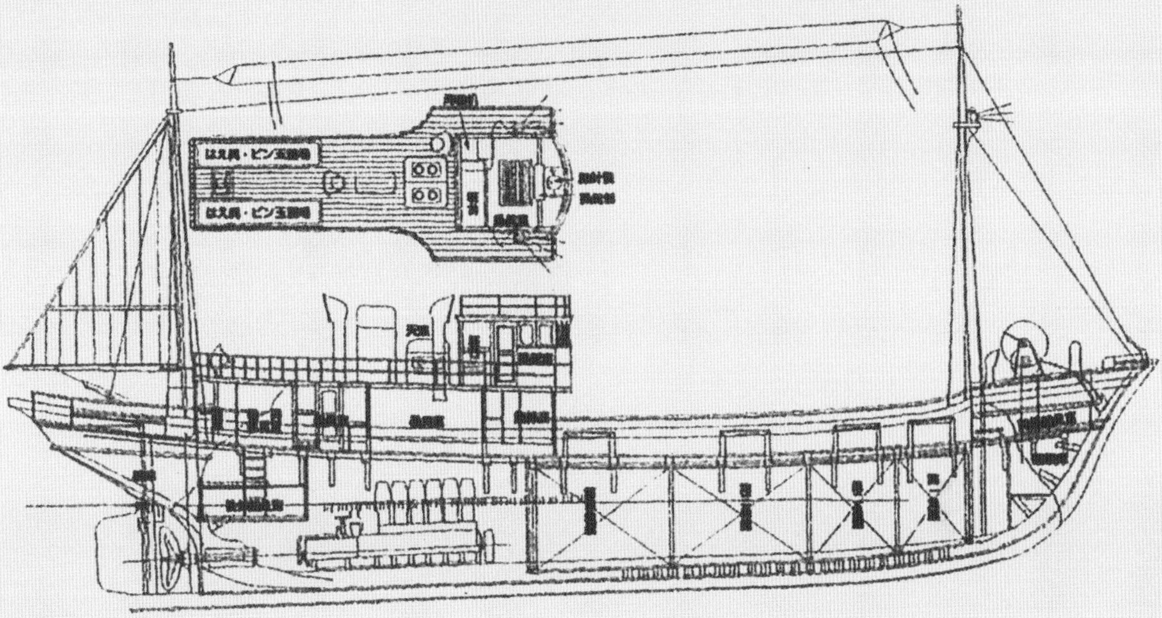

はえ縄・ピン玉置場
はえ縄・ピン玉置場

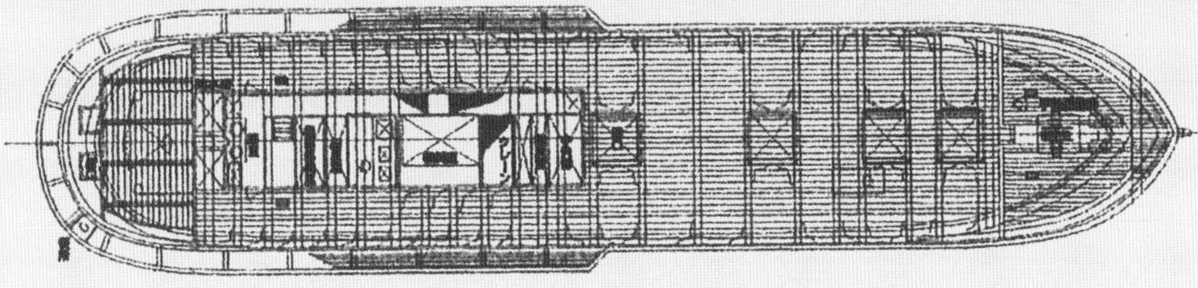

クレーン

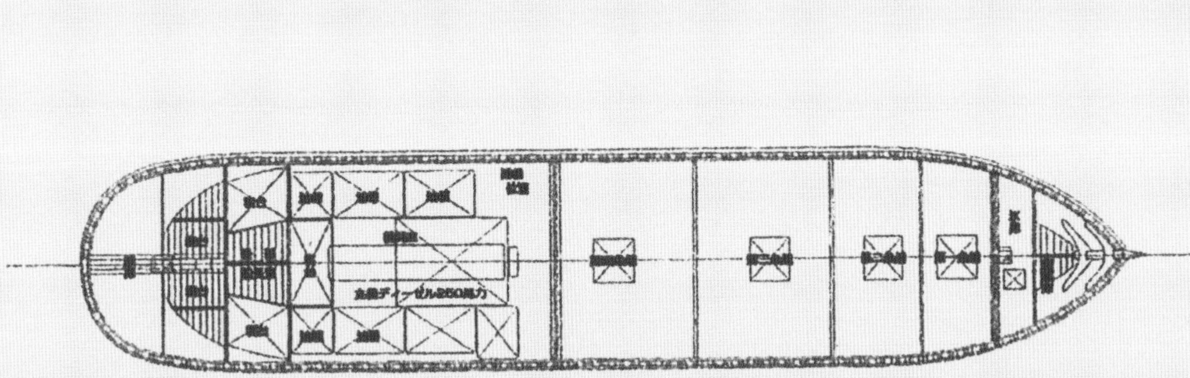

主機ディーゼル250馬力

上部甲板梁の補修

船体内部・内張板と梁曲材の補修

第五福竜丸から水産大学練習船はやぶさ丸に改修する際に上部甲板の操舵室、無線室などは木造から鋼鉄製に交換されたが形状はほぼ同じである。
写真上・無線室（久保山無線長が使用時と同じ位置）。写真中左・学生の学習室（魚倉を改修）、中右・エンジンシャフト、写真下・漁具と錨

マーシャル諸島では、手工芸品全般を「アミモノ」とよぶ。タコノキやヤシの葉、タカラガイを組み合わせて作ったペンダントや飾りは友好のしるしに贈られる。

ビキニの人びとが移住先のキリ島で現金収入を得るために作った「キリバッグ」

タコノキ材とヤシの繊維を縒った糸で作られた海図「メト」。棒は海流、貝は島をあらわす。人びとは潮をよみ、星や風をたよりに航海した。

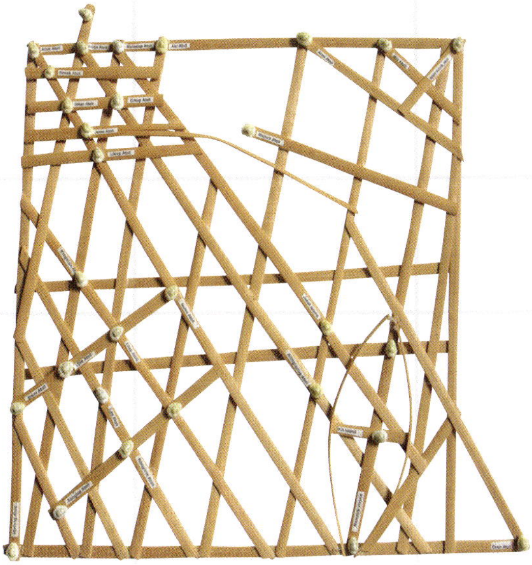

核実験クロスローズ作戦から40年目と50年目にマーシャル諸島で発行された記念切手。

11. 表現されるビキニ事件

第五福竜丸の被災からつづく事態が、「ビキニ事件」と呼ばれ「死の灰」「放射能雨」が流行語になり、「ガイガーカウンター」「ストロンチウム」と言った聞きなれない単語までが、人びとの会話に浸透するほど、新聞ラジオは連日のように事件のことを報道した。新聞の風刺漫画は「原子マグロ」をネタにし、川柳や投書からも、その頃の不安が伝わってくる。

5月には児童文学作家のいぬいとみこが「トビウオの　ぼうやは　びょうきです」を業界紙に発表。総合雑誌や文芸雑誌にも、事件の評論や「原子マグロ」に題材をとった創作が掲載された。10月には現代詩人会のよびかけで『死の灰詩集』が編まれる。飯島耕一、金時鐘、草野心平、堀口大学、山之口貘ら詩人の作品から児童詩まで121編が収録されている。

ラジオからはエノケンこと榎本健一のうたう「これが自由というものか」（作詞作曲・三木鶏郎）が流れ、「MSA」「機密法」など時代を切り取るキーワードに混ざり、「知らない間に実験で、知らない間に水爆病」とうたわれた。

被災直後から現在に至るまで、ビキニ事件はさまざまな分野で記録され表現された。そして表現者たちはつながり、響きあいながら、展示館の内外でも披露されてきた。その一端を紹介してみたい。

燃える人

ビキニ事件の衝撃、すなわち広島・長崎につぐ第三の被ばくは、表現者たちにも影響を与えた。1955年第三回日本国際美術展に出品された岡本太郎の《燃える人》は、キノコ雲、空に散らばる目、臓物を想起させる蛇のような物体、そして第五福竜丸と思われる船が配置されている。これらは「瞬間」「死の灰」

第五福竜丸甲板上の《明日の神話》原画

「明日の神話」などの原水爆をテーマとした一連の作品に表れるもので、大田洋子の原爆文学『半人間』の装丁にも使われている。

岡本のパートナー岡本敏子は、「太郎さんのなかで、本当に原爆もビキニ事件もまがまがしいこととしてとらえられていて、それに負けない《燃える人》を描いたと思うんです」と語っている。そして1959年の日本原水協パンフレットに描かれた《新しい怪物の世紀》についても「太郎さんは〈人間として燃える〉〈人間としての怒り〉を感じ、それをつきつけた。福竜丸はなんだか可愛いお嬢さんみたいでしょ。ケロっとして明朗な明るい雰囲気をだしているように見えるんだけれど、その奥に真剣さ、真実、本質が込められていてそれが伝わってくるのよ」と語る[*1]。

岡本太郎によって「アイコン化」された第五福竜

《新しい怪物の世紀》

＊1　岡本敏子インタビュー「岡本太郎とビキニ事件」

新藤兼人監督『第五福竜丸』ポスター

丸は、東日本大震災・福島第一原発事故を経て、風間サチコ「噫！怒涛の閉塞艦」に登場した（2012年）。アート集団Cim↑Pomは、渋谷に展示されている壁画《明日の神話》に描かれた第五福竜丸の下部に事故を起こした「福島第一原子力発電所」を付け加えて「更新」することによって[*2]、第五福竜丸を現在に連続する放射能被害の原点（もちろんそれは、広島・長崎への原爆投下による被爆とともに、である）として、「死の灰の記憶」として刻みつけた。

原子マグロとゴジラ

反基地運動などに呼応して、いわゆるルポルタージュ絵画の担い手として、社会にまなざしをむけていた池田龍雄もいち早く反応した。反原爆シリーズ《埋められた魚》《犠牲者》《10000カウント》《漁師》（いずれも1954年）を製作し、日本アンデパンダン展、ニッポン展で発表した。

また、原爆被害のさまざまな記憶を《原爆の図》に描き、巡回していた丸木位里・俊は、新たに刻印された被ばくの記憶を、原爆の図第9部《焼津》第10部《署名》（1955年）として発表した。

汚染マグロが各地からみつかっているさなかの11月3日、東宝は『ゴジラ』（本多猪四郎監督）を公開した。架空の怪獣ゴジラは、核実験で覚醒した古生物という設定で、怒りにまかせて放射能を吐き、復興した東京の町を破壊するさまには、ビキニ事件が重ねられる。作品中「長崎の原爆から命拾いしてきた大事な体なのに」「原子マグロだ放射能雨だ、そのうえ今度はゴジラときたわ」「もし水爆実験が続けられるのなら、あのゴジラの同類が、世界のどこかへ現れるかもしれない」といった台詞が登場する。この年

＊2 「付け足された絵」は、警察によりすぐに押収された。かれらのこの行為は「level 7 feat　明日の神話」として個展で発表された。

発足した自衛隊（劇中では防衛隊）[*3]の火器がゴジラを迎え撃つも歯がたたず、架空の科学兵器「オキシジェンデストロイヤー」により退治される。ここに科学の発展に対する期待と懸念が反映されているといえよう。

久保山愛吉の死をうけて

乗組員たちとその家族はメディアに囲まれ、それは退院後も続く。おびただしい報道写真が撮影され、久保山愛吉の死は、絵画で詩歌で文学で取り上げられ、音楽がつくられた。

新藤兼人は、劇映画『第五福竜丸』で、福竜丸の出航から久保山の死、焼津での漁民葬までを、ドキュメンタリードラマとして描いた。新藤作品の音楽を担当した林光は、第五福竜丸平和協会の依頼で、この作品の映画音楽に基づくピアノ五重奏「ラッキードラゴン・クインテット」[*4]を作曲し、展示館開館30年記念コンサートで披露された。「出航」と「曳航」の2楽章からなるこの曲は、2009年第3楽章「調和の海へ」が加えられて完結した。林はこの楽章に、「核廃絶の希望は何度も裏切られる。だがそのたびに希望はたしかなものになっていく」との思いをこめた。

繰り返される核実験への不安は、黒澤明の劇映画『生きものの記録』、亀井文夫の科学ドキュメンタリー『世界は恐怖する』にも登場し、その後も放射能への漠然とした恐怖心が、ウルトラマンシリーズの怪獣の出自などに、繰り返しモチーフとしてあらわれるのである。

キノコ雲と死の灰の記憶

広島・長崎の原爆を語るとき、その「アイコン」と

林光「ラッキードラゴン・クインテット」演奏風景

小林喜巳子《久保山さんの死》

＊3　自衛隊は1954年7月に発足。映画のクランクインは8月7日だが、クレジットでは「賛助　海上保安庁」とのみ表示されている。劇中登場する戦車の走行シーンは自衛隊の車両。

＊4　ピアノと弦楽四重奏で編成。

金子静枝《夢の島の第五福竜丸》

してキノコ雲が使われてきた。被爆者の手記であれ、反核を訴えるポスターであれ、キノコ雲＝核兵器のイメージは日本のみならず、グラフィックデザインやアニメなどのサブカルチャーでも多く登場しているし、大気圏内での核実験が中止となっても、その象徴として描かれ続けている。

黒田征太郎は、広島・長崎の被爆50年にあたる1995年、フランスと中国が行った核実験に対してキノコ雲の絵を描き始め、その点数は3000枚にも及ぶ。やがて「キノコ雲を逆さにすると、水差しに見えた」として、「キノコ雲No、命うみだす水はYes」と謳ったPIKADONプロジェクトを始めた。2005年には第五福竜丸展示館でも「PIKADON」展を開催（7月16日―8月14日）。会期中来館者によって500枚余りのキノコ雲と水差しが描かれた。さらに黒田は「死の灰はいまも降りつづいています。空からも海からも……そのことを第五福竜丸は言ってます」とメッセージを寄せ、第五福竜丸を描き続けている。

ゴミのなかの第五福竜丸

夢の島のゴミのなかから第五福竜丸がみつかり、ひろくその存在が報道されるようになると、保存運動と並行するようにその姿を映しとる作品もうまれた。とりわけ保存の各段階はプロ・アマの写真家の被写体となり、森下一徹は被爆者や原水爆禁止運動の記録とともに、ゴミの中の福竜丸を撮り続けた。

久保山愛吉の命日「久保山忌」に行われた句会（新俳句人連盟）は現在も続けられている。絵画では森山真弓、寺田政明、川上貫一らが海に傾く船体を描写している。

ラッキードラゴン〜サン・チャイルド

第五福竜丸被ばくのニュースは外国メディアでも報道された。雑誌『ライフ』1954年3月28日号では「福竜」を「fortunate dragon（幸運な竜）」と訳した。新聞報道、外交文書などを見る限りでは「Fukuryu－maru No. 5」と音訳しているが、ラルフ・ラップのルポルタージュの影響もうけ、やがて「Lucky Dragon ラッキードラゴン」が定着していく。

チェルノブイリ原発事故後、「アトムスーツ」と呼ぶ放射線防護服を身に着け、廃墟を訪れるアートパフォーマンス《アトムスーツプロジェクト》をはじめとし、核と独自の姿勢で向き合ってきたヤノベケンジは、龍頭船《ラッキー・ドラゴン》を製作し、大阪の街を走らせた。ヤノベはラッキードラゴンを絵本のなかでも走らせ、福島県立美術館では《ラッキー・ドラゴン構想模型》を展示した。福島第一原発事故後の放射能への不安で、幼い子をもつ親たちが国内外に避難せざるを得ない状況がいっこうに収束しない事態のなかで、2012年、高さ6.2メートルの《サン・チャイルド》を製作し、第五福竜丸展示館の前庭に展示した[*5]。夢の島から福島につづく空を見上げるサン・チャイルドは、放射能汚染のない未来をみつめ、やがて福島へと旅立っていった。

漫画家・萩尾望都は、東日本大震災にテーマをとった「福島ドライヴ」のなかで第五福竜丸を描いた。電力を消費する都会と白煙をあげる原発を両脇に従えたその船は、私たちに進むべき針路をつきつけながら、航海している。

第五福竜丸は航海中なのだ。

《Sun Child No. 1》©2011 Kenji Yanobe

＊5 《サン・チャイルド》は2012年5月1日から7月1日まで展示し、この後福島県で開催されたアート展「福島ビエンナーレ」に出品され、約1年間福島空港に展示された。

表現されたビキニ事件・作品リスト

（ビキニ事件を直接とりあげたもののほか、核実験による被害やアイコンとして第五福竜丸やビキニ環礁がとりあげられた作品なども含む。評論やルポルタージュは巻末の文献一覧を参照）

【小説】
飯沢匡「すしボン」『オール読物』1954年6月
井上友一郎「まぐろ」『文藝』1954年8月
山口勇子「海はるか」『女性のひろば』1984年1月〜12月
橋爪健「死の灰は天を覆う――ビキニ被爆漁夫の手記」『小説新潮』1956年7月
稲沢潤子「遠い海、小さな町」『全国商工新聞』1976年11月〜1977年12月
＊池澤夏樹『夏の朝の成層圏』中央公論社、1984年、立原えりか『月と星の首飾り』講談社、1985年、小田実「『三千軍兵』の墓」『群像』1997年、新井満「サンセット・ビーチホテル」『文学界』1986年などは、第五福竜丸やビキニ事件が主題ではないが、太平洋での核実験や「死の灰の記憶」がモチーフとして登場する。

【絵本・児童文学】
いぬいとみこ「トビウオの　ぼうやは　びょうきです」『時事新報』1954年5月
山口勇子文、金沢佑光画『おーい、まっしろぶね』童心社、1973年
枝村三郎文、青木鉄夫絵『よみがえれ海の男たち――第五福竜丸』私家版、1974年
森哲郎え・文『第五福竜丸』記録出版工房、1984年
赤坂三好『わすれないで――第五福竜丸ものがたり』金の星社、1989年
長谷川潮『死の海をゆく――第五福竜丸物語』文研出版、1984年
川口智子・原作、立木美和・漫画「バラが散った日」『BE・LOVE』2004年8月
アーサー・ビナード構成・文『ここが家だ――ベン・シャーンの第五福竜丸』集英社、2006年
ヤノベケンジ絵・文『トらやんの世界――ラッキードラゴンのおはなし』サンリード、2009年

【詩歌】
現代詩人会編『死の灰詩集』宝文館、1954年
石垣りん「夜話」1954年（『私の前にある鍋とお釜と燃える火と』書肆ユリイカ、1959年所収）
ナーズム・ヒクメット「日本の漁夫」1955年
武政博『ビキニ被爆詩集―骨にもなれない骨』ふるさと紀行選書、1987年
石川逸子『ロンゲラップの海』花神社、2011年

【映画】
『ゴジラ』本多猪四郎監督、1954年
『死の灰』新理研映画、1954年
『生きものの記録』黒澤明監督、1955年
『世界は恐怖する』亀井文夫監督、1957年
『第五福竜丸』新藤兼人監督、1958年
『モスラ』本多猪四郎監督、1960年
＊第五福竜丸・ビキニ事件は主題ではないが、70年代特撮・怪獣映画、テレビシリーズには、核実験や死の灰がモチーフとして登場する。アメリカの記録映像は『RADIO BIKINI』ロバート・ストーン監督、1988年、『FALLOUT』トマス・マイヤー監督、2009年などのドキュメンタリー作品にまとめられている。

【戯曲】
高村健一・脚本「通信員」放送劇、1954年10月7日NHK第二放送「ラジオ劇場」で放送
「漁港」劇団民芸、1959年
「第十三光栄丸・ビキニで被爆す」劇団「海」、1994年
「幽霊船」劇団サーカス劇場、2008年

【音楽】
浅田石二・詞、木下航二・曲「原爆許すまじ」1954年
関西合唱団「水爆犠牲者を忘れるな」1954年
焼津青年合唱団「3月1日の歌」1954年
林光「二十三人の漁夫のバラード」翻案劇「最期の武器」より、1958年
ヘルベルト・アイメル「久保山愛吉の墓碑銘」1960～62年
大木淳夫・詩、佐藤真・作曲「カンタータ土の歌」混声合唱組曲、1962年
埋田昇二・詩、木下そんき・曲「青く輝く地球のために」合唱曲、1979年
埋田昇二・詩、高平つぐゆき・曲「ビキニの海は忘れない」合唱曲、1986年
埋田昇二・詩、木下そんき・曲「ひかりのばらは――愛吉・すずのばらに寄せて」合唱曲、1994年
糀場富美子「弦楽合奏のための　この明け方に」2004年
林光「ラッキー・ドラゴン・クインテット」ピアノ五重奏、映画『第五福竜丸』の音楽にもとづく、2006年初演／2009年完結
福島弘和「ラッキードラゴン―第五福竜丸の記憶」吹奏楽、春日部共栄高校吹奏楽部委嘱初演、2009年

【絵画】
上野誠《焼津港に戻った第五福竜丸》1954年
新居広治《父の出漁を見送る子供たち》1954年
小林喜巳子《久保山さんの死》1954年
池田龍雄《埋められた魚》《10000カウント》1954年
丸木位里・俊《原爆の図・第9部》、《原爆の図・第10部》1955年
ベン・シャーン《ラッキードラゴンシリーズ》1961年
萩尾望都「福島ドライヴ」『ビッグコミック』2013年11月

【現代アート】
橋本公《A Time-lapse Map of Every Explosion 1945―1998》サウンドインスタレーション、2002年
中ハシ克シゲ《One the Day Project》2004年
ヤノベケンジ《ラッキードラゴン》2009年
ヤノベケンジ《サンチャイルド》2012年
新井卓《第五福竜丸》《大石又七》ほか、ダゲレオタイプ、2013年

STOP
H BOMB TESTS
Ben Shahn
NATIONAL COMMITTEE FOR A SANE NUCLEAR POLICY 17 E. 45 ST. PREPARED BY GRAPHIC ARTISTS FOR SANE

ベン・シャーンと第五福竜丸、そして福島

荒木康子

19世紀末、差別の激しかったロシア帝国を脱出し、長い旅を経て多くのユダヤ人がアメリカに新天地を求めた。ベン・シャーン（1898―1969）の家族もそうだった。父親は木彫職人。ユダヤ人で反体制運動の闘士だったため、シベリアに抑留されていた。一家は生まれ育ったリトアニア（当時はロシア帝国内でそういう名前もなかった）を離れる決意をする。シャーンは、母親と幼い弟や妹たちとともに陸路と航路を経てニューヨークに向かい、やっとのことで父と落ち合った。後にアメリカの画家として名を残すことになるシャーンの前半生は、このように苦渋に満ちていた。

暮らしはもちろん貧しかった。画家になりたいという気持ちはあったが、それを実現するすべもなく、絵は石版画工房で働きながら学んだ。やがてアート・ステューデンツ・リーグという美術の学校で絵を学んだり、勉強熱心だったシャーンは、作品を発表する機会を得る。初めて世に問うたのは、「サッコとヴァンゼッティの受難」というイタリア人アナーキストに対する冤罪事件をテーマにした作品であった。この挑戦的な作品群が、1930年代初頭のニューヨークで瞬く間に完売したというのだから驚く。当時のアメリカには、社会を鋭く見つめる画家たちが多く存在した。そういう土壌をアメリカは培ってきたのである。こうしてシャーンは社会派の画家としてスタートを切った。しかしシャーンは共産主義者でも、社会主義レアリズムの画家でもない。イズムに左右されることなく、常に個として物事を見つめることができる強くてしなやかな眼差しを持った画家へと成長していく。

第二次世界大戦を経て、シャーンは事件をそのまま取り上げることをしなくなっていた。社会へ厳しい視線を投げかけることに変わりはなかったが、いくつもの意味の層を内包した輻輳《ふくそう》的な作品は、告発するのではなく、見る者に問いかけ、共に痛みを感じることを促した。抽象絵画が全盛を誇る中、その姿勢にブレはなかった。そうしたシャーンが晩年取り組んだのが、1954年に起きた第五福竜丸事件を題材にした作品群である。久しぶりに具体的な事件に真正面から向き合った点で、晩年のもっとも重要な作品といえる。

《水爆実験はやめよ》 ポスター、1960年代、紙・セリグラフ、110.2×75.2cm （左頁）
《病院で *In the Hospital*》 素描、1957、紙・墨、23.4×24.9cm （右頁）

11

《出航　*Port of Departure*》1957、紙・インク、24.0×33・0cm

きっかけは、挿絵の依頼だった。1957年、日本で事件の調査をした原子核物理学者ラルフ・E・ラップの雑誌エッセーに付ける挿絵を頼まれたのである。依頼したのはシャーンをよく知る編集者で、この仕事はシャーンしかできない、と踏んだのだろう。案の定、必要な枚数をはるかに超えてペン画を次々と描いた。第五福竜丸平和協会が所蔵する作品も、こうした作品である。早くから広島や長崎に目を向け、科学の進歩と人間の愚かさをテーマにしていたシャーンが、この事件に関心を持たないはずはない。描くにあたって、ラップ博士から多くの資料を手に入れ、そして自らも調べたに違いない。それがシャーンの仕事の流儀だからだ。

だが、この挿絵の仕事はそれだけでは終わらなかった。創作は大きく発展していく。シャーンは1960年に、夫人と友人とでアジア旅行をし、日本にも立ち寄る。この間、事件のことを調べた形跡は残されてはいないが、帰国後、絵画11点を完成させ、素描とともに翌61年、「ラッキードラゴン伝説」と題した個展を開催。久保山愛吉を描いた《ラッキードラゴン》（福島県立美術館蔵）をはじめ、久保山の墓を描いた《何故？》（大川美術館蔵）など、事件を題材にした絵画を発表した。これらを見ると、調査や資料が示す事実は背後に退いていることがわかる。シャーンは、事実から離れ、その向こうに見えるもの、見なくてはならないものを描き出そうとしている。線の表情や色彩、絵肌によって生み出される奥行から、私たちは向こう側の風景の言葉にならない手触りのようなものを感じ取ることができる。事実の背後には無数の言葉にならない想いがあり、それぞれの語られない物語がある。そうしたものの存在に目を向けることで、見るべき遠くが見えてくるのではな

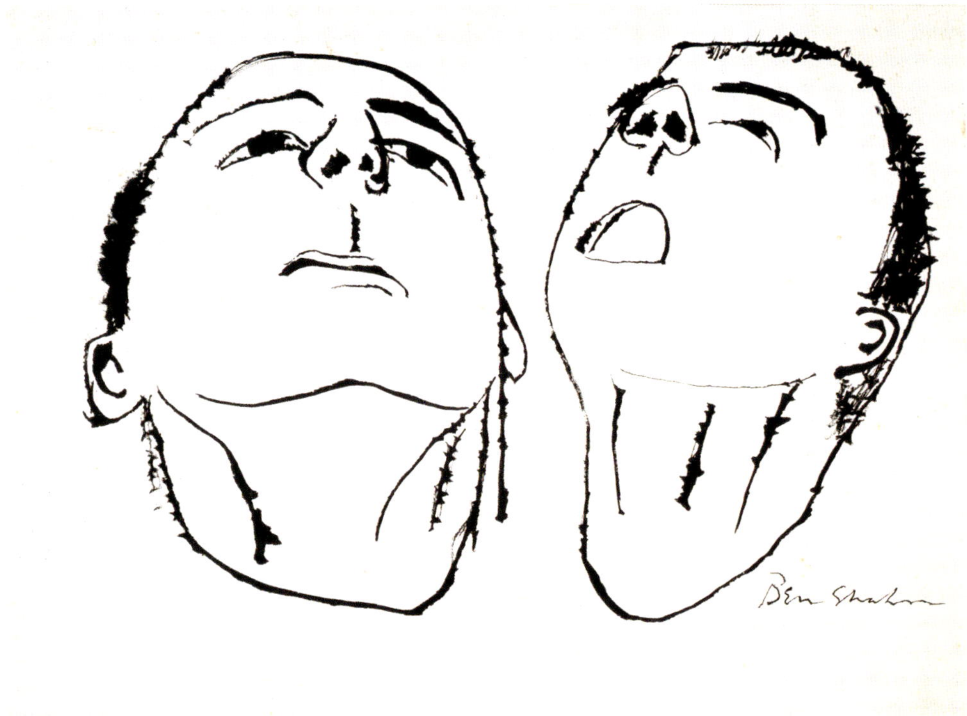

《降下物　*Fall Out*》 素描、1957、紙・墨、19.1×25.4cm

いだろうか。だからこそ、シャーンは日本に来ても焼津にも行かず、広島も長崎も訪れることはなかった。調査はすでに必要なかった。「表現」によって考えるということはこういうことなのではないかと、私は最近思い始めている。

しかしこの個展は、アメリカの美術界で大きな反響を得ることはなかった。

その後、1965年に作家リチャード・ハドソンとともに『久保山とラッキードラゴン伝説』という本を出版する。結局シャーンは足掛け9年、晩年の多くの時間をかけて第五福竜丸事件に向き合ったのである。雑誌、絵画による個展、そして書籍、それぞれのメディアで発信をし続けた。ベトナム戦争を抱えていた当時のアメリカで核は抜き差しならない問題だったとはいえ、この事件の加害者であり強者であるアメリカの中にいて、これはもしかしたら大変なことなのではないだろうか。

東日本大震災から3年を過ぎ、福島第一原発の事故は日常という圧倒的な揺り戻しの力の前に、風化の一途を免れることはできない。また一方で、さまざまな人々の想いが交錯し、復興がままならないというのも事実である。そうした中で常にブレずに、広い視野を持って発信し続けるということがどれだけ大変なことか、福島のただ中であらためてかみしめている。そうした日々を過ごしながら、シャーンの創作活動に向き合うとき、震災前には見えなかった大きさと奥深さが見えてくる。時間が経って状況や私たちの気持ちが変われば、また違った発見があるのかもしれない。《ラッキードラゴン》という作品とは、今後もそういう付き合いになるのだろう。それにしても、この作品を持ってしまった私たち福島県立美術館の不思議な運命を、やはり感じないわけにはいかないのである。
（福島県立美術館学芸員）

《写真家　*Photographer*》
素描、1957、紙・墨、15.6×18.1cm

《船主　*Fleet Owner*》
素描、1957、紙・インク、14.0×12.1cm

《彼らの道具　*Their Gear*》　素描、1957、紙・インク、12.5×19.0cm

《死んだ彼　*He Who Die*》　素描、1957、紙・インク、26.0×19.7cm

ところが痛みはたいしたことなく
仲間もみんなやられているがたいしたことなくと思っている
1954年現在
急性
放
射能症
カサブタができ髪の毛がぬけてきた
東京都立・第五福竜丸展示館
科学者つぎつぎ焼津へ
LUCKY DRAGON
東京都立・第五福竜丸展示館
856隻の船が被災していた
乗組員全員が入院
世界中に衝撃ひろがる
邦人漁夫、ビキニ原爆実験
水爆
人類最初の水爆犠牲者
核実験さえなければ
久保山愛吉さんの絶筆「死の床にて」
故久保山愛吉夫人
久保山すず
第五福竜丸被災位置

フクリュウマルと黒田征太郎

死の灰は今も
降り続いています。
空からも 海からも……
そのことを 第五福竜丸は
言ってます。
黒田征太郎

ビキニ水爆実験被災50年（2004年）を前にして、記念の企画をすすめるためのポスターデザインを依頼したことが、第五福竜丸と黒田の、いまにつながる起点となった。

1995年から96年にかけてフランスと中国は、非難の声を無視し核実験を強行、このとき黒田は忌まわしいきのこ雲を画家山部ヒロノブと描き始めた。1996年10月31日、第五福竜丸展示館での「ベン・シャーン展」前日に来館した黒田と山部は、福竜丸の舵に大きな画用紙をあてその木目を紙にフロッタージュ（拓本のように）して浮き立たせコラージュ作品（左頁）に仕上げていった。7年後この作品をビキニ50年のポスターに使いたいとの展示館学芸員の依頼に黒田は、新たなポスターを描きましょうと応じた。

その後、ヒロシマ・ナガサキ60年に始められたPIKADONプロジェクトの作品展が第五福竜丸を囲むように開かれ（2005年）、さらに第五福竜丸被災を描いたイラスト50枚を中心に「黒田征太郎展〜核なき地球へのメッセージ」（2010年）へと発展した。

2011年東日本大震災から黒田は3点の絵本作品を送り出している。『火の話』『水の話』『土の話』。黒田が共感した「考えてみれば戦後なんていちどもなかった」（野坂昭如・戦争童話集のことば）から、核も戦争もない、いのちが大事にされる時代へと、黒田は描きつづける。

黒田征太郎（くろだせいたろう）
1939年大阪生まれ。1969年長友啓典とK2設立。1994年「野坂昭如／戦争童話集」映像化プロジェクト開始し沖縄篇含め13話完成。2004年よりPIKADONプロジェクトを展開。2011年震災後、神戸・大阪・盛岡・南三陸町にてポスターライブ（売上金全額寄付）。仮設住宅の壁画制作を行う。『火の話』『水の話』『土の話』（石風社）出版。国内外でライブペインティング・壁画制作・絵話教室等幅広く活動中。

久保山さん ついに死去
水爆被害・初の犠牲者
KU

KU

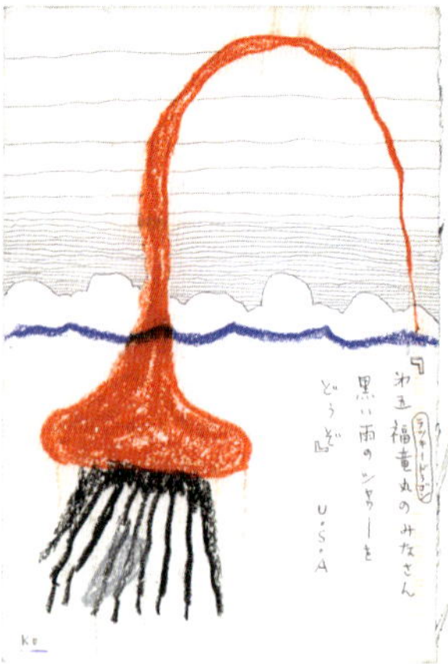
「第五福竜丸のみなさん
ラッキードラゴン
黒い雨のシャワーを
どうぞ」
U.S.A
KU

KU

KU

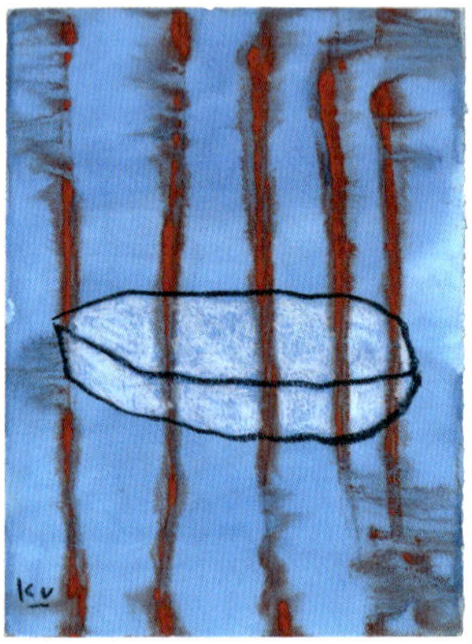
KU

1954.3.1
KU

KU

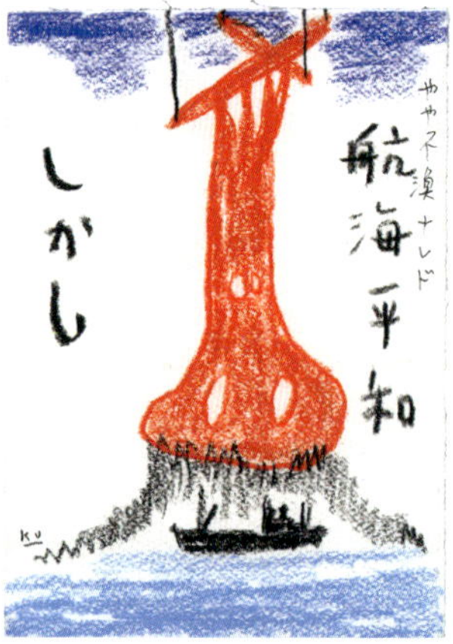
ヤヤ不漁ナレド
航海平和
しかし
KU

KU

KU

KU

1954.3.1
第五福竜
KU

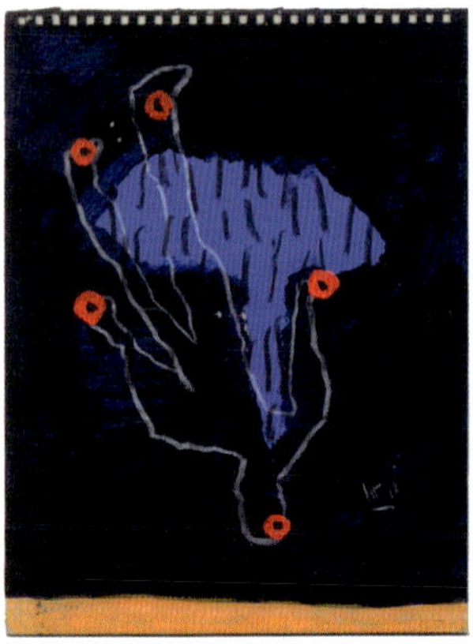
KU

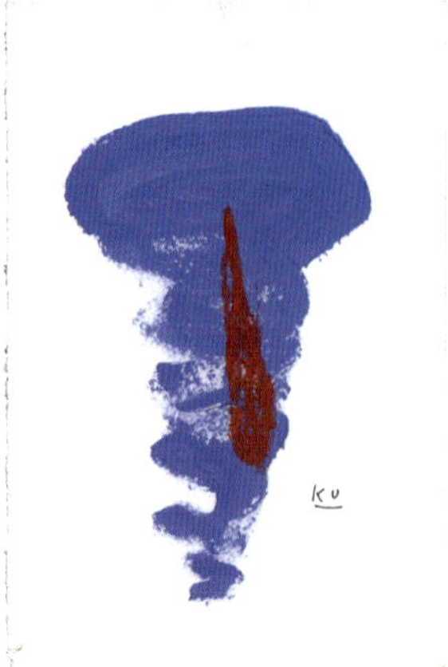
KU

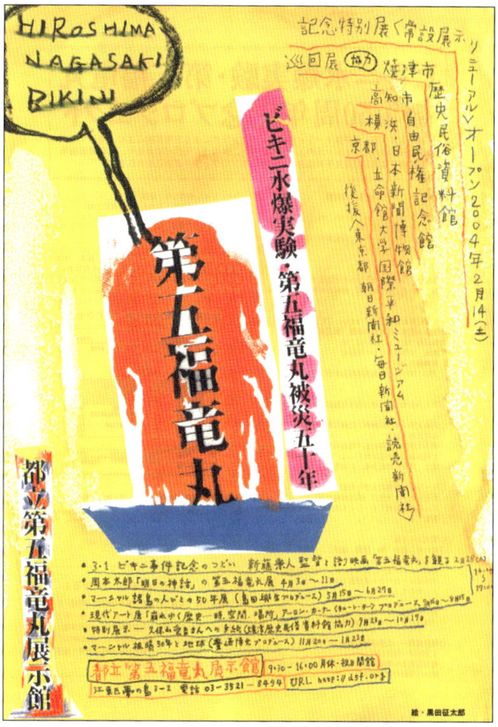

ビキニ水爆実験・第五福竜丸被災50年ポスター（2004年）と展示館へ送られてくる黒田からのメッセージポストカード

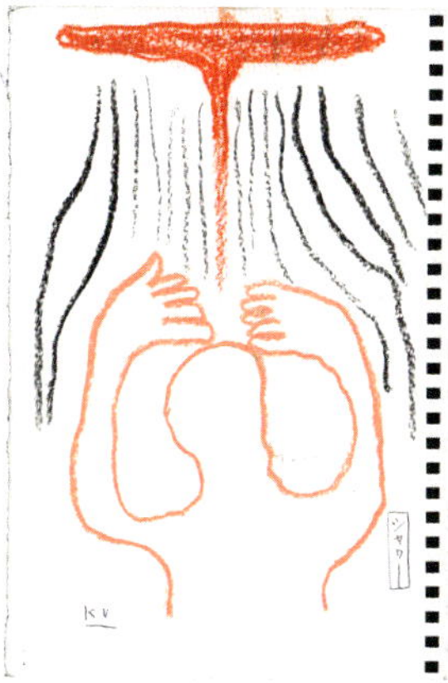

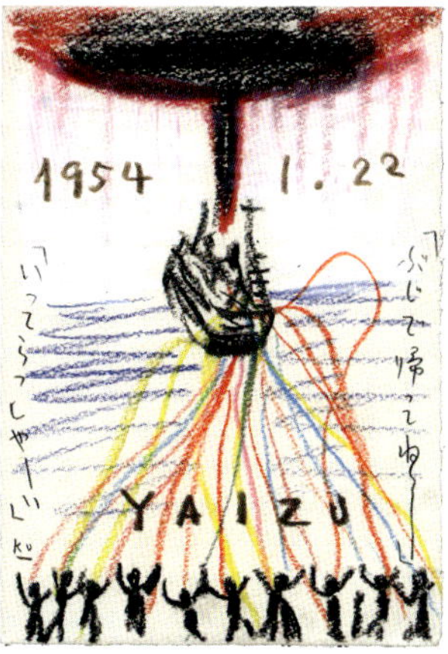

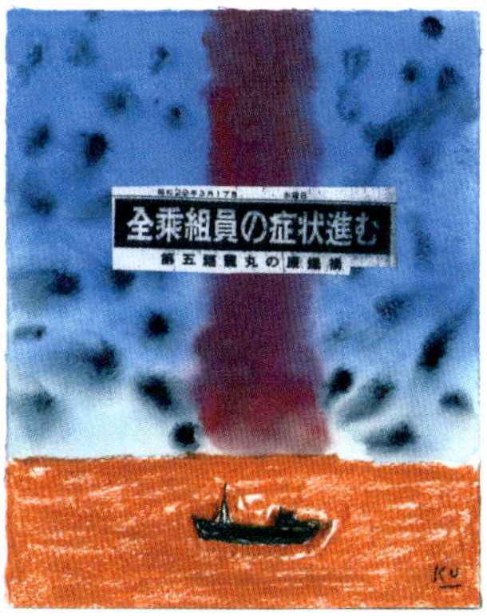

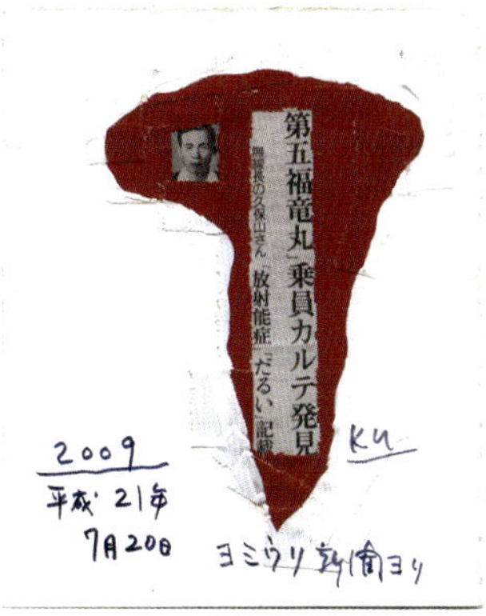

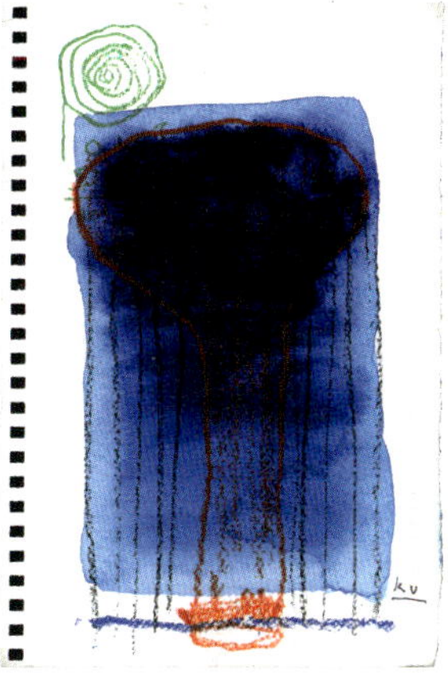

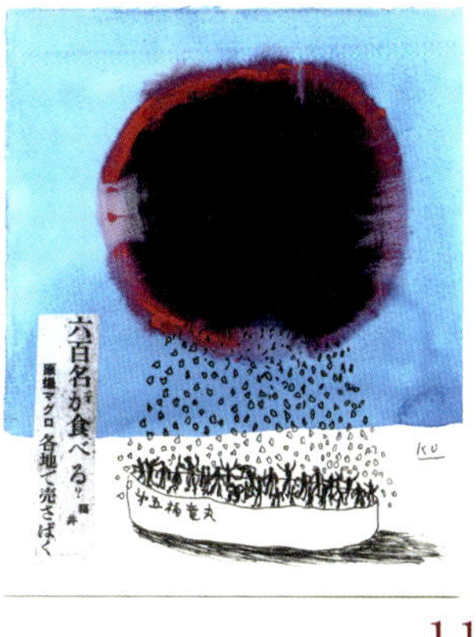

第五福竜丸をめぐって行われたさまざまな催し

なぜ福竜丸を保存するのか
中野好夫先生
ビキニデー 五福竜丸 記念
講演と映画の夕べ
2月25日(金) 夜6時
労音会館
'84年新春
凧あげ大会
第12回
'84年1月15日(成人の日)
夢の島・第五福竜丸展示館前
主催・第五福竜丸平和協会
後援・東京
PIKADON展
NO
YES
第五福竜丸展示館 2005年7月16日(土)～8月14日(日)
9:30～16:00
Collapsing Histories
Curator Aaron Kerner
Gallery éf
2004.7.16.FRI—8.16.MON
2004.7.16.FRI—8.15.SUN
time, space and memory
1954.3.1
黒田征太郎展
都立第五福竜丸展示館
LIFE
PART 2 OF A SERIES
Toyosaki Hiromitsu Photo Exhibition
ベン・シャーンの第五福竜丸
イケナイ世界遺産
ビキニ環礁
忘れてはイケナイ
繰り返してはイケナイ
2010年10月20日
↓
2011年3月20日
2010年7月
世界遺産に登録。
船を見つめた瞳
命を思う「ことば」の展覧会
けんかはだめ みんななかよし
平和ポスター展
原爆の子 片岡脩
原爆ドームと第五福竜丸
市民が守った平和遺産
08 9月23日～12月21日
ラッキードラゴン
福龍
LUCKY DRAGON
サンチャイルド 展示館広場に出現
現代アーティスト・ヤノベケンジと第五福竜丸の邂逅
水爆実験被ばく木造漁船の航跡をたどる
建造65年記念 第五福竜丸からラッキードラゴンへ
— 核なき世界への航海を —
都立第五福竜丸展示館(入場無料) 2012年5月3日-7月1日
都立第五福竜丸展示館

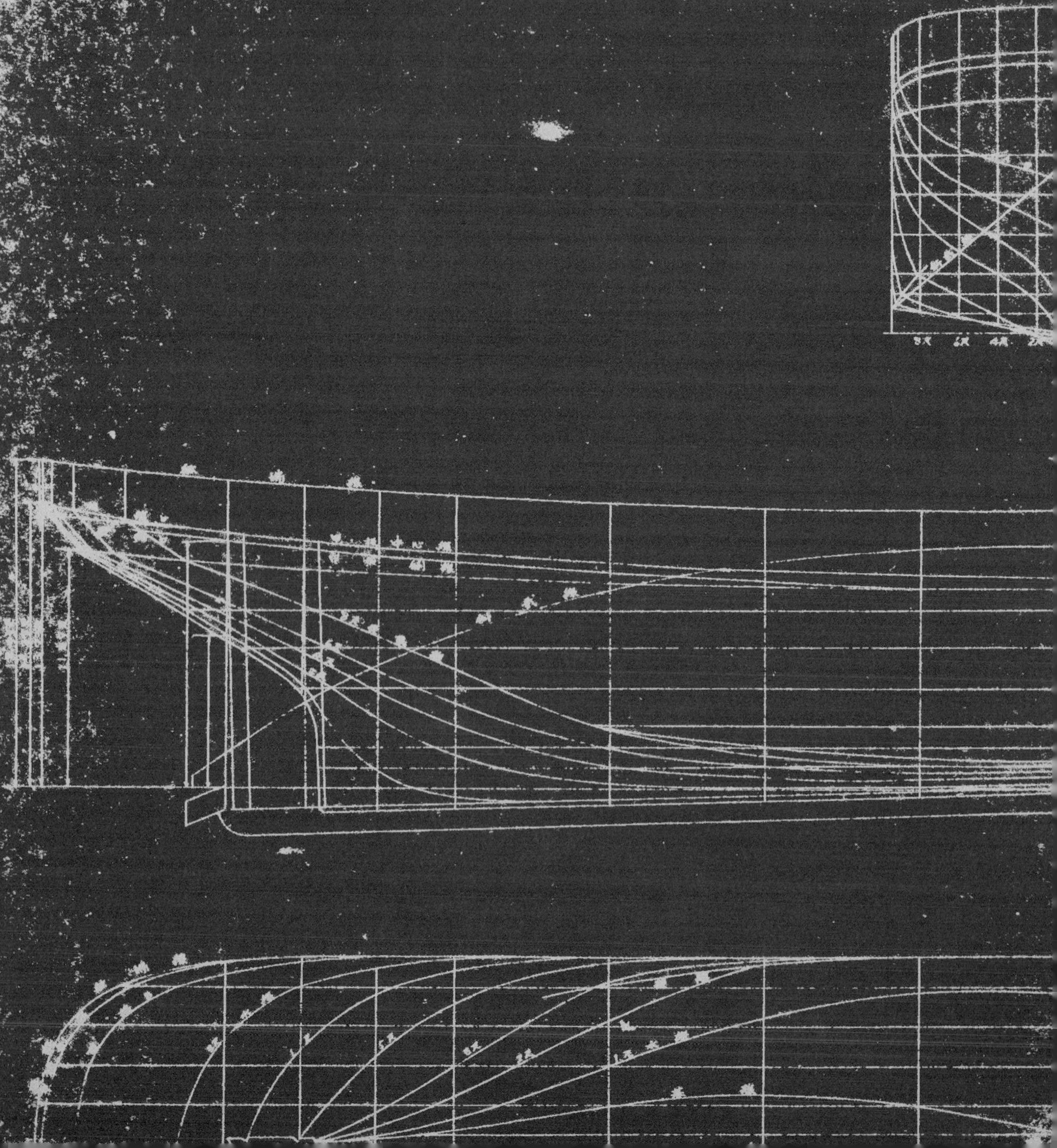

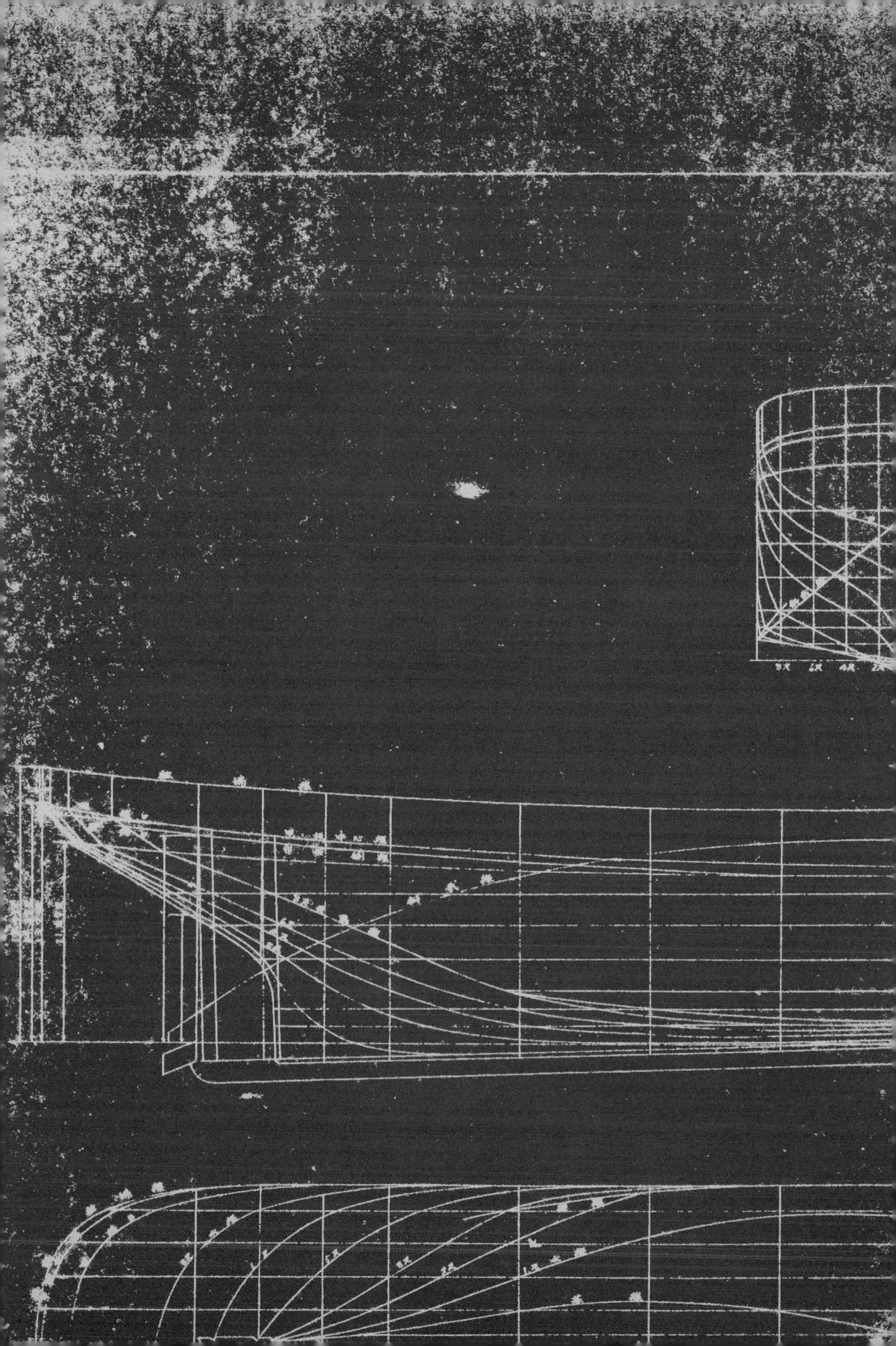

資料

III

世界の核爆発実験リスト

国名	アメリカ		ソ連／ロシア		イギリス		フランス		中国		インド	パキスタン	北朝鮮	合計
	大気圏	地下	大気圏	地下	大気圏	地下	大気圏	地下	大気圏	地下	地下	地下	地下	
1945	1													**1**
1946	2													**2**
1947														**0**
1948	3													**3**
1949			1											**1**
1950														**0**
1951	15	1	2											**18**
1952	10				1									**11**
1953	11		5		2									**18**
1954	6		10											**16**
1955	17	1	6											**24**
1956	18		9		6									**33**
1957	27	5	16		7									**55**
1958	62	15	34		5									**116**
1959														**0**
1960							3							**3**
1961		10	58	1			1	1						**71**
1962	39	57	78	1		2		1						**178**
1963	4	43						3						**50**
1964		45		9		2		3	1					**60**
1965		38		14		1		4	1					**58**
1966		48		18			6	1	3					**76**
1967		42		17			3		2					**64**
1968		56		17			5		1					**79**
1969		46		19					1	1				**67**
1970		39		16			8		1					**64**
1971		24		23			5		1					**53**
1972		27		24			4		2					**57**
1973		24		17			6		1					**48**
1974		22		21		1	9		1		1			**55**
1975		22		19				2		1				**44**
1976		20		21		1		5	3	1				**51**
1977		20		24				9	1					**54**
1978		19		31		2		11	2	1				**66**
1979		15		31		1		10	1					**58**
1980		14		24		3		12	1					**54**
1981		16		21		1		12						**50**
1982		18		19		1		10		1				**49**
1983		18		25		1		9		2				**55**
1984		18		27		2		8		2				**57**
1985		17		10		1		8						**36**
1986		14				1		8						**23**
1987		14		23		1		8		1				**47**
1988		15		16				8		1				**40**
1989		11		7		1		9						**28**
1990		8		1		1		6		2				**18**
1991		7				1		6						**14**
1992		6								2				**8**
1993										1				**1**
1994										2				**2**
1995								5		2				**7**
1996								1		2				**3**
1997														**0**

国名	アメリカ		ソ連／ロシア		イギリス		フランス		中国		インド	パキスタン	北朝鮮	合計
	大気圏	地下	大気圏	地下	大気圏	地下	大気圏	地下	大気圏	地下	地下	地下	地下	
1998											5	6		**11**
1999														**0**
2000														**0**
2001														**0**
2002														**0**
2003														**0**
2004														**0**
2005														**0**
2006													1	**1**
2007														**0**
2008														**0**
2009													1	**1**
2010														**0**
2011														**0**
2012														**0**
2013													1	**1**
合計	215	815	219	496	21	24	50	160	23	22	6	6	3	**2060**
	1030		715		45		210		45					

このリストは、Arms Control Association, 包括的核実験禁止条約機関（CTBTO）, 米国エネルギー省などの公表資料により作成した。

核爆発をともなわない核実験

	アメリカ		ロシア	イギリス
	臨界前	Z マシン	臨界前	臨界前
1997	2		2	
1998	3		5	
1999	3		5	
2000	5		6	
2001	2			
2002	4			
2003	1			
2004	1		数回	
2005				
2006	2			1
2007				
2008				
2009				
2010	2	1		
2011	1	3		
2012	1	4		
2013		2		

臨界前核実験：核兵器の性能維持などを調べる実験。核分裂反応が起こる直前にレーザー照射を停止し、核分裂物質の動きをシュミレーションする。

新臨界前核実験（Z マシン）：超高エネルギーのパルス X 線発生装置で、少量のプルトニウムなどを用い核爆発をともなわず爆発時の反応を調べる。

第五福竜丸・核関連年表

	第五福竜丸関連	核・被ばく関連	世界の出来事
1945		7月 アメリカ、初の原爆実験(ニューメキシコ州アラモゴード) 8月 広島・長崎へ原爆投下 9月 GHQ(連合国軍総司令部)プレスコードで原爆報道など規制	日本無条件降伏、第二次世界大戦終結／連合国軍日本占領／婦人参政権／国際連合設立／ニュルンベルグ国際軍事裁判
1946		1月 国連第1回総会1号決議「原子兵器・大量破壊兵器の廃棄」 3月 英チャーチル首相「鉄のカーテン」演説(冷戦) マーシャル諸島ビキニ環礁での核実験のため住民強制移住 7月 米、クロスローズ作戦(2回の原爆実験) マーシャル諸島を含むミクロネシア、米国管理の国連信託統治領に	食糧メーデー／極東国際軍事裁判(東京裁判)／日本国憲法公布／第一次インドシナ戦争／ソ連、満州からの引揚げ
1947	3月20日 第五福竜丸、紀伊半島南端、和歌山県東牟婁郡古座町(現・串本町)の古座造船所でカツオ漁船「第七事代丸」として進水	12月 米、エニウェトク環礁での核実験のため住民ウジェラン島へ強制移住	2・1ゼネスト中止／日本国憲法施行／教育基本法施行
1948		4月 米、エニウェトク環礁で3回の原爆実験(1958年までマーシャルで67回の原水爆実験)	ベルリン封鎖／大韓民国成立／朝鮮民主主義人民共和国成立／国連、世界人権宣言
1949		8月 ソ連、初の原爆実験(セミパラチンスク)	北大西洋条約機構／下山、三鷹、松川事件／西ドイツ、東ドイツ成立／中華人民共和国成立／湯川秀樹にノーベル物理学賞
1950		1月 米トルーマン大統領、水爆開発命令 2月 アインシュタイン「水素爆弾と平和」演説、水爆製造に反対 3月 平和擁護世界大会委員会「原子兵器禁止のストックホルム・アピール」 11月 丸木位里・俊「原爆の図」展 トルーマン米大統領、朝鮮戦争での原爆使用示唆	米、マッカーシー旋風(赤狩り)／朝鮮戦争勃発／総評結成／警察予備隊設立／レッドパージ／特需景気
1951	静岡県清水市の金指造船所でマグロ漁船に改造	1月 ネバダ実験場で初の原爆実験 2月 世界平和評議会ベルリン・アピール 10月 長田新編『原爆の子——広島・少年少女の訴え』(岩波書店)発行	マッカーサー罷免／NHK紅白歌合戦／サンフランシスコ対日講和条約、日米安全保障条約調印
1952		5月 映画『原爆の子』(新藤兼人監督) 8月 『アサヒグラフ』広島・長崎原爆被爆写真特集 10月 イギリス初の原爆実験(オーストラリア、モンテベロ諸島) 11月 米、水爆実験(エニウェトク環礁)	日米行政協定／対日講和条約、日米安保発効／血のメーデー事件／破壊活動防止法／進駐軍から駐留軍へ／ラジオドラマ「君の名は」
1953	5月 焼津港の西川角市氏の所有になり、船名を「第五福竜丸」に改名	8月 ソ連、水爆実験(セミパラチンスク)〈不完全な水爆と判明〉 12月 米アイゼンハワー大統領、国連で「平和のための原子力」演説	NHKテレビ本放送開始／中国からの引揚げ再開／朝鮮戦争休戦／日本テレビ放送開始／内灘闘争／街頭テレビ、赤電話設置／ベトナム、ディエンビエンフーで仏軍敗退
1954	1月22日 第五福竜丸焼津出港 3月 1日 アメリカ、ビキニ環礁で水爆実験、第五福竜丸被災 3月14日 焼津港に帰港 3月16日 読売新聞朝刊、第五福竜丸被災を報道 3月18日 厚生省、マグロ検査指示 3月 各地で水爆実験禁止の署名運動おこる 5月15日 俊鶻丸、ビキニ海域の放射能調査に出発(7月4日帰港) 第五福竜丸を文部省が買上げ 8月22日 第五福竜丸、東京に回航 9月23日 無線長の久保山愛吉死去 10月31日 東京水産大学に繋留、残留放射能の検査 12月31日 マグロ検査打切り	1月 米、初の原子力潜水艦ノーチラス号進水 3月 米、マーシャル諸島ビキニ環礁で水爆実験(ブラボー)、5月までキャッスル作戦で6回の水爆実験 米軍、ロンゲラップ島住民、ウトリック島住民をクワジェリン基地に収容 6月 ソ連、オブニンスク原発発電(商業炉) 8月 原水爆禁止署名運動全国協議会結成	日米相互防衛援助協定／造船疑獄／自衛隊発足／東南アジア条約機構／台風15号で青函連絡船洞爺丸遭難、死者1600人余／映画『ゴジラ』(本多猪四郎監督)／三種の神器｛冷蔵庫、洗濯機、掃除機｝
1955	1月 4日 ビキニ被災、慰謝料として200万ドル支払う旨の日米交換公文署名 6月 7日 第1回日本母親大会で久保山すず訴え 8月 6日 第1回原水爆禁止世界大会で久保山すず訴え	7月 ラッセル＝アインシュタイン宣言 8月 広島・長崎に原爆資料館開館 9月 原水爆禁止日本協議会結成 11月 世界平和アピール七人委員会発足 原子力平和利用博覧会(日比谷公園) ソ連、水爆実験に成功	アジア・アフリカ会議／バンドン10原則／砂川闘争／ソ連などワルシャワ条約機構／日米原子力協定／原子力基本法公布／映画『生きものの記録』(黒澤明監督)／神武景気

	第五福竜丸関連	核・被ばく関連	世界の出来事
1956	5月31日 三重県伊勢市の強力造船所で改造、東京水産大学の練習船「はやぶさ丸」と改名、同大学館山施設を母港に	5月 ビキニ環礁で空中投下の水爆実験(レッドウィング作戦) 8月 日本原水爆被害者団体協議会結成 ドキュメンタリー映画『生きていてよかった』(亀井文夫監督)公開	水俣病公式確認／経済白書「もはや戦後ではない」／ハンガリー事件／日本、国連に加盟
1957	夢の島(14号埋め立て地)、都内のゴミの埋立処分場へ 11月 映画『世界は恐怖する』(亀井文夫監督)	4月 ドイツ科学者、「核開発に参加拒否」ゲッチンゲン宣言 原子爆弾被害者の医療に関する法律施行 5月 英、水爆実験(クリスマス島) 6月 ロンゲラップ島住民帰島 7月 第1回パグウォッシュ会議(カナダ) 8月 ソ連、大陸間弾道弾ICBM実験 9月 ソ連、ノバヤゼムリャ島で核実験 ソ連のプルトニウム製造施設チェリャビンスク65の核廃棄物貯蔵施設で爆発事故(「ウラルの核惨事」) 12月 米、大陸間弾道弾アトラス発射実験	人工衛星スプートニク打上げ
1958		4月 水爆反対オルダーマストン平和行進(英) 5月 米、商業用シッピングポート原発発電 広島平和公園に原爆の子の像 6月 原水爆禁止の平和行進(広島—東京)	警察法反対闘争／インスタントラーメン登場
1959	2月18日 映画『第五福竜丸』(新藤兼人 監督)公開	1月 日本原子力研究国産原子炉1号 8月 米英ソ、核実験停止の声明 南極条約	キューバ革命／三池闘争／中ソ対立／皇太子結婚
1960		2月 仏、初の原爆実験(アルジェリア、サハラ砂漠)	新安保条約反対運動／新安保強行採決／浅沼社会党委員長刺殺／南ベトナム解放民族戦線結成／マイホーム主義、ダッコちゃんブーム
1961		8月 ソ核実験再開 9月 米核実験再開 10月 ソ連、50メガトン水爆実験(ノバヤゼムリャ島)	ソ連、宇宙船ヴォストーク地球一周／ベルリンの壁
1962		10月 キューバ危機	東京の人口1000万人に／サリドマイド睡眠薬販売停止／恵庭事件／東京でスモッグ
1963		8月 米英ソ、大気圏核実験停止(部分的核停)条約 第9回原水禁世界大会分裂 10月 日本、初の原子力発電 12月 東京地裁「原爆投下は国際法違反」の判決	吉展ちゃん誘拐事件／米ケネディ大統領暗殺／三ちゃん農業
1964		10月 中国、初の原爆実験 11月 米原潜シードラゴン号佐世保入港	トンキン湾事件、ベトナム戦争／東京オリンピック／東海道新幹線開業／ベトナム戦争反対運動
1965		12月 米空母タイコンデロガで水爆搭載機転落水没(沖縄沖)	ベ平連デモ／家永教科書検定訴訟／日韓条約調印／朝永振一郎ノーベル物理学賞／江東・夢の島でハエ大量発生／東海村原発事業用発電
1966		1月 米B52水爆搭載爆撃機スペイン南部に墜落 7月 原爆ドーム保存広島市議会決議、全国募金	航空機事故続発／中国文化大革命／ビートルズ来日公演／3C(カラーテレビ、カー、クーラー)
1967	2月28日 東京都職員労働組合港湾分会「分会ニュース」で、水産大学に繋留中のはやぶさ丸を第五福竜丸として紹介 3月 1日 廃船処分となり、江東区の解体業者に払い下げ。エンジンなど売り払われ、のち船体は夢の島に廃棄される 6月23日 NHKニュースで、死の灰浴びた第五福竜丸解体の報道	4月 中南米核兵器禁止条約 10月 宇宙空間への核兵器配備禁止条約 11月 米、「原爆記録映画」返還 12月 佐藤首相、非核三原則言明	美濃部亮吉、都知事に当選／中東戦争／公害対策基本法／東南アジア諸国連合結成／全米各地でベトナム反戦デモ／核家族、ミニスカート
1968	3月 1日 静岡で開かれた「3・1ビキニデー全国集会」、「アジアの平和のための日本大会分科会」(3月2〜3日)で、第五福竜丸保存の声おこる 3月 2日 「夢の島のゴミの中に第五福竜丸」の新聞報道 3月10日 朝日新聞の投書欄“声”に武藤宏一氏の「沈めてよいか第五福竜丸」の投書 3月12日 美濃部亮吉東京都知事、都議会で保存への協力を表明 3月13日 銀座・数寄屋橋公園で保存募金運動開始	1月 米原子力空母エンタープライズ佐世保入港 米B52水爆搭載爆撃機グリーンランドの氷原で墜落 7月 核拡散防止条約調印(62カ国)	大学紛争(東大、日大など)／仏、学生労働者ゼネスト(五月革命)／小笠原諸島返還／チェコ事件

	第五福竜丸関連	核・被ばく関連	世界の出来事
	7月 2日 第五福竜丸のエンジンを搭載した第三千代川丸、三重県熊野灘で沈没 9月23日 夢の島で「故久保山愛吉氏没後14周年追悼・第五福竜丸保存運動推進の集い」		
1969	3月22日 NHK放送記念日特集ドキュメンタリー「廃船」(企画・構成：工藤敏樹)放送 4月10日「被爆の証人第五福竜丸保存の訴え」発表 5月 原水協、第五福竜丸前から広島へ平和行進 7月25日 第五福竜丸保存委員会発足 11月 5日 都港湾局長との会談で船体保存は夢の島公園予定地と確認	11月 ビキニ島の放射能除去作業で「安全宣言」	米、アポロ11号月面着陸／ベトナム反戦運動全米に広がる／インド・パキスタン戦争
1970	2月21日 船名を第五福竜丸に戻す「刻銘式」 3月 1日 静岡県保存よびかけ人「よびかけ」発表 9月23日 第五福竜丸保存委員会主催、静岡県保存委員会よびかけ人の協力で「故久保山愛吉氏17回忌追悼会」(焼津市) 12月 7日 東京都、夢の島公園計画決定	3月 核拡散防止条約(NPT)の発効	敦賀原発稼働／大阪万博博覧会(太陽の塔)／光化学スモッグ／チリでアジェンデ人民連合政権／歩行者天国
1971	1月 集中豪雨で船体沈没、排水・浮上工事 7月28日 第五福竜丸保存委員会事務所を都庁舎の都労連内に設置 11月21日「船を美しくする集い」 12月 7日 原水禁国民会議が水爆実験の被害を受けた太平洋マーシャル諸島の住民を調査するため調査団を派遣(団長：本多きみ、15日間)	2月 海底非核化条約 3月 米、多弾頭ミサイル(MIRV)搭載の原潜配備 4月 ニューヨーク・タイムズ紙、日米核持ち込み密約協定の存在報道	銀座にマクドナルド1号店／美濃部都知事再選／中国国連復帰／ボーリング・ブーム
1972	1月25日 夢の島公園予定地に船体を陸上固定	ビキニ島住民の一部26年ぶり帰島 10月 米ソ戦略核兵器削減条約(SALT) 弾道弾迎撃ミサイル制限条約(ABM)	ニクソン訪中／札幌冬季オリンピック／沖縄、日本へ復帰／日中国交樹立／恍惚の人、パンダ
1973	1月14日 保存委員会主催、第1回新春凧あげ大会(1990年まで18回) フランス核実験反対第五福竜丸座込み抗議行動 11月28日 財団法人第五福竜丸保存平和協会設立許可、会長に三宅泰雄教授就任(1974年10月4日「第五福竜丸平和協会」に名称変更) 12月 1日 パンフレット『第五福竜丸は人類の未来を啓示する』発行	6月 米ソ核戦争防止協定調印	ベトナム和平協定／金大中事件／第4次中東戦争／石油ショック、省エネ
1974	9月21日 都関係部局と保存平和協会とで展示館建設の基本合意	5月 インド、初の原爆実験 10月 米ラロック退役海軍少将、日本への核持込証言	ニクソン大統領ウォーターゲート事件で辞任／東アジア反日武装戦線など爆弾テロ／原子力船むつ放射線漏れ／狂乱物価／佐藤栄作にノーベル平和賞
1975	2月 1日 船体を東京都に贈呈、都立第五福竜丸展示館の建設決まる 9月12日 第五福竜丸展示館建設工事着工	4月 第1回非核太平洋会議(フィジー)	ベトナム完全解放／天皇訪米／先進国首脳会議、サミット／暴走族
1976	3月31日 第五福竜丸平和協会編『ビキニ水爆被災資料集』(東京大学出版会)発行 5月29日 久保山愛吉記念碑、展示館前庭に建立 6月10日 都立第五福竜丸展示館開館 9月23日 第五福竜丸記念集会、展示館前広場で開催 10月 1日 夢の島へ都バス開通(東陽町・新木場間) 10月28日 協会主催、第1回ビキニ事件と福竜丸を知る集い、講師：三宅泰雄、猿橋勝子(1982年1月まで19回)		ロッキード事件／第一次天安門事件／防衛費をGNP1%の枠内に／戦後生まれ人口過半数
1977	2月27日 協会、3・1ビキニ記念集会(以後、記念の夕べ、記念のつどい、など3月1日前後に開催、現在まで続く) 3月25日 第五福竜丸保存委員会解散 5月14日 統一原水爆禁止世界大会をめざす国民平和行進、展示館前を出発(主催者は変わるが現在まで継続) 9月18日 久保山すず、家族とともに来館	7月 NGO被爆問題国際シンポジウム 8月 原水爆禁止世界大会統一大会 中性子爆弾開発 米、エニウェトク環礁で放射能除去作業	200カイリ漁業専管水域／カラオケブーム
1978	4月15日『福竜丸だより』創刊 8月29日 美濃部亮吉東京都知事、展示館を視察	5月 第1回国連軍縮特別総会 子どもたちに世界に！被爆の記録を贈る会『広島・長崎――原子爆弾の記録』刊行 8月 ビキニ島住民キリ島へ再移住	日米防衛協力のための指針／窓際族、ディスコ、ファミレス
1979	1月 9日 通算来館者、10万人突破 4月 2日 金沢大学放射能調査団測定 7月 8日 元乗組員大石又七、小塚博、鈴木隆、細根久雄、見崎進来館	3月 米、スリーマイル島原発事故 6月 米ソ戦略兵器制限条約(SALTⅡ)	イラン革命／ソ連、アフガニスタンに侵攻／都知事に鈴木俊一／インベーダーゲーム
1980	2月 3日 通算来館者15万人を突破	4月 エニウェトク島住民帰島 6月 市民による被爆映像入手の「10フィート映画運動」呼びかけ ユネスコ、軍縮教育世界会議 米、コンピュータ故障で対ソ核攻撃非常警戒態勢 7月 パラオ、非核憲法を採択 12月 原爆被爆者対策基本問題懇談会、原爆被害「受忍」の意見	米、ソ連アフガン介入に報復措置／韓国、光州事件／イラン・イラク戦争／モスクワオリンピックに日本不参加／校内、家庭内暴力

	第五福竜丸関連	核・被ばく関連	世界の出来事
1981	3月 1日 広田重道著『第五福竜丸保存運動史』(白石書店)発行 9月23日 第五福竜丸平和協会編『船を見つめた瞳──第五福竜丸・親と子の感想録』(同時代社)発行 新俳句人連盟などによる久保山忌俳句会(現在まで継続) 11月 2日 死の灰の分析に当たった木村健二郎教授夫妻来館	5月 ライシャワー元駐日米大使、日米口頭了解の存在と米艦船は核積載のまま日本帰港と発言 7月 第1回非核宣言都市会議(英マンチェスター) 米、欧州で限定核戦争構想、西欧で大規模反核デモ	中国残留日本人孤児初の正式来日／ローマ法王、広島で平和アピール／宅配便扱い数で郵便小包を抜く
1982	5月 1カ月の来館者1万人超す 8月18日 米被ばく兵士ジョン・スミザーマン来館	1月 10フィート映画『にんげんをかえせ』(橘祐典監督) 3月 平和のためのヒロシマ行動20万人 5月 東京行動40万人 マーシャル諸島と米、自由連合協定締結(被害補償含む) 6月 第2回国連軍縮特別総会、ニューヨーク100万人反核集会	中国、日本の教科書検定記述に抗議／フォークランド紛争／ゲートボール
1983	7月 3日 武藤宏一氏遺稿・追悼集『沈めてよいか第五福竜丸』(追悼文集編集委員会)発行 10月23日 元乗組員大石又七、展示館ではじめて中学生に体験を語る	3月 米戦略防衛構想(SDI) ヨーロッパに中距離核ミサイル、巡航ミサイル配備 カール・セーガン博士ら「核の冬」を警告 11月 全米TV映画『ザ・デイ・アフター』	中曽根首相、日本不沈空母発言／フィリピン、アキノ元上院議員暗殺／ソ連、大韓航空機を撃墜／東京ディズニーランド開演／NHKドラマ「おしん」
1984	2月11日 日本山妙法寺「平和祈念行脚」展示館前より焼津へ出発(現在まで続く) 3月 1日 ビキニ水爆実験被災30周年記念映画会、黒澤明監督『生きものの記録』上映 5月 6日 日本山妙法寺の平和行進、展示館前で集会(現在まで続く) 5月11日 大石又七、第五福竜丸の模型を展示館に寄贈	1月 ソ連、東独にSS20ミサイル配備 4月 第1回非核自治体会議(マンチェスター) 6月 米、巡航ミサイル・トマホーク太平洋配備 10月 全米放射線被ばく生存者会議(サンフランシスコ) NHK「核戦争後の地球」放送	ロサンゼルスオリンピックにソ連など不参加／写真週刊誌加熱
1985	1月16日 第五福竜丸船体の全面的改修工事(1986年3月8日まで) 1月 2日 第五福竜丸平和協会編『母と子でみる 第五福竜丸』(草土文化)発行 5月 9日 「85反核市民平和大行進 東京－広島－長崎」展示館前で出発集会(草の実会・地婦連・日生協・日青協・被団協・日本山妙法寺ほか) 7月 高知県幡多高校生ゼミナール、県内のビキニ水爆実験被災船の調査活動を始める	1月 ニュージーランド、核艦船寄港拒否宣言 5月 ロンゲラップ島住民、メジャト島への移住 8月 第1回世界平和都市連帯市長会議(広島) 南太平洋非核地帯(ラロトンガ)条約 10月 核戦争防止国際医師会にノーベル平和賞	中曽根康弘、首相として靖国公式参拝／日航ジャンボジェット機墜落／いじめ問題化／エイズ広まる
1986		4月 ソ連、チェルノブイリ原発事故 9月 第1回核被害者世界大会(ニューヨーク)	スペースシャトル爆発事故／フィリピン、マルコス独裁政権倒れる／男女雇用機会均等法／地上げ
1987	9月23日 東京原水協主催9・23第五福竜丸のつどい開催(現在まで続く)	12月 米ソ中距離核ミサイル全廃条約(INF)	ソ連、ペレストロイカ／国鉄分割民営化／NY市場株大暴落(ブラック・マンデー)／連合発足
1988	3月 1日 幡多高校生ゼミナール、高知県ビキニ水爆実験被災調査団『ビキニの海は忘れない──核実験被災船を追う高校生たち』(平和文化)発行 6月 8日 地下鉄有楽町線開通(新木場駅新設)	4月 米、放射線被曝退役軍人補償法 5月 第三回国連軍縮特別会議	青函トンネル開通／非核宣言自治体数1300
1989	2月11日 通算来館者、100万人突破 4月28日 死の灰の分析・測定をした西脇安教授来館	8月 ソ連カザフ共和国のセミパラチンスク核実験場閉鎖を求める住民集会	昭和天皇死去(元号平成に)／バルト三国、ソ連より独立／消費税スタート／第二次天安門事件／ベルリンの壁崩壊／チェコ民主化／ルーマニア独裁政権崩壊／セクハラが社会問題化
1990	3月 ドキュメント映画「ビキニの海は忘れない」(森康行監督)完成 3月 1日 JR京葉線、東京・新木場間開通	4月 ソ連、セミパラチンスク核実験場閉鎖 5月 核実験禁止国際市民会議(カザフ) 米、ネバダ実験場風下住民被害への補償法	海外渡航者1000万人に／イラク軍クウェートに侵攻／バブル経済崩壊／東西ドイツ統一／中国、改革・解放路線
1991	1月 1日 展示館修理工事開始(～3月8日まで休館) 2月 9日 第五福竜丸平和協会会長に川崎昭一郎教授就任 7月 1日 大石又七『死の灰を背負って』(新潮社)発行 10月24日 ビキニ事件に関する外交文書公開 11月26日 英伸三写真展「原水爆のない未来へ──船を見つめる子どもたち」(12月28日まで)	7月 米ソ第一次戦略兵器削減条約(STARTⅠ)	湾岸戦争／自衛隊のペルシャ湾への掃海艇派遣決定／ソ連邦崩壊／登校拒否
1992	4月19日 NHKスペシャル「又七の海──死の灰を浴びた男の38年」放映 9月23日 「平和を語る第五福竜丸の集い」(現在まで続く)	6月 米ロ、戦略核削減、多弾頭ICBM全廃に合意 10月 第2回核被害者世界大会(ベルリン)	環境と開発、国連地球サミット／PKO協力法、カンボジアへ自衛隊派遣／きんさん・ぎんさんブーム

	第五福竜丸関連	核・被ばく関連	世界の出来事
1993	9月12日 久保山すず死去 10月12日 久保山すず遺族よりバラ寄贈、久保山愛吉記念碑前に植樹	1月 米ロ第二次戦略核兵器削減条約(STARTⅡ) 南アフリカ共和国、過去に原爆6個保有と公表 ロシア海軍、日本海に核廃棄物投棄 北朝鮮NPT脱退問題	欧州統合市場発足EC／曙、初の外国人横綱
1994	2月19日 ビキニ事件40周年記念シンポジウム(記念講演とパネル討論) 2月22日 豊崎博光写真展「死の灰40年――核にむしばまれるロンゲラップの人々」(5月22日まで) 3月 ビキニ事件40周年記念ポスター「死の灰40年」(英伸三・撮影)製作 10月27日 島田興生写真展「還らざる楽園・ビキニ」(12月28日まで) 12月 6日 マーシャル諸島共和国マック・カミナガ大使夫妻来館	6月 中国核実験(10月にも実施) 12月 原子爆弾被爆者に対する被害に関する法律成立	大江健三郎、ノーベル文学賞／パソコン台数、ワープロを超える
1995	1月25日 川崎会長、猿橋理事ら、南部公園緑地事務所へ展示館事務所新設等の要請・懇談 6月 3日 焼津市主催、第五福竜丸事件6・30市民集会にて川崎昭一郎会長記念講演	2月 米スミソニアン航空宇宙博物館での原爆写真展示中止 4月 核拡散防止条約(NPT)無期限延長 6月 中仏、核実験再開 10月 パグウォッシュ会議とロートブラット教授にノーベル平和賞 12月 東南アジア非核兵器地帯条約	戦後、被爆50年／阪神淡路大震災／オウム真理教による地下鉄サリン事件／女性のためのアジア平和国民基金発足／村山首相談話で植民地支配と侵略でお詫び表明／世界女性会議NGOフォーラム・北京／沖縄、米兵による少女暴行事件
1996	6月 1日 展示館開館20周年記念ポスター(英伸三・撮影)製作 11月 1日 展示館開館20周年記念「第五福竜丸のベン・シャーン展――ラッキー・ドラゴン船体への投影」(12月1日まで) 12月 2日 第五福竜丸エンジン、三重県熊野灘七里御浜沖で引き揚げ	4月 アフリカ非核地帯「ペリンダバ条約」 7月 国際司法裁判所、核兵器使用国際法違反の勧告的意見 9月 包括的核実験禁止条約(CTBT) 12月 原爆ドーム世界遺産に登録	薬害エイズで国の責任認める／O157による集団食中毒／携帯電話、援助交際
1997	5月 9日 通算来館者、300万人を突破 5月 2日 豊崎博光写真展「ATOMIC AGE 地球被曝――はじまりの半世紀」(6月22日まで) 8月 大石又七「築地にマグロ塚を十円募金」呼びかけ 10月 3日「第五福竜丸エンジンを東京・夢の島へ都民運動」結成集会 12月18日 展示館事務室・倉庫建設工事開始	5月 米、地下貫通型新型核弾頭配備 7月 米、初の臨界前核実験 ロ、初の臨界前核実験(時期不詳)	米軍、鳥島で劣化ウラン弾発射演習／日米、有事想定の新ガイドライン策定／地球温暖化防止京都会議／介護保険法／対人地雷禁止NGOにノーベル平和賞／クローン羊誕生
1998	3月 7日 展示館で新藤兼人監督作品映画「第五福竜丸上映会――船体がスクリーン」 3月19日 第五福竜丸エンジンの東京都都庁での贈呈式に青島幸男東京都知事出席、展示館前広場で集い 3月27日 第五福竜丸展示館の新事務室(倉庫と兼用で)完成 7月 1日 第五福竜丸船体の修理と建物の改修工事(10月31日まで)	5月 パキスタン、初の地下核実験 インド、地下核実験 6月 新アジェンダ連合、核兵器廃絶提言の声明	長野冬季オリンピック／本四連絡橋全線開通／北朝鮮、弾道ミサイル発射演習／金大中韓国大統領来日／江沢民中国主席来日／NPO法成立／ホームレス
1999	8月 1日 東京・築地の魚市場正面入口横の壁面に「マグロ塚」プレート設置 12月24日 エンジン展示施設、展示館前庭に海をのぞんで完成	5月 世界平和市民会議(オランダ・ハーグ) 9月 東海村ウラン加工工場で臨界事故	対人地雷全面禁止条約／コソボ紛争／新ガイドライン3法成立／男女共同参画社会基本法／衆参両院に憲法調査会設置／国旗・国歌法成立／世界人口60億
2000	1月18日 東京地婦連・緑の銀行、「八重紅大島桜」を展示館前庭に記念植樹 1月22日「第五福竜丸エンジンお帰りなさい集会」 第五福竜丸平和協会編『第五福竜丸ものがたり――この船の名を告げ合おう』発行 4月14日「マグロ塚」を展示館に隣接して仮設置(築地にマグロ塚を作る会) 9月23日「マグロ塚を作る会」主催「マグロ塚の設置を祝う平和と交流の集い」("マグロを食べ反核を語る会"として現在まで続く)	5月 NPT再検討会議「核兵器廃絶の約束」合意 国連ミレニアムフォーラム 7月 長崎原爆松谷訴訟、最高裁で原告勝利判決 11月 第1回核兵器廃絶地球市民集会ナガサキ	携帯電話5千万台超える／韓国、北朝鮮、南北共同宣言／三宅島噴火、全島避難／警察不祥事、パラサイト・シングル
2001	3月 1日 川崎昭一郎監修『第五福竜丸とともに』(新科学出版社)発行 「お花見平和のつどい2001」(第五福竜丸から平和を発信する連絡会主催) 4月 8日 第五福竜丸ボランティアの会発足(ガイドボランティアなど15名) 6月11日 第五福竜丸展示館開館25周年記念の集い 7月 1日 映画『第五福竜丸』DVD化(「第五福竜丸の現在」映像資料付)(アスミック・エース制作)発売 8月26日 NHKドキュメンタリー「廃船」再放送(加賀美幸子アナウンサーによる展示館の紹介)	12月 米、ABM条約離脱	宇和島水産高校演習船「えひめ丸」米原潜と衝突沈没／情報公開法／新しい歴史教科書をつくる会の教科書検定合格／ハンセン病国賠訴訟で国、控訴断念／9.11同時多発テロ／米、アフガニスタンを空爆／テロ3法案成立／イチローMVP
2002	4月 第五福竜丸平和協会、展示館の公式ホームページ開設(2005年6月更新) 7月26日 展示館内に視聴覚ルーム設置 9月23日「愛吉・すずのバラをひろめる会」発足(日青協、生協連、平和協会)	2月 イラン、核開発の疑惑 7月 原爆症認定の集団申請、集団訴訟運動の始まり	米ブッシュ大統領、北朝鮮、イラク、イランを悪の枢軸と演説／サッカーワールドカップ日韓大会／小泉首相訪朝、日朝平壌宣言／ゆとり教育学力低下／デジカメ
2003	6月 「ビキニ水爆実験・第五福竜丸被災50周年記念プロジェクトの呼びかけ」発表 7月24日 大石又七『ビキニ事件の真実――いのちの岐路で』(みすず書房)発行	1月 北朝鮮、NPT脱退宣言 10月 北朝鮮の核問題をめぐる六カ国協議	世界各地でイラク戦争反対デモ、1000万人以上／米などイラク攻撃開始／個人情報保護法／有事法制3法成立／イラク復興支援特別措置法、

	第五福竜丸関連	核・被ばく関連	世界の出来事
	11月28日 財団法人第五福竜丸平和協会設立30周年		自衛隊の戦地派遣／BSE問題で米からの牛肉輸入停止
2004	2月 1日 豊崎博光、安田和也『母と子でみる水爆ブラボー――3月1日ビキニ環礁・第五福竜丸』(草の根出版会)発行 2月14日 ビキニ水爆被災50年記念展示館常設展示リニューアル・オープニングセレモニー マーシャル諸島共和国駐日大使アマットライン・E・カブア氏来館 50周年記念展示館図録『写真でたどる第五福竜丸』出版 2月28日 新藤兼人監督と語り観る映画『第五福竜丸』(夢の島マリーナ) 4月 3日 岡本太郎「明日の神話」の第五福竜丸展(4月11日まで) 5月15日 島田興生写真展「曝された楽園、いのち、子どもの未来――ロンゲラップ1974～2004」(6月27日まで) 6月27日 通算来館者400万人突破 7月 6日 川崎昭一郎『第五福竜丸――ビキニ事件を現代に問う』(岩波ブックレット) 7月16日 崩れゆく歴史を見つめる現代アート展「コラプシング・ヒストリーズ――時、空間、記憶」(アーロン・カーナー企画)(8月15日まで) 9月23日 特別展「手紙――託された心、久保山愛吉さんと家族に寄せられた手紙より」(10月17日まで) 11月2日 豊崎博光写真展「ビキニ水爆被災50年・地球被曝60年――核が作り出した光景」(2005年1月23日まで)	12月 ロ、ミサイル防衛網突破の新型ICBM実戦配備 ロ、臨界前核実験数回実施(通算約20回、時期不詳)	ビキニ水爆実験50年／世界社会フォーラム(インド・ムンバイ)／陸自先遣隊イラク派遣／憲法九条の会発足／鳥インフルエンザ発生、(山口、大分、京都)／英、イラク大量破壊兵器存在せずの結論／米軍ヘリ、沖縄国際大学構内に墜落／立川・自衛隊官舎への自衛隊派兵反対ビラ配布で逮捕／インドネシア、スマトラ島沖大津波／韓流ブーム
2005	2月15日 広島平和記念資料館企画展「第三の被爆・第五福竜丸とヒロシマ」(6月30日まで) 5月25日 豊崎博光『マーシャル諸島 核の世紀 上・下』(日本図書センター)発行 6月 3日 前田哲男監修『隠されたヒバクシャ 検証＝裁きなきビキニ水爆被災』(凱風社)発行 7月 9日 ラッセル＝アインシュタイン宣言50年記念講演会(小沼通二ほか) 7月16日 被爆60年記念展、黒田征太郎作品PIKADON(ピカドン)展(8月14日まで) 9月23日 第五福竜丸平和協会編『わたしとビキニ事件――ビキニ水爆実験被災50周年記念手記集』 特別展「手紙――託された心」(12月11日まで) 10月 4日 長崎原爆資料館企画展「第五福竜丸展」(12月25日まで)	2月 北朝鮮、核保有を声明 4月 非核地帯会議(メキシコシティ) 5月 NPT再検討会議、合意できずに終了 8月 ノーモア・ヒロシマ・ナガサキ国際市民会議 10月 国際原子力機関(IAEA)にノーベル平和賞	戦後、被爆60年／NHK番組「裁かれた戦時暴力」で自民党から圧力・改ざんとディレクター証言／都教委、「君が代」拒否の職員処分／日中韓三国研究者共同執筆九カ所『未来をひらく歴史』発行
2006	4月15日 展示館で開館30周年記念コンサート(日本フィル弦楽四重奏団&ピアノ寺嶋陸也) 6月10日 第五福竜丸展示館開館30周年記念日 企画展「写真でたどる第五福竜丸展示館30年」(9月20日まで) 9月 2日 企画展「ベン・シャーンの第五福竜丸と絵本展」(アーサー・ビナード、11月20日まで) 12月 8日 第五福竜丸平和協会の多面的な広報活動が評価され「平和・協同ジャーナリスト基金賞奨励賞」を受賞	3月 米、インドの核を容認、イラン反発 4月 イラン、ウラン濃縮を発表 7月 北朝鮮、弾道ミサイル発射 8月 米、臨界前核実験(23回目) 9月 中央アジア非核地帯 10月 北朝鮮初の地下核実験	アスベスト健康被害者を救済する石綿新法が成立／ライブドア事件／イラク正式政府発足／小泉首相が現職首相としては21年ぶりに終戦日に靖国神社参拝
2007	2月24日 3・1ビキニ記念のつどい　講演「核をめぐる危機とチャンス――ヒロシマ・ナガサキ・ビキニ核の惨禍から廃絶へ」(木村朗)、特別報告「科学者と核廃絶――パグウォッシュ会議50周年に思う」(川崎昭一郎) 4月 1日 特別展「木造船・第五福竜丸六十年 船大工の技と仕事」(近藤友一郎、日塔和彦、9月2日まで) 9月23日 企画展「手紙　子どもたちが見たビキニ事件」(12月23日まで)	1月 防衛庁、防衛省に昇格 キッシンジャーら米高官4氏「核兵器のない世界を」公表 2月 IAEA、イランのウラン濃縮活動報告	防衛省発足／夕張市、財政再建団体に正式移行／宙に浮いた年金記録／ネットカフェ難民
2008	2月24日 3・1ビキニ記念のつどい　講演「ビキニ事件と当時の科学者――湯川・三宅・田島・檜山・猿橋ら先達の信念を偲ぶ」(森一久)、講演「いま『死の灰』を考える」(青山道夫) 4月 8日 マーシャル諸島共和国リトクワ・トメイン大統領来館 6月23日 企画展「ウミガメと少年 第五福竜丸と海へ」(男鹿和雄、吉永小百合、8月17日まで) 7月 "Daigo FUKURYU Maru -- Presentday Meaning of the Bikini Incident" (by Shoichiro Kawasaki) 刊行 9月23日 企画展「原爆ドームと第五福竜丸――市民が遺した平和遺産」(12月21日まで) 11月 1日 ワークショップ「福竜丸を学び伝える――経験と交流」(榛葉文枝、川口重雄、斎藤あずさ) 12月17日 第1回船体等保存検討委員会、開催	5月 クラスター爆弾全面禁止条約 9月 米原子力空母ジョージ・ワシントン横須賀母港化	田母神論文／航空自衛隊イラクから撤退／リーマン・ショック
2009	2月22日 3・1ビキニ記念のつどい　講演「久保山さんはなぜ死んだ　解剖所見から見えてくるもの――乗組員の健康について」(聞間元)	4月 オバマ米大統領、プラハで「核のない世界」演説	イスラエル軍、ガザ侵攻／オバマ大統領就任／裁判員制度開始／マイケル・ジャクソン死去／第45回衆議院

	第五福竜丸関連	核・被ばく関連	世界の出来事
	5月16日 林光氏を迎えてコンサート「ひびきあう福竜丸のしらべ」 企画展「新藤兼人監督の映画第五福竜丸50年展」(6月30日まで) 7月 2日 シンポジウム「マーシャルの核被害を伝えたジャーナリストたち」(前田哲男、島田興生、斉藤達雄、岩垂弘、豊﨑博光) 11月 2日 公益財団法人に移行(10月21日に東京都より認定書交付) 11月21日 BIKINI55→PIKADON65　黒田征太郎「核なき地球へのメッセージ」(4月4日まで)	北朝鮮、核開発の再開と六カ国協議離脱 10月 オバマ米大統領にノーベル平和賞受賞	選挙で民主党が勝利、政権交代／新型インフルエンザ流行
2010	1月31日 被爆ピアノの平和コンサート(館内) 3月 6日 3・1ビキニ記念市民講座「核兵器のない世界をつくるために！」(明治学院大学国際会議場、明治学院大学国際平和研究所と共催、講演・報告者：スティーブン・リーパー、高原孝生、アーサー・ビナード、山田玲子) 5月 2日 久保山みや子・藤男さん一家(長男家族、次男)来館 5月 9日 コンサート「原爆小景──ヒバクシャとともに」(林光、寺嶋陸也、東京混声合唱団、ヒバクシャ50名招待) 企画展「原爆の子・片岡脩 平和ポスター展」(9月23日まで) 6月 3日 公益財団法人第五福竜丸平和協会が管理運営する第五福竜丸展示館が第1回焼津平和賞を受賞(焼津市文化センター大ホールで授賞式 川﨑昭一郎代表理事、山本義彦理事、安田和也事務局長が参列) 7月 ビキニ環礁が世界遺産(文化遺産)に登録 10月 2日 特別展「イケナイ世界遺産ビキニ環礁」(企画・構成：豊﨑博光、監修：岩垂弘、3月20日まで)	5月 NPT再検討会議「核兵器禁止条約」目標提起 8月 ビキニ環礁世界遺産に登録	タイで反政府運動が激化、邦人ジャーナリスト死亡
2011	2月26日 3・1ビキニ記念市民講座(大石又七「57年目に訴えたいこと」、豊﨑博光「世界遺産ビキニ環礁から拡がる＜死の灰＞」) 6月 1日 企画展「ビキニ事件 新聞切抜帖～第五福竜丸の被災と人々のくらし」(8月31日まで) 6月 連続講座「ヒトと地球と放射線」(11日・崎山比早子、18日・安斎育郎、25日・奥山修平) 7月 9日 NHK、ETV特集「大江健三郎・大石又七　核をめぐる対話」(甲板上にて対談) 9月15日 大石又七『矛盾──ビキニ事件、平和運動の原点』(武蔵野書房)刊行 9月23日 企画展「船を見つめた瞳 命を思う『言葉』の展覧会」(2012年3月20日まで)	2月 第四次戦略核兵器削減条約発効 3月 福島第一原子力発電所事故 12月 原爆症認定の集団訴訟勝利終結へ	東日本大震災／地上デジタル放送に完全移行／各地で反原発デモ
2012	2月25日 3・1ビキニ記念のつどい(大石又七 自らの体験を語る、聞き手 永田浩三) 2月28日 島田興生ほかマーシャル諸島共和国へスタディー・ツアー 5月 3日 企画展「建造65年記念 第五福竜丸からラッキードラゴンへ 核なき世界への航海を」(7月1日まで)、展示館前広場に「サンチャイルド」(高さ6メートル余)特別展示 5月13日 2台の広島の被爆ピアノによるコンサート 5月 キャッスル研究会5回開催(豊﨑博光、太田昌克ほか) 6月24日 ヤノベケンジ、榿木野衣によるサンチャイルド・トーク「時代と向き合い生きる・創る」 ミュージシャンのヤマダタツヤ、山田杏奈による「ラッキードラゴン」の演奏 10月 2日 企画展「マーシャルは、いま──故郷への道」(2013年3月24日まで) 12月25日 島田興生・写真、渡辺幸重・文『ふるさとはポイズンの島──ビキニ被ばくとロンゲラップの人びと』刊行(旬報社)刊行	5月 NPT準備委員会「核兵器の非人道性に関する共同声明」 8月 広島市・長崎市、米Zマシン核実験(通算9回)に抗議 9月 普天間基地にオスプレイ配備	国内の原発が全停止／東京スカイツリー開業／ロンドン五輪／反原発デモが活発化／尖閣諸島問題
2013	1月25日 第五福竜丸展示館への通算来館者数500万人に達する 中原聖乃・竹峰誠一郎『核時代のマーシャル諸島』(凱風社)刊行 2月16日 マーシャルから帰国・感想を語る会(池谷千穂) 2月23日 3・1ビキニ記念講演「ビキニのマグロ、フクシマの海──美味しい魚が食べたい」(水口憲哉、東京スポーツ文化館) 8月18日 企画展「ビキニ事件60年に向けて──第五福竜丸の被災と人びとのくらし」(10月28日まで) 9月28日 NHK、Eテレ「海の放射能に立ちむかった日本人──ビキニ事件と俊鶻丸」 10月25日 マーシャル諸島共和国フィリップ・ムラー外務大臣来館 11月 ビキニ水爆被災事件・第五福竜丸被ばく60年記念プロジェクトよびかけ発表	3月 核兵器の人道的影響に関するオスロ国際会議 9月 1961年1月米国内でB52から水爆落下爆発寸前事故発生が発覚 福島第一原発汚染水もれ続く	富士山が世界遺産に登録／2020年東京五輪開催決定

第五福竜丸展示館収蔵品リスト

No.	資料名	個数	サイズ H×W×D cm／重量	素材／仕様／製造者／型番など	特記事項	掲載頁
	a. 船体・機械類					
a-1	第五福竜丸船体	1 体	1500 × 591 × 2856／140.86t			
a-2	錨・鎖	1 対	各 250kg			169
a-3	エンジン	1	250 × 560 × 110／12.5t	ディーゼルエンジン／出力 250 馬力／新潟鉄工製		
a-4	エンジン・シャフト	1 本	φ 14 × 375			169
a-5	船舶用無線電信送信機	1 台	85 × 44 × 45	日産無線電気製／47-58　No. A-670		154
a-6	船舶用無線電信送信機	1 台	26 × 43 × 30	短波無線／日本無線製／NMR129　No. A-6723		154
a-7	短波受信機	1 台	16 × 73 × 20	日産無線電気製／46-2F　No .A080		155
a-8	変圧器	1 台	16 × 73 × 22	東電機製作所		155
a-9	電鍵	1 台	2 × 8.5 × 15	JRC／KY-3		155
a-10	漁笛	1 個				155
a-11	船内カンテラ	1 個				154
a-12	機関室・プレート	1 枚				
a-13	無線室・プレート	1 枚				
a-14	延縄	1 式			清水港　若竹電業社吉兆寄贈	
a-15	幹縄	1 式			清水港　若竹電業社吉兆寄贈	
a-16	ビン玉	15 個			清水港　若竹電業社吉兆寄贈	154
a-17	ボンデン	1 個			清水港　若竹電業社吉兆寄贈	
a-18	手桶	1 個				155
a-19	清掃用ブラシ	3 本				155
a-20	ささら	1 本				155
a-21	しの（綱のつなぎ）縄編針	3 本		マカジキの角製		154
a-22	スクリュウ	1 個				
a-23	大漁旗（深澤造船贈）	1 枚	170 × 310			149
a-24	大漁旗（昭和硬油株式会社贈）	1 枚	250 × 338			149
a-25	大漁旗（昭和硬油株式会社贈）	1 枚	203 × 305			
a-26	大漁旗（桜田造船株式会社）	1 枚	174 × 254			148
a-27	優勝旗	1 枚				
a-28	死の灰「純品」	1 瓶			静岡大学塩川研究室採取	146
a-29	放射能検査試料「マグロのウロコ」	1 瓶			金沢大学採取・寄贈	146
a-30	放射能検査試料「ドラム缶上の錆」	1 瓶			静岡大学塩川研究室採取	146
a-31	放射能検査試料「燃料用ドラム缶の錆」	1 瓶			静岡大学塩川研究室採取	146
a-32	放射能検査試料「船体の塗料」	1 瓶			静岡大学塩川研究室採取	146
a-33	放射能検査試料「ボンデンのシュロ」	1 瓶				146
a-34	放射能検査試料「サメのひれ」	1 瓶				146
a-35	放射能検査試料「ビキニ灰」	1 瓶			2013 年阿部享氏寄贈	
a-36	ガイガー計数管	3 個		東京芝浦電気製／PGC-B1　No .133, 187, 427		147
a-37	ガイガー計数管	1 個		日本無線製／DC-B11　No. 2145		147
a-38	ガイガー計数管	1 個		神戸工業製／SM8　No. 9587		147
a-39	ガイガー検数管	1 個		Kelly-Koett Instrument 製／IM-63/PDR27-A（NAVY）		147
a-40	放射線測定装置	1 式		アロカ社製／PDC801 U		
a-41	放射線測定装置	1 台	23 × 40 × 24	神戸工業製／AMPLIFIRE&CONTROL UNIT	1988 年江川公明氏寄贈　三崎・神奈川水産試験場で使用されたもの	147
a-42	放射線測定装置	1 台	40 × 42 × 30	神戸工業製／COUNTER SCALER (SC100A)	1989 年江川公明氏寄贈　三崎・神奈川水産試験場で使用されたもの	147
a-43	放射線測定装置	1 台	40 × 22 × 30	神戸工業製／COUNTER AMPLIFIRE (PA7H)	1990 年江川公明氏寄贈　三崎・神奈川水産試験場で使用されたもの	147
a-44	放射線測定装置	1 台	11 × 11 × 20	神戸工業製／G.M. TUBE MOUNT	1991 年江川公明氏寄贈　三崎・神奈川水産試験場で使用されたもの	147
a-45	シンチレーション・カウンター	1 台	144（本体 131）× 65 × 50		1988 年岡野眞治氏寄贈　俊鶻丸で使用	147
	b. 衣類					
b-1	布団	1 枚			以下 b-36 まで、東京大学付属病院寄贈	150
b-2	毛布	1 枚				
b-3	ござ	2 枚				
b-4	枕	1 個				150
b-5	柳行李　大	1 個				
b-6	柳行李　小	1 個				151
b-7	ズボン　1	1 本	93 × 20			

No.	資料名	個数	サイズ H×W×D cm／重量	素材／仕様／製造者／型番など	特記事項	掲載頁
b-8	ズボン　2	1 本	85 × 46			
b-9	ズボン　3	1 本	94 × 40			150
b-10	ズボン　4	1 本	95 × 44			150
b-11	長袖シャツ　1	1 着	74 × 160	木綿・白		151
b-12	長袖シャツ　2	1 着	76 × 140	木綿・白		151
b-13	長袖シャツ　3	1 着	62 × 140	焼津縞		150
b-14	半袖シャツ（開襟）	1 着	71 × 84	木綿・白		150
b-15	半袖シャツ　1	1 着	67 × 95	木綿・白		
b-16	半袖シャツ　2	1 着	70 × 88	木綿・黒		151
b-17	長袖Ｔシャツ（丸首）1	1 着		木綿・赤		151
b-18	長袖Ｔシャツ（丸首）2	1 着		木綿・白		
b-19	半袖Ｔシャツ	1 着		木綿・白		
b-20	ランニングシャツ	1 着				
b-21	シャツ	2 着				
b-22	下着シャツ（長袖）	2 着				
b-23	セーター	1 着	65 × 144	毛・青		
b-24	トレーナー	1 着				
b-25	ベスト	2 着				151
b-26	パンツ	4 枚				151
b-27	ズボン下	3 本	70 × 51	化繊		
b-28	軍手	4 組				
b-29	靴下	3 足				151
b-30	地下足袋	1 足				151
b-31	手ぬぐい	2 枚				148, 152
b-32	マフラー	1 枚				151
b-33	帽子　1	1 着				150
b-34	帽子　2	1 着		ソフト・紺		150
b-35	ハンカチ	1 枚				
b-36	ネクタイ	1 本				
	c. 乗組員日用品					
c-1	歯ブラシ	1 本		ライオン製	東京大学付属病院倉庫より発見・寄贈	152
c-2	歯ブラシ	1 本		シオノギ製		152
c-3	歯磨き粉	1 缶		SMOKA 藤野製	東京大学付属病院倉庫より発見・寄贈	152
c-4	裁縫箱	1 箱	3 × 11 × 16	プラスチック	東京大学付属病院倉庫より発見・寄贈 糸・はさみ入	152
c-5	裁縫箱	1 個	2 × 7 × 11	プラスチック	糸入	152
c-6	小物入れ	1 個		布	釣り針 7 本入	
c-7	注射器	1 本	3 × 10 × 4.5			
c-8	今治水（歯痛止）	1 瓶	7 × 2 × 2		箱のみ	
c-9	三光丸（下痢止）	1 瓶	× 14 × 14			
c-10	ラヂカール軟膏	1 瓶	2 × 10 × 3		箱のみ	
c-11	石鹸箱	1 箱	3.5 × 7 × 9	プラスチック		
c-12	かみそり（ケース入り）	2 本	2 × 3.5 × 17			152
c-13	折りたたみものさし	1 本	L36（3 feet）	フジエダ杉浦鉄店製		152
c-14	筆箱	1 個	1.5 × 4 × 19			152
c-15	鉛筆	5 本				152
c-16	赤青鉛筆	3 本				152
c-17	ペン	1 本	L20			152
c-18	インク	1 本	5 × 3 × 4			152
c-19	そろばん	1 個	3 × 33 × 11			153
c-20	包帯	1 包				
c-21	ナイフ	1 本	L10			152
c-22	象牙パイプ	1 本	L15			
c-23	キセル	1 本	L11			153
c-24	タバコ入れ	1 個	1.5 × 8 × 9			153
c-25	マッチ箱	6 個	0.8 × 3.5 × 5.5		「ますや」「美津枝」「茂子」など	153
c-26	はさみ	1 本				153
c-27	やっとこ	1 本	L15			153
c-28	ペンチ	1 本	L18			153
c-29	徳利	1 個	8.5 × 3 × 3		東京大学付属病院倉庫より発見・寄贈	153
c-30	風呂敷き	1 枚				
c-31	招き猫	1 個	10 × 5.5 × 4.5		東京大学付属病院倉庫より発見・寄贈	153
c-32	擬餌針	1 式			小塚博氏寄贈	154
	d. 紙票類 1（第五福竜丸関連・1954 年 3 月以前）					
d-1	航海日誌	1 式		第 1 次～第 4 次航海（1953 年）		157
d-2	航海日誌	1 式		複写・第 5 次航海（1954 年 3 月 1 日）	記名：筒井久吉　2003年朝日新聞社寄贈	157
d-3	天測日誌	1 式				157
d-4	漁労日誌	1 式				157

No.	資料名	個数	サイズ H×W×D cm／重量	素材／仕様／製造者／型番など	特記事項	掲載頁
d-5	当直日誌	1 式				157
d-6	航海日誌（第二福竜丸）	1 式			記名：増田祐一	
d-7	ノート（天測）	3 冊			記名：清水	
d-8	ノート（天測）	1 冊			1953 年 6 月 11 日から	
d-9	ノート（第七事代丸出席簿・天測メモ）	1 冊			記名：船長清水昭二	
d-10	ノート（仕入品覚書）	1 冊				
d-11	ノート	1 冊			記名：久保山志郎　中は白紙	
d-12	ノート（天測）	1 冊				
d-13	ノート（第二福竜丸レコード控簿）	1 冊			記名：取締役小塚博	
d-14	ノート（海洋気象学）	1 冊			記名：筒井久吉	156
d-15	ノート（第二福竜丸 Navigation）	2 冊			記名：筒井久吉	
d-16	ノート（サイン帖）	1 冊			記名：筒井久吉	
d-17	ノート（雑記帖）	1 冊				
d-18	ノート	1 冊			無記名	
d-19	手帳（毎日の食事メモ）	1 冊	9 × 12.5			153
d-20	手帳	2 冊				
d-21	静岡県民手帳	1 冊		1952 年		
d-22	書簡箋（金銭出納帳）	3 枚			記名：高木兼重	
d-23	日めくりカレンダー	1 冊	12 × 2.5 × 2.5			157
d-24	特定電報著送用紙	25 枚			1954 年 1 月 26 日～ 3 月 13 日	157
d-25	気象情報メモ	2 枚	13 × 17.7			157
d-26	金銭出納メモ	1 枚		便箋	第 4 次航海 「三［ママ］崎船頭」とのメモあり	
d-27	久保山愛吉船員手帳	1 冊	15 × 10.5	1933 年 4 月 20 日交付　第 4954 号		
d-28	久保山愛吉船員手帳	1 冊	10 × 15	1951 年 10 月 19 日　第 5552 号		156
d-29	久保山愛吉乙種船舶通信士免状	1 枚	26 × 36	1946 年 6 月 17 日交付　運輸大臣平塚次郎		156
d-30	久保山愛吉無線従事者免許証	1 冊	15 × 22.5	1951 年 3 月 15 日交付　電波管理委員会発行		156
d-31	『船内心得』	1 冊			記名：見崎吉男	156
d-32	『郷土民謡のしおり』	1 冊	11 × 7	焼津市割烹旅館喜久屋発行		153
d-33	楽譜『ギター日本歌謡集』	1 冊	30 × 21	1946 年 8 月発行	記名：筒井久吉	152
d-34	『独習自在ペン字宝典』	1 冊				
d-35	『ペン字草書英語入り最新明解辞典』	1 冊	17 × 10 × 3			
d-36	『和英併用ペン字入り常用辞典』	1 冊	17 × 10 × 3		記名：鈴木隆	
d-37	天測計算表	1 枚				
d-38	『天測略歴』	3 冊	26 × 18	海上保安庁発行、1952、1953、1954 年		156
d-39	『羅針儀と測定測深具の説明及び用法』	1 冊				156
d-40	『灯台表』	1 冊	21 × 25	海上保安庁発行、1952 年		156
d-41	『潮汐表』	1 冊		海上保安庁発行、1953 年		156
d-42	『船長読本』上下巻	各 1 冊	21 × 15	大里多磨夫著、大日本水産社発行	記名：筒井久吉	156
d-43	『海上衝突予防法図説』	1 冊	21 × 15	鹿児島政雄著、海文堂発行、1952 年	記名：筒井久吉	156
d-44	『最新航海科読本』	1 冊		大里多磨夫著、海文堂		
d-45	『最近のラジオ無線受信機』	1 冊	26 × 18	春陽堂発行、1947 年	記名：久保山愛吉	
d-46	『乙種機関長・機関士試験問題解答集』	1 冊	21 × 15.5		記名：久保山	156
d-47	『船用ヂーゼル機関』	1 冊	21 × 25	天然社発行	記名:池田正穂　表紙裏「ポツダム宣言」	
d-48	「ヂーゼル機関整備取扱法について」	1 冊	25 × 17.5	青焼き		
d-49	『船舶用内燃機関取り扱い問答』	1 冊	18 × 13 × 2		記名：池田正穂	
d-50	『中学水産第三学年用』	1 冊	21 × 15		記名：増田裕一	156
d-51	ノート（試験問題集）	1 冊			記名：松村圭一	
d-52	『乙種船長・航海士試験問題解答集』	1 冊			記名：鈴木	
d-53	『ニューシチズンリーダーズ学図模範自習書初級』	1 冊			記名：鈴木	
d-54	「鮪類水揚地調査」	1 冊				
d-55	写真	1 枚			記名：平井勇	
d-56	『PTA 教室』	1 冊		雑誌	記名：池田正穂	
d-57	『漁船機関』	1 冊		雑誌		
d-58	海図「日本至ハワイ諸島」	1 枚	77 × 107	80 万分の 1　日本水路部製作、1941 年 4 月 14 日印刷	第七事代丸で使用	155
d-59	海図「紀伊水道付近」	1 枚	77 × 107	20 万分の 1　1930 年 10 月 2 日印刷	裏書：「潮岬至室戸岬　第七事代丸」	
	e. 紙票類（ビキニ事件関連・1954 年 3 月以降）					
e-1	第五福竜丸被爆の状況	1 冊	26 × 18	焼津市発行	焼津市議会「決議」（1954 年 3 月 27 日）付	
e-2	鮪漁資料報告方依頼の件	1	B5 サイズ	ワラ半紙　焼津漁業協同組合より第五福竜丸船長宛、1953 年 11 月 15 日		
e-3	第五福竜丸事件控	1 冊	26 × 13	静岡県藤枝保健所食品衛生係・大石進一、1954 年 4 月		158

No.	資料名	個数	サイズ H×W×D cm／重量	素材／仕様／製造者／型番など	特記事項	掲載頁
e-4	出頭要請書	1 枚	B5 サイズ	複写　焼津市長より吉田勝雄宛　『焼衛』号外		
e-5	手記（西川角市）	1 枚		複写		
e-6	ノート（東大病院見舞名簿）	1 冊	28 × 18			159
e-7	ノート（国立第一病院見舞名簿）	1 冊	21 × 15			159
e-8	ノート（入院中の体温メモ・見舞金分配・手記下書き）	1 冊			記名：見崎吉男	159
e-9	金銭出納帳	1 冊	14.5 × 10		記名：見崎	
e-10	第十三光栄丸の訴え	1 枚		第十三光栄丸船員一同		158
e-11	第 1 回原水爆禁止世界大会関係書類	1 式				161
e-12	原水爆禁止平和切手発行運動関係書類	1 式				
e-13	原水禁世界大会ポスター	1 枚				160
e-14	第 2 回原水禁世界大会ポスター	1 枚				161
e-15	原水爆実験反対国民大会資料	1 式			1956 年	
e-16	核実験反対ポスター	1 枚		三浦市原水協、神奈川県原水協、日本原水協		
e-17	核実験反対　三浦大会ポスター	1 枚		三浦市原水協、神奈川県原水協、日本原水協		
e-18	第五福竜丸保存募金帳	1 冊		第五福竜丸保存委員会		163
e-19	保存よびかけポスター	2 枚				162, 163
e-20	保存のよびかけリーフレット	3 冊		第五福竜丸保存委員会		163
e-21	手記（見崎吉男）	1 枚		包装紙の巻紙		159
e-22	手記（久保山愛吉）	1 冊		『中央公論』1954 年 11 月		
e-23	手記（山本忠司）	1 冊		『婦人朝日』1954 年 9 月 1 日		
e-24	手記（池田正穂）	1 冊		『文芸春秋』1954 年 9 月		
e-25	手記（筒井久吉）	1 冊		『週刊読売』1954 年 3 月 28 日		
e-26	鰹鮪漁業用木造遠洋漁船設計要領書	1 枚		古座造船所		
e-27	木造鰹釣漁船線図完成図（第七事代丸）	2 枚		40 分の 1　古座造船所		
e-28	木造鰹釣漁船一般配置図（第七事代丸）	1 枚		40 分の 1　古座造船所	判読不可	
e-29	隼丸中央横断面図	1 枚		20 分の 1　東造船株式会社技術部設計課、1958 年 11 月 26 日製図		
e-30	隼丸階装工事仕様書	1 枚		東京水産大学航海学教室熊凝教授筆、1956 年 5 月		
e-31	はやぶさ丸一般配置図	1 枚				
e-32	はやぶさ丸要目	1 枚				
e-33	第五回原水爆禁止世界大会討議資料	1 式		原水爆日本協議会	岡本太郎のイラスト掲載	
e-34	漁船検査状況	1 枚		複写　原爆被害対策本部		
e-35	被爆漁船検査状況週報	1 枚		複写　厚生省乳肉衛生課		
e-36	放射能汚染魚類に関する資料	1 冊		厚生省、1954 年 11 月 14 日		158
e-37	魚類の人工放射能検査報告	1 冊		東京都衛生局公衆衛生部獣医衛生課、1955 年		158
e-38	放射能対策の経過報告	1 冊		大阪市衛生局		158
e-39	放射能対策に関する報告	1 冊		宮城県衛生部		158
e-40	朝日新聞関連記事スクラップ	1 式		1954 年 1 月—12 月		
e-41	毎日新聞関連記事スクラップ	1 式		1954 年 1 月—12 月		
e-42	読売新聞関連記事スクラップ	1 式		1954 年 1 月—12 月		
e-43	日本経済新聞関連記事スクラップ	1 式		1954 年 1 月—12 月		
e-44	ビキニ事件関連スクラップブック 1	1 冊		岐阜で入手された新聞	加藤隆一氏寄贈	
e-45	ビキニ事件関連スクラップブック 2	2 冊			浦久保五郎氏寄贈	
e-46	ビキニ事件関連スクラップブック 3	4 冊			服部学氏寄贈	
e-47	ビキニ事件関連スクラップブック 4	1 冊			檜山義夫氏寄贈	
e-48	ビキニ環礁取材時の資料	1 式		1969 年	春口達夫氏寄贈	
e-49	気象関係資料	1 式			猿橋勝子氏寄贈	
e-50	俊鶻丸関係資料　1	1 式			亀田和久氏寄贈	
e-51	俊鶻丸関係資料　2	1 式			八木益男氏寄贈	
e-52	俊鶻丸関係資料　3	1 式			三好寿氏寄贈	
e-53	文化放送〈青空会議〉アルバム	1 冊			金澤大作氏寄贈	
e-54	第五福竜丸保存運動関係資料　1	1 式			深井平八郎氏寄贈	
e-55	第五福竜丸保存運動関係資料　2	1 式			三井周氏寄贈	
e-56	第五福竜丸船体保存と補修に関する資料	1 式			竹鼻三雄氏寄贈	

No.	資料名	個数	サイズ H×W×D cm／重量	素材／仕様／製造者／型番など	特記事項	掲載頁
e-57	草の実会関連・ラッセル財団関連資料	1 式			齋藤鶴子氏寄贈	
e-58	キャッスルシリーズ関連米公文書・マーシャル関連資料	1 式			豊崎博光氏寄贈	
e-59	大阪中央卸売市場ポスター	1 枚			前川立夫氏寄贈	161
e-60	映画『第五福竜丸』ポスター	1 枚		複写（近代映画協会所蔵）	広島市公文書館寄贈	174
e-61	外務省外交文書「第五福竜丸その他原爆被災事件関係一件」 1	1 式		1991 年 10 月 24 日公開	共同通信社寄贈	
e-62	外務省外交文書「第五福竜丸その他原爆被災事件関係一件」 2	1 式		2004 年、情報公開請求により入手	読売新聞静岡支局寄贈	
	f. 報告書など					
f-1	「1956 年におけるエニウェトック原爆実験の影響調査報告（広域調査の部）」			謄写版　水産庁調査研究部、1956 年 3 月	三宅ファイル	
f-2	“On the distribution of the radioactivity in the sea around Bikini Atoll in June,1954”			論文抜き刷り　Miyake, Sugiura, Kameda 著、1955 年	俊鶻丸関係	
f-3	“Report to the surgeon general U.S. public health service on radioactive contamination of the environment: public health action”			The national advisory committee on radiation 著、Public health service (U.S.department of health, education, and welfare)、1962 年 5 月		
f-4	“The radioactive dust from the nuclear detonation”			京都大学アイソトープ研究委員会著、Bulletin of the institute for chemical research (Kyoto university)		
f-5	“Research in the effects and influences of the nuclear bomb test explosions”			Japan. Committee for Compilation of Report on Research in the Effects of Radioactivity 著、Japan Society for the Promotion of Science、1956 年		
f-6	『ビキニ海域における放射能影響調査報告第一輯』			水産庁調査研究部、1955 年 3 月	俊鶻丸関係	
f-7	『昭和 29 年におけるビキニ海域の放射能影響調査報告第二集』			水産庁調査研究部、1955 年 11 月	俊鶻丸関係	
f-8	『1956 年核爆発実験影響調査報告第一集　俊鶻丸による調査第一部』			水産庁調査研究部、1956 年 9 月	俊鶻丸関係	
f-9	『核爆発実験影響調査報告書（陸上検査の部）』			厚生省公衆衛生局、1956 年	俊鶻丸関係	
f-10	『第二次俊鶻丸　ビキニ水爆調査の記録』			戸沢晴巳ほか著	俊鶻丸関係	
f-11	「調査資料　放射能の雨についての疑問点（附・原爆マグロ検査廃止について）」			原水爆問題調査科学者の会／民科、原水爆対策委員会	三宅ファイル	
f-12	Scientific materials of contamination by A and H bombs			論文集	三宅ファイル	
f-13	『自然』1954 年 12 月号				三宅ファイル	
f-14	『自然』1955 年 6 月号				三宅ファイル	
f-15	『核爆発実験区域周辺における放射能汚染調査の中間報告（照洋丸）』			放射能対策本部、1962 年 9 月	三宅ファイル	
f-16	『自然』1962 年 1 月号				三宅ファイル	
f-17	『放射能雨の化学に関する懇談会第一輯』			気象研究所、1955 年	三宅ファイル	
	g. 美術作品など					
g-1	素描《写真家》Photographer	1 点	36.5 × 33.5	ベン・シャーン、毛筆、1957 年	額装	184
g-2	素描《彼らのもの》Thire Gear	1 点	12.5 × 19.0	ベン・シャーン、インク、1957 年		184
g-3	素描《船主》Fleet Owner	1 点	14.0 × 12.1	ベン・シャーン、インク、1957 年		184
g-4	素描《出航》Port of Departure	1 点	24.0 × 33.0	ベン・シャーン、インク、1957 年		182
g-5	素描《死んだ彼》He Who Die	1 点	26.0 × 19.7	ベン・シャーン、インク、1957 年		185
g-6	素描《降下物》Fallout	1 点	19.1 × 25.4	ベン・シャーン、インク、1957 年		183
g-7	素描《病院で》In the Hospital	1 点	23.4 × 24.9	ベン・シャーン、毛筆、1957 年		181
g-8	ポスター「水爆実験をやめよ」	1 点	110.2 × 75.2	ベン・シャーン	袖井林二郎氏寄贈	180
g-9	油彩《第五福竜丸》	4 点		川上寛一	額装	
g-10	レリーフ《花の精》	1 点		岡部昭、1986 年 3 月	新日本婦人の会東京寄贈	
g-11	第五福竜丸模型	2 点	縮尺 1/30	大石又七製作、1985 年		142
g-12	木造船肋骨模型	1 点		木村九一製作、2006 年	強力修、木村九一氏寄贈	142
g-13	黒田征太郎ポスター	2 点	75 × 103	1997 年		186
g-14	黒田征太郎イラスト	50 点以上				188-9
g-15	原爆ドーム模型	2 台		関根一昭、大澤仁志製作、2008 年		

No.	資料名	個数	サイズ H×W×D cm／重量	素材／仕様／製造者／型番など	特記事項	掲載頁
g-16	マーシャルのアミモノ　1	1 式			駐日マーシャル大使館寄贈	171
g-17	マーシャルのアミモノ　2	1 式			大石又七氏寄贈	171
g-18	カヌー模型	2 点			マーシャル諸島共和国寄贈	
g-19	粟津潔ポスター	1 式			粟津ケン氏寄贈	
	h. 署名簿					
h-1	原水爆禁止署名運動豊島区協議会	1 冊		複写		161
h-2	水爆禁止署名杉並協議会	1 冊		複写		161
h-3	東長崎原水爆に反対する会	1 冊				161
h-4	築地中央市場買出人水爆対策委員会	1 冊			よびかけ文など含む　1982 年菅原健一・トミ子より寄贈	161
h-5	神奈川県教職員組合第 9 分冊	1 冊	25 × 34	原水爆禁止	10000 名分	161
h-6	憲法擁護国民連合、長野県憲法擁護連合、長野県高等学校教職員組合	1 冊	25 × 34	原水爆禁止		161
h-7	原水爆禁止運動桐生地区協議会	1 冊	24 × 33.5	原水爆禁止　1954 年 8 月 6 日		161
h-8	憲法擁護国民連合、全国電気通信労働組合	1 冊	25 × 18	原水爆禁止四千万人署名運動		161
h-9	長崎原爆十周年記念行事実行委員会	1 冊	B5 サイズ	原子戦争準備反対　1955 年		161
h-10	全逓信従業員組合、青年対策部婦人対策部（京都府・福井県など）	1 冊	B5 サイズ	原水爆の製造に反対しましょう		161
h-11	京大臨海実験所（和歌山県白浜町）	1 冊	B5 サイズ	原爆および水爆を……　1954 年 12 月 24 日	164 名	161
h-12	焼津……（責任者北山晃）、藤枝東高校定時制 1 年生	1 冊	B5 サイズ	原水爆反対　1955 年		161
h-13	茨城県・麻生町母の会	1 冊	B5 サイズ	原水爆実験禁止請願　1957 年		161
h-14	中島校区婦人会	1 冊	B5 サイズ	原水爆禁止	25 町内 3736 名	161
h-15	鹿児島県・国立加治木療養所	1 冊		原水爆禁止　1954 年 8 月		161
h-16	三重県松阪市	2 冊	B5 サイズ	原水爆禁止		161
h-17	南小倉校区婦人会	1 冊	B5 サイズ	原水爆禁止	18 町内 5310 人	161
h-18	福岡県八幡市原水爆禁止協議会	1 冊	20 × 15	原水爆禁止		161
h-19	鹿児島市役所職員組合	1 冊		原子戦争準備反対		161
h-20	都立青山高校生徒会	1 冊		原水爆禁止・原子戦争準備反対		161
h-21	東京都平和会議	1 冊	13 × 19	1954 年 4 月 13 日		161
h-22	原水爆禁止運動中野協議会	1 冊		原水爆禁止		161
h-23	八・六鳥取県準備会	1 冊	8 × 26	ウィーンアピール		161
	i. 募金帳					
i-1	長野県篠ノ井町、円福寺住職藤本幸邦	1 冊		8・6 原水爆禁止世界大会国民募金	小包	
i-2	岐阜県・青蛙の会	1 冊		8・6 原水爆禁止世界大会国民募金		
i-3	徳島県職員労働組合	1 冊		8・6 原水爆禁止世界大会国民募金		
i-4	尾崎二三代	1 冊		8・6 原水爆禁止世界大会国民募金		
i-5	米沢平和愛好会	1 冊		8・6 原水爆禁止世界大会国民募金		
i-6	日本共産党岩手中部地区委員会	1 冊		8・6 原水爆禁止世界大会国民募金		
i-7	都留仏教会	1 冊		8・6 原水爆禁止世界大会国民募金		
i-8	京都府・大橋閑子	1 冊		8・6 原水爆禁止世界大会国民募金		
i-9	福岡県・嘉飯地区平和を守る会	1 冊		8・6 原水爆禁止世界大会国民募金		
i-10	山梨県勝沼町	1 冊		8・6 原水爆禁止世界大会国民募金		
i-11	日本中国友好協会長岡支部	1 冊		8・6 原水爆禁止世界大会国民募金		
	j. 展示館周辺					
j-1	久保山愛吉記念碑	1 基	170 × 110			
j-2	マグロ塚	1 基	130 × 140 × 50	築地にマグロ塚を作る会（仮設置）		
j-3	愛吉・すずのバラ			久保山家より株分けされたバラ		

＊第五福竜丸の船体、エンジン、エンジンシャフト、錨、鎖は東京都所有。その他の資料は第五福竜丸平和協会所有。

主要文献リスト

＊このリストはビキニ水爆被災及び第五福竜丸に関連する主要な文献（邦文のみ）について掲載した（展示館資料室で閲覧可能）。当時の文献・論文リストなどは『ビキニ水爆被災資料集』を参照されたい。

第五福竜丸平和協会編『ビキニ水爆被災資料集』東京大学出版会、1976 年

第五福竜丸平和協会編『船をみつめた瞳──第五福竜丸・親と子の感想録』同時代社、1981 年

第五福竜丸平和協会編『母と子でみる第五福竜丸』草土文化、1985 年

第五福竜丸平和協会編・発行『第五福竜丸ものがたり──この船の名を告げ合おう』2000 年

第五福竜丸平和協会編・発行『写真でたどる第五福竜丸──ビキニ水爆実験被災 50 周年記念図録』2004 年

第五福竜丸平和協会編・発行『わたしとビキニ事件──ビキニ水爆実験被災 50 周年記念手記集』2005 年

第五福竜丸平和協会編・発行『都立第五福竜丸展示館 30 年のあゆみ──開館 30 年記念誌 1976・6−2006・6』2006 年

第五福竜丸平和協会編『フィールドワーク第五福竜丸展示館──学び・調べ・考えよう』平和文化、2007 年

＊

赤坂三好文絵『わすれないで──第五福竜丸ものがたり』金の星社、1989 年

安斎育郎、竹峰誠一郎『ヒバクの島マーシャルの証言──いま、ビキニ水爆被災から学ぶ』かもがわ出版、2004 年

安斎育郎監修、ビキニ水爆被災事件静岡県調査研究会編『ビキニ水爆被災事件の真相──第五福竜丸ものがたり』かもがわ出版、2014 年

飯塚利弘、静岡県歴史教育者協議会編『私たちの平和教育──「第五福竜丸」・「3・1 ビキニ」を教える』民衆社、1977 年

飯塚利弘『死の灰を超えて──久保山すずさんの道』かもがわ出版、1993 年

飯塚利弘『久保山愛吉物語』かもがわ出版、2001 年

いぬいとみこ作、津田櫓冬絵『トビウオのぼうやはびょうきです』金の星社、1982 年

岩垂弘『「核」に立ち向かった人びと』日本図書センター、2005 年

岩垂弘『核なき世界へ』同時代社、2010 年

アイリーン・ウェルサム、渡辺正訳『プルトニウムファイル』上下巻、翔泳社、2000 年

枝村三郎『平和をもたらした龍──ドキュメント第五福竜丸事件』私家版、2004 年

枝村三郎『水爆実験と第五福竜丸事件』私家版、2012 年

NHK 取材班『NHK スペシャル旧ソ連戦慄の核実験』NHK 出版、1994 年

マイケル・ハリス、三宅真理訳『ぼくたちは水爆実験に使われた』文春文庫、2006 年

大石又七『死の灰を背負って──私の人生を変えた第五福竜丸』新潮社、1991 年

大石又七『ビキニ事件の真実──いのちの岐路で』みすず書房、2003 年

大石又七『これだけは伝えておきたいビキニ事件の表と裏──第五福竜丸・乗組員が語る』かもがわ出版、2007 年

大石又七『矛盾──ビキニ事件、平和運動の原点』武蔵野書房、2011 年

大石又七、Richard H. Minear・訳『The Day the Sun Rose in the West -- Bikini, the Lucky Dragon and I』University of Hawai'i Press、2011 年

岡村幸宣『非核芸術案内──核はどう描かれてきたか』岩波書店、2013 年

バーナード・オキーフ、原礼之助訳『核の人質たち──核兵器開発者の告白』サイマル出版会、1986 年

葛城幸雄『死の灰のゆくえ──死の灰を追って 30 年』新草出版、1986 年

加藤一夫『やいづ平和学入門──ビキニ事件と第五福竜丸』論創社、2012 年

河井智康『漁船「第五福竜丸」──それは世界史を動かした』同時代社、1997 年

河井智康『核実験は何をもたらすか──核大国アメリカの良心を問う』新日本出版社、1998 年

川井龍介、斗ヶ沢秀俊『水爆実験との遭遇──ビキニ事件と第五福竜丸』三一書房、1985 年

川崎昭一郎監修、大石又七お話『第五福竜丸とともに──被爆者から 21 世紀の君たちへ』新科学出版社、2001 年

川崎昭一郎『第五福竜丸──ビキニ事件を現代に問う』岩波書店、2004 年

キャサリン・コーフィールド、友清裕昭訳『被曝の世紀──放射線の時代に起こったこと』朝日新聞社、1990 年

グリーンピース・インターナショナル編、渕脇耕一訳『モルロアの証言──仏領ポリネシアの被曝者たち』連合出版、1991 年

原水爆禁止日本協議会編・発行『ドキュメント 1945 → 1985──核兵器のない世界を』1987 年

高知県太平洋核実験被災支援センター編・発行『資料──米公文書「キャッスル作戦」放射性降下物記録抜粋／第五海福丸元操機長の「日記」』2011 年

高知県ビキニ水爆実験被災調査団編・発行『ビキニ水爆実験被災シンポジウム '87 高知報告集──今も行きているビキニ問題　全国調査の前進のために』1987 年

高知県ビキニ水爆実験被災調査団編・発行『ビキニの実相──あなたの町にも水爆被災船　全国放射のマグロ廃棄船一覧』1991 年

高知県ビキニ水爆実験被災調査団編『もうひとつのビキニ事件──1000 隻をこえる被災船を追う』平和文化、2004 年

小沢節子『第五福竜丸から「3.11」後へ──被爆者大石又七の旅路』岩波書店、2011 年

小塚博さんを支援する会編・発行『ビキニ水爆被ばく者──小塚博さん闘いの記録』2002 年

小林徹編『原水爆禁止運動資料集』第 1 巻、緑蔭書房、1995 年

近藤康男編『水爆実験と日本漁業』東京大学出版会、1958 年

斉藤達雄『ミクロネシア』すずさわ書店、1975 年

佐々木英基『核の難民──ビキニ水爆実験「除染」後の現実』NHK 出版、2013 年

ロバート・ジェイコブス、高橋博子ほか・訳『ドラゴン・テール──核の安全神話とアメリカの大衆文化』凱風社、2013 年

島田興生『ビキニ──マーシャル人被曝者の証言』JPU 出版、1977 年

島田興生『還らざる楽園──ビキニ被曝 40 年核に蝕まれて』小学館、1994 年

島田興生、津田櫓冬絵『水爆の島マーシャルの子どもたち』（月刊『たくさんのふしぎ』1996 年 10 月号）福音館書店、1996 年

島田興生写真、渡辺幸重文『ふるさとはポイズンの島──ビキニ被ばくとロンゲラップの人びと』旬報社、2012 年

島田興生写真、羽生田有紀文『ふるさとにかえりたい──リミヨおばあちゃんとヒバクの島』子どもの未来社、2014 年

白井千尋『第五福竜丸を最も愛したジャーナリスト──白井千尋の遺した仕事』光陽出版社、2004 年

「第五福竜丸を東京・夢の島へ」都民運動編・発行『第五福竜丸を東京・夢の島へ都民運動の記録』2000 年

高橋博子『封印されたヒロシマ・ナガサキ──米核実験と民間防衛計画』新版、凱風社、2012 年

武谷三男『死の灰』岩波書店、1954 年

武谷三男『原水爆実験』岩波書店、1957 年

竹峰誠一郎『見えない核被害──マーシャル諸島核実験被害の探求』新泉社、2014 年

多田智恵子『きょうもえんまん！──ビキニ環礁を追われた人々と暮らして』健友館、2004 年

谷口利雄、駒野鎌吉『われら水爆の海へ──俊鶻丸ビキニ報告』日本繊維出版、1954 年

中国新聞「ヒバクシャ」取材班編『世界のヒバクシャ』講談社、1991 年

デーヴィド・ホロウェイ、松本幸重ほか訳『スターリンと原爆』上下巻、大月書店、1997 年

土井全二郎『きのこ雲の証言──ビキニの叫び』新国民出版、1975 年

土井全二郎『ビキニ核実験はいかに行なわれたか──帰れぬ島民の叫び』光人社、2010 年

戸沢晴巳ほか『第二次俊鶻丸ビキニ水爆調査の記録』新日本出版社、1957 年

豊崎博光『核よ驕るなかれ』講談社、1982 年

豊崎博光『グッドバイロンゲラップ──放射能におおわれた島』築地書館、1986 年

豊崎博光、平和博物館を創る会編『蝕まれる星・地球──広がりゆく核汚染』平和のアトリエ、1995 年

豊崎博光写真・文『アトミック・エイジ──地球被曝はじまりの半世紀』築地書館、1995 年

豊崎博光『核の影を追って──ビキニからチェルノブイリへ』NTT 出版、1996 年

豊崎博光、安田和也『水爆ブラボー──3 月 1 日ビキニ環礁・第五福竜丸』草の根出版会、2004 年

豊崎博光『マーシャル諸島核の世紀──1914−2004』上下巻、日本図書センター、2005 年

エドワード・パーマー・トンプソン、山下史訳『核攻撃に生き残れるか』連合出版、1981 年

中嶋篤之助編『地球核汚染』リベルタ出版、1995 年

中原聖乃『放射能難民から生活圏再生へ──マーシャルからフクシマへの伝言』法律文化社、2012 年

中原聖乃、竹峰誠一郎『核時代のマーシャル諸島──社会・文化・歴史、そしてヒバクシャ』凱風社、2013 年

日本原水協科学者委員会編『放射能──原子戦争の脅威』三一書房、1960 年

日本被爆者団体協議会編著『ふたたび被爆者をつくるな──日本被団協50年史』あけび書房、2009年
長谷川潮『死の海をゆく──第五福竜丸物語』文研出版、1984年
幡多高校生ゼミナール、高知県ビキニ水爆実験被災調査団編『ビキニの海は忘れない──核実験被災船を追う高校生たち』平和文化、1988年
服部学『核兵器と核戦争』大月書店、1982年
春名幹男『ヒバクシャ・イン・USA』岩波書店、1985年
ビキニ市民ネット焼津『焼津流平和の作り方──「ビキニ事件50年」をこえて』社会評論社、2007年
ビキニ市民ネット焼津、かまぼこ屋根の会『ヒロシマ・ナガサキ・ビキニをつなぐ──焼津流平和の作り方Ⅱ』社会評論社、2012年
ビキニ水爆被災事件静岡県調査研究会編『ビキニ被災の全容解明を目指す研究交流集会報告集』3・1ビキニデー静岡県実行委員会、1997～2013年
広田重道『第五福竜丸──その真相と現在』白石書店、1977年
広田重道『第五福竜丸保存運動史』白石書店、1981年
S・ファース、河合伸訳『核の海──南太平洋非核地帯をめざして』岩波書店、1990年
S・G・ファンティ、宮城音弥訳『現代人は狂っている』毎日新聞社、1957年
ブラッドリー、佐藤亮一訳『隠るべきところなし──ビキニ環礁原爆実験記録』講談社、1959年
文化財建造物保存技術協会編・発行『第五福竜丸保存工事報告書』1989年
平和博物館を創る会、日本原水爆被害者団体協議会編『核の20世紀──訴える世界のヒバクシャ』平和のアトリエ、1997年
前田哲男『隠された被ばく──マーシャル群島住民の二十三年』原水爆禁止日本国民会議、1978年
前田哲男『棄民の群島──ミクロネシア被爆民の記録』時事通信社、1979年
前田哲男『非核太平洋　被爆太平洋──新編棄民の群島』筑摩書房、1991年
前田哲男監修、グローバルヒバクシャ研究会・編『隠されたヒバクシャ──検証＝裁きなきビキニ水爆被災』凱風社、2005年
丸浜江里子『原水禁署名運動の誕生──東京・杉並の住民パワーと水脈』凱風社、2011年
三浦市編・発行『ビキニ事件三浦の記録』1996年
見崎吉男『千の波万の波──元第五福竜丸漁労長見崎吉男のことば』私家版、2006年
三宅泰雄『死の灰と闘う科学者』岩波書店、1972年
三宅泰雄『かえれビキニへ──原水爆禁止運動の原点を考える』水曜社、1984年
武藤宏一氏追悼文集編集委員会編・発行『沈めてよいか第五福竜丸──武藤宏一氏遺稿・追悼集』1983年
森住卓『楽園に降った死の灰──マーシャル諸島共和国』シリーズ核汚染の地球1、新日本出版社、2009年
森哲郎え・文『第五福竜丸』記録出版工房、1984年
焼津市編・発行『第五福竜丸事件』1976年
山口勇子文、金沢佑光画『おーい、まっしろぶね』童心社、1973年
山下正寿『核の海の証言──ビキニ事件は終わらない』新日本出版社、2012年
山本昭宏『核エネルギー言説の戦後史1945−1960──「被爆の記憶」と「原子力の夢」』人文書院、2012年
湯浅一郎『海の放射能汚染』緑風出版、2012年
湯川秀樹ほか『平和時代を想像するために──科学者は訴える』岩波書店、1963年
湯川秀樹ほか『核時代を超える──平和の創造をめざして』岩波書店、1968年
読売新聞社編・発行『ついに太陽をとらえた──原子力は人を幸福にするか』読売新聞社、1954年
ラルフ・E・ラップ、八木勇訳『福竜丸』みすず書房、1958年
ラルフ・E・ラップ、八木勇訳『核戦争になれば』岩波書店、1963年
ハワード・ローゼンバーグ、中尾ハジメほか訳『アトミック・ソルジャー』社会思想社、1982年
ハーヴィ・ワッサーマン、茂木正子訳『被曝国アメリカ──放射線被害の恐るべき実態』早川書房、1983年

引用文献一覧

赤坂三好『わすれないで──第五福竜丸ものがたり』金の星社、1989 年

池田正穂「水爆患者第 1 号の手記」『文藝春秋』1954 年 7 月号

植村秀樹『再軍備と 55 年体制』木鐸社、1995 年

枝村三郎『水爆実験と第五福竜丸』私家版、2012 年

大石又七『死の灰を背負って──私の人生を変えた第五福竜丸』新潮社、1991 年

大石又七『これだけは伝えておきたいビキニ事件の表と裏──第五福竜丸・乗組員が語る』かもがわ出版、2003 年

大石又七『矛盾──ビキニ事件、平和運動の原点』武蔵野書房、2011 年

岡本敏子インタビュー「岡本太郎とビキニ事件」『福竜丸だより特別号』2003 年 8 月

外務省外交文書『第五福竜丸その他原爆被災事件関係一件』1991 年 10 月 24 日公開

河井智康『日本の漁業』岩波書店、1994 年

久保山愛吉「絶筆　死の床にて」『中央公論』1954 年 11 月号

小沼通二「西脇安さんとビキニ水爆」『福竜丸だより』第 363 号、2011 年 5 月

小林徹編『原水爆禁止運動資料集』第 1 巻、緑蔭書房、1995 年

駒野鎌吉、谷口利雄『われら水爆の海へ──俊鶻丸ビキニ報告』日本織物出版社、1954 年

近藤康男編『水爆実験と日本の漁業』東京大学出版会、1958 年

坂元一哉「核兵器と日米関係」『年報・近代日本研究』16 号、1994 年

佐藤文隆『湯川秀樹が考えたこと』岩波書店、2002 年

第五福竜丸平和協会編「ビキニ水爆実験に対する内外の反響から」『ビキニ水爆被災資料集』東京大学出版会、1976 年

高橋博子『封印されたヒロシマ・ナガサキ──米核実験と民間防衛計画』凱風社、2008 年

武谷三男編『死の灰』岩波書店、1954 年

徳田純宏『熊野からの手紙──熊野で造られた第五福竜丸の記録』編集工房ノア、1984 年

S・G・ファンティ『現代人は狂っている』毎日新聞社、1957 年

三宅泰雄『死の灰と闘う科学者』岩波書店、1972 年

焼津市編・発行『第五福竜丸事件』1976 年

山崎正勝「西脇安さんの第五福竜丸調査と米国への手紙」『福竜丸だより』第 368 号、2012 年 3 月

山下正寿『核の海の証言──ビキニ事件は終わらない』新日本出版社、2012 年

掲載図版一覧

★は第五福竜丸平和協会による所有・作成・撮影のもの

頁		図版名	写真撮影・提供者／図版出典
2-3		水爆ブラボー爆発	米国立公文書館
4-7		第五福竜丸船体	★
13		第五福竜丸（1953 年 6 月初旬、焼津港）	焼津市
15		第五福竜丸の航海と被災位置	★
16-17		第五福竜丸 23 人の乗組員	焼津市『第五福竜丸事件』
18		腹部の火傷　半田四郎	読売新聞社
19		焼津に帰港し、厳重な警戒下の第五福竜丸	朝日新聞社
20	上	第五福竜丸の放射能汚染検査	焼津市
	中	焼津北病院に集められ検査を受ける乗組員	毎日新聞社
	下	市職員による散髪	共同通信社
21	上	放射線による火傷　山本忠司	読売新聞社
	中	放射線による火傷　増田三次郎	読売新聞社
	下	船内立入許可証	★　八木益男氏寄贈
22		第五福竜丸被災を報じた『読売新聞』1954 年 3 月 16 日	
23	上	死の灰「純品」	★
	下	死の灰の分析で発見された放射性核種	★
24	上	船の放射線検査・焼津港	★　西脇安氏寄贈
	下	第五福竜丸が水揚げした魚の廃棄（築地）	朝日新聞社
25	上	貼り紙を出す魚屋	朝日新聞社
	下	海洋投棄される汚染マグロ	『アサヒグラフ』1954 年 4 月 21 日号
26	上	マグロ検査一覧（築地）	★　外務省外交文書（65 頁注参照）
	下	マグロ検査一覧（鹿児島）	★　外務省外交文書
27	上	「死の灰をかぶった日本漁船」	『アサヒグラフ』1954 年 5 月 19 日号
	下	1954 年 3 月から 6 月 25 日までの「放射能魚」の漁獲場所別図	田島英三（立教大学）作成、『朝日新聞』1954 年 7 月 2 日
30		漁港でのマグロ検査（焼津）	『アサヒグラフ』1954 年 8 月 4 日号
32	上	国立東京第一病院での入院生活	★　大石又七氏寄贈
	中	1954 年 8 月 6 日、マイクから家族に語りかける久保山愛吉	★　金澤大作氏寄贈
	下	8 月末に容態が急速に悪化、母しゅん、妻すず、長女みや子	共同通信社
33		9 月 25 日東京駅、遺骨は東京駅から焼津へ向かった	毎日新聞社
35		東大病院で乗組員の検査に立ち合う都築博士	★
36	上	焼津北病院にて	★　竹内正子氏寄贈
	中	病室からのラジオ放送（国立東京第一病院）	★　金澤大作氏寄贈
	下	久保山愛吉の死と補償金について報じる『朝日新聞』1954 年 9 月 24 日	
37	上	閣議決定（1954 年 4 月 28 日）による慰謝料配分	第五福竜丸平和協会編『ビキニ水爆被災資料集』
	下	マグロ・カツオ漁業者各県別配分額	第五福竜丸平和協会編『ビキニ水爆被災資料集』
39		元漁船員から聞き取りする高校生	山下正寿提供
41		東京湾を出航する俊鶻丸（1954 年 5 月 15 日）	★　猿橋勝子氏寄贈
42	上	集塵器による大気の調査	朝日新聞社
	中	魚の内臓調査	★
	下	俊鶻丸と軍用機	★　八木益男氏寄贈
43	上左	俊鶻丸調査―漁獲位置による放射能汚染魚の出現	★
	上右	ビキニ海域の汚染状態	★
	下	太平洋で放射能汚染魚が漁獲された位置の分布（1954 年 3 月～ 8 月末）	★　厚生省「放射能汚染魚類に関する資料」（収蔵品 e-37）

44		『朝日新聞』1954年5月19日	
45	上	『毎日新聞』1954年5月22日	
	下	『京都新聞』1954年6月12日	
47		シンチレーション・カウンター	★
49		三宅泰雄、猿橋勝子両氏	★
50		『日本経済新聞』1954年5月22日	
51		水爆の構造	川﨑昭一郎提供
54		築地魚市場での原水爆禁止の署名	連合通信社
55	上	婦団連、婦人民主クラブなどによる署名運動（上野公園）	連合通信社
	下	杉並で作られた署名用紙と全国協議会の署名簿	★
56	上	漁民も原水爆実験に反対の声をあげた	★
	下	国鉄新潟機関区での署名活動	★
57		署名運動全国協議会の集約（杉並公民館、1955年1月）	★
59		広島で開かれた原水爆禁止世界大会（1955年8月6日）	中国新聞社
61		筆者と同僚による久保山愛吉さんへの寄せ書き	★
63		『朝日新聞』1968年3月27日	
65		『中部日本新聞』1954年3月20日	
67		外交文書「第五福竜丸事件に関する中間補償要求の件」	★　外務省外交文書
68		外務省がとりまとめ、1954年4月10日に米国政府に提出した第五福竜丸被害の中間報告	★　外務省外交文書
71		東京国立第一病院退院退院の記念撮影（1955年5月20日）	★　大石又七氏寄贈
72-76		手紙	★
77		『読売新聞』1954年3月21日夕刊	
78-89		「マーシャル諸島の核実験被害」写真	豊﨑博光撮影
82		『朝日新聞』1971年12月19日	
90-95		「マーシャルとの40年」写真	島田興生撮影
97		世界の主な核実験・核爆発地点	豊﨑博光作成
98-105		「世界の核実験被害」写真	豊﨑博光撮影
107	上	オルダーマストン行進　英トラファルガー広場を埋める人びと（1958年4月）	原水爆禁止日本協議会
	下	原水爆禁止世界大会に向かう平和行進（1958年8月）	原水爆禁止日本協議会
109		非核兵器地帯図	長崎原爆資料館作成
110	上	第2回国連軍縮特別総会（SSD II）100万人デモ（ニューヨーク、1982年5月）	尾辻弥寿雄撮影
	下	ギリシャ：マラトン―アテネ反核行進（1983年）	★
111	上	世界市民平和会議（ハーグ、1999年5月）	森下一徹撮影
	下	日本からの参加者によるアピール（ハーグ国際司法裁判所前）	佛木完提供
112		核不拡散条約再検討会議に向けて被爆者の行動（ニューヨーク、2010年5月）	日本原水爆被害者団体協議会
113		世界の核兵器数（2013年初頭現在）	「核情報」ウェブサイト http://kakujoho.net/ndata/nukehds2013.html
115	上	バートランド・ラッセル	バートランド・ラッセル財団日本資料センター
	下	アルバート・アインシュタイン	佐藤文隆『湯川秀樹が考えたこと』
117		焼津にて第五福竜丸の船体から汚染された機材をおろす	焼津市
118	上	東京水産大学で検査中の第五福竜丸	★　平野雅彦氏寄贈
	中	強力造船所（伊勢）で改装中の第五福竜丸	★　奥村一郎氏寄贈
	下	水産大の練習船「はやぶさ丸」	★
119	上	『港湾分会ニュース』1968年2月	★
	下	第五福竜丸保存募金運動（東京・数寄屋橋）	森下一徹撮影

120		船体に掲げられた保存をよびかける看板	★
121		夢の島でゴミの海面に傾くはやぶさ丸（第五福竜丸）、1968年1月頃	森下一徹撮影
122	上	第五福竜丸を美しくする集い	★　深井平八郎氏寄贈
	下	第五福竜丸を美しくする集い	★　若島幸作氏寄贈
123	上左	高校生の募金活動	連合通信社
	上右	江東区深川・富岡八幡宮前での募金活動	★
	下	刻銘しなおされた第五福竜丸と舟大工	★　三井周氏寄贈
124	上	凧揚げ大会	森下一徹撮影
	中	凧揚げ大会	★
	下	美濃部亮吉都知事との協議	★
125	上	第五福竜丸展示館開館記念式典	★
	下	新藤兼人監督揮毫の垂れ幕	★
126-127		夢の島の第五福竜丸（組写真）	★　森下一徹、落合組撮影
129	上	第五福竜丸展示館外観	★
	下	船首側から船体を見上げる	★
130	上	来館者500万人到達の記念写真	★
	中上	見学する高校生	★
	中下	久保山愛吉記念碑	★
	下	マグロ塚	★
131	上	エンジンの引き揚げ	★
	中	焼津に到着したエンジンと見崎吉男元第五福竜丸漁労長	★
	下	お花見平和のつどい	★
132-133		展示館を訪れた人びと	★
134		大石又七	★　大津伴絵撮影
136		展示館で子どもたちに語りかける大石又七	★
138-139		原爆実験ベイカー　1946年7月25日、ビキニ環礁	米軍撮影
141	上	漁船・第七事代丸（1947年3月）	★
	中	戦時中の古座造船所の従業員	古座町
	下	神奈川県三崎港の第七事代丸	森田喜一氏寄贈
142	上	漁業制限・マッカーサーライン	河井智康『日本の漁業』
	中	マグロはえ縄漁船第五福竜丸模型大石又七製作、1985年	★
	下	木造船肋骨模型模型　木村九一（強力造船所）製作、2006年	★
143		木造遠洋マグロ漁船「第五福竜丸」の絵とき	★　高山文孝画
145	上	延縄漁	★
	中	マグロ延縄漁に従事する乗組員たち	★　大石又七氏寄贈
	下	操業中の第五福竜丸	★　大石又七氏寄贈
146-163		収蔵品	★　飯田邦生撮影
166, 168		第五福竜丸保存工事	★　日塔和彦氏寄贈
167		図面	★　日塔和彦氏寄贈
169-170		第五福竜丸船体	★　飯田邦生撮影
171		マーシャル諸島のアミモノ、切手	★　飯田邦生撮影
173	上	第五福竜丸甲板上の《明日の神話》原画	★
	下	《新しい怪物の世紀》	原水爆禁止日本協議会
174		新藤兼人監督『第五福竜丸』ポスター	★
175	上	林光「ラッキードラゴン・クインテット」演奏風景	★
	下	小林喜巳子《久保山さんの死》	★
176		金子静枝《夢の島の第五福竜丸》	★
177		ヤノベケンジ《サン・チャイルド》	青木兼治撮影
180-185		ベン・シャーン　ポスター、素描	★　©Estate of Ben Shahn/VAGA, New York & JASPER, Tokyo, 2014 F0009
186-189		黒田征太郎ポスター、イラスト	★
190-191		第五福竜丸をめぐって行われたさまざまな催し	★
各章扉		第七事代丸船体線図	古座造船所

都立第五福竜丸展示館へのごあんない

136-0081　東京都江東区夢の島2-1-1　都立夢の島公園内
TEL：03-3521-8494　FAX：03-3521-2900
Mail：fukuryumaru@msa.biglobe.ne.jp

開館時間　午前9時半～午後4時
月曜日休館（祝日の場合は開館、翌火曜日休館／12月29日～1月3日休館）

入館無料

駐車場あんない ⇒ 都立夢の島公園の駐車場をご利用下さい。
一般車両：2時間まで300円、その後1時間毎に100円
バス：2時間まで1000円、その後1時間毎に500円
（バスの駐車場から展示館までは徒歩5分ほどかかります。）

○展示館ガイド　来館団体への解説・案内を行ないます。ボランティアガイドによる約20分の「お話」。ご希望の方は展示館スタッフまでお申し出ください。事前に日時、人数等を電話もしくはFAXにてお知らせ下さい。

○展示パネルの貸出　ビキニ事件に関する展示パネル・資料の貸出を行っています。展示会の企画にあたりましては、開催期間、記念講演、費用等につきましてはお気軽にご相談下さい。
• 第五福竜丸の被災に関する基本的なパネルセット
• マーシャル諸島の核被害に関するパネルセット
• 〈原爆と人間展〉広島・長崎の原爆被害に関する写真パネルセット
*現物資料と組み合わせて貸出すことも可能です。展示パネルに関する詳細は展示館までお問い合わせください。

○所蔵書籍・資料の閲覧　展示館事務所併設の資料室で書籍、当時の新聞切抜、水爆実験関連の米軍資料などが閲覧できます。手狭なため事前にご連絡おねがいします。

○第五福竜丸平和協会へのサポートとして賛助会員（年会費・個人5000円、団体1万円）およびニュース購読会員（年2000円）への入会をお願いしています。

第五福竜丸展示館ホームページ　http://www.d5f.org/

［アクセス］
地下鉄有楽町線・JR京葉線・りんかい線「新木場」駅下車徒歩10分
地下鉄東西線「東陽町」駅下車　都バス＜新木場行＞「夢の島」下車徒歩3分

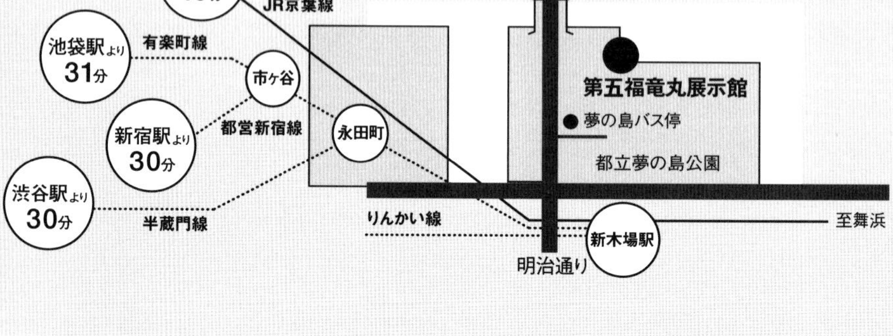

ビキニ水爆被災事件・第五福竜丸被ばく60年記念プロジェクトへのご賛同・参加のよびかけ

第五福竜丸。みなさんはこの船の名をご存知ですか。60年前の1954年3月1日、太平洋ビキニ環礁でおこなわれたアメリカの水爆実験により吹き上げられた「死の灰」は、マーシャル諸島の人びと、たくさんの船舶を被災させ、広範な海洋・大気の汚染をもたらせました。

第五福竜丸の被ばく・ビキニ事件は、原水爆の脅威、放射能汚染の危険を知らせました。それから60年をむかえるいま、私たちは福島第一原子力発電所の事故の危機にも直面しています。

この事件から人びとは、広島・長崎の被爆体験にも根ざした原水爆反対の世論と国民的運動を大きく高揚させ、それは世界へとひろがり国際的な潮流となりました。「ラッセル=アインシュタイン宣言」に示された警鐘は、戦争も核兵器もない世界をつくりだす努力としてつづけられてきましたが、人類はいまだ核の脅威から解き放たれてはいません。

ビキニ水爆被災から60年、事件が問いかける意義を今に生かし、核の惨禍、その非人道・違法性を心とし、放射能被害の課題と向き合い、希望をつなぐ機会とすることをねがうものです。

「知らない人には、心から伝えよう。忘れかけている人には、そっと思い起こさせよう」船を残そうとの呼びかけが多くの人びとをうごかしました。それは、核なき世界を希求する合言葉です。第五福竜丸は航海中をつづけます。私たちの希望がかなうその日まで……。

60年記念プロジェクトへのご賛同・参加を心からよびかけます。

プロジェクトのおもなとりくみ

1） 記念出版『第五福竜丸は航海中――ビキニ水爆被災事件と被ばく漁船60年の記録』
・・・ビキニ事件を伝え今に活かす新刊書(3月1日発行)

2）「ビキニ60記念のつどい」の開催
・・・3月1日、記念演奏と記念講演会

3）「連続市民講座」
・・・ビキニ事件を解明し今に生かす諸分野からの研究報告

4） 第五福竜丸の保存に関する船体調査のとりくみ

5） 第五福竜丸展示館での60年記念企画展(春・秋)、『わたしとビキニ事件』の手記公募など
ブックレット出版、絵本の制作など

協賛　世界平和アピール七人委員会、明治学院大学国際平和研究所、一般社団法人東友会（東京都原爆被害者団体協議会）、東京都生活協同組合連合会、東京都地域婦人団体連盟、日本青年団協議会、ノーモア・ヒバクシャ記憶遺産を継承する会、ピース・ボート、広島市立大学広島平和研究所

協力　飯田邦生、大津伴絵、河田透、黒田征太郎、袖井林二郎、島田興生、豊﨑博光、長友啓典、坂田雅子、太田昌克、高橋博子、樋口敏広、前田哲男、竹峰誠一郎、小池智則、中原聖乃、新井卓、中尾麻伊香、栗原岳史、奥秋聡、マーシャル諸島共和国大使館、K2、NHK、夢の島熱帯植物館、第五福竜丸展示館ボランティアの会　遠藤昌樹、岡本英明、眞野節子、竹井みよ子、鈴木京子、町井広子、釁サイ子、小林龍雄、松本アイ子、木村登美江、高橋良雄、小林秀子

あとがき

60年とは直接第五福竜丸の被ばく・ビキニ水爆被災事件を知る世代が国民の2割を切るという歳月である。

船は夢の島に放置され、それを知る市民のなかから、そして報道を契機に保存の声が起こる。

原水爆のない世界を希求する人びとは船を残そうとし、さまざまな動きをひろげ、東京都の理解と協力のうえに展示館が建設され、第五福竜丸の保存展示が実現した。1976年6月のことである。

広島・長崎の原爆の惨禍からやがて70年、水爆ブラボーから60年。第五福竜丸も原爆ドームも、残された遺産としての発信力を発揮させる人びとの真摯な取り組みなしには成り立たないことを、60年記念プロジェクトの諸事業をすすめながら改めて思いを深くしている。

希少な木造船が残されていることを活かし、そして船を残すためにとりくんだ人びとのねがいを、黒ずんだ木目の胴体を見ながら思い巡らせ、それを心として、船を見上げる若い世代に伝え次代に希望をつなぎたい。建造70年近い船の補修、築40年になろうとする展示館建物の改修など課題は多い。しかし、展示館を中心にたくさんの人びとの支えで航海をつづけてきた第五福竜丸、これからも航海はつづく。

本書は、ビキニ水爆被災事件・第五福竜丸被ばく60年記念事業への募金と、第1回焼津平和賞受賞の賞金を基金に出版することができた。お力添えくださった皆様、展示館の活動を支えてくださる協会関係者、ボランティアの会メンバーに心から感謝をささげます。（安田和也）

ビキニ水爆実験被災・第五福竜丸被ばく60年記念出版

第五福竜丸は航海中 ——ビキニ水爆被災事件と被ばく漁船60年の記録

2014年3月1日　初版第1刷発行

企画・編集・発行　公益財団法人第五福竜丸平和協会

総監修　川崎昭一郎　　監修　山村茂雄、奥山修平、豊崎博光

執筆者（執筆順）

〈第I部各章本文〉

川口重雄（田園調布学園教諭、丸山真男手帖の会代表）第1章

奥山修平（中央大学教授）第2章

山村茂雄（編集者）第3章、第8章

市田真理（第五福竜丸展示館学芸員）第4章

豊崎博光（フォト・ジャーナリスト、第五福竜丸平和協会専門委員）第5章、第6章

高原孝生（明治学院大学教授、同大国際平和研究所員）第7章

安田和也（第五福竜丸展示館主任学芸員）第9章

〈寄稿文ほか〉

枝村三郎（元高校教諭、第五福竜丸平和協会専門委員）／森田喜一（フリーライター、第五福竜丸平和協会専門委員）／聞間 元（生協はまきた診療所、第五福竜丸平和協会専門委員）／山下正寿（太平洋核被災支援センター、元高校教諭、第五福竜丸平和協会専門委員）／岡野眞治（元理化学研究所研究員）／廣瀬勝己（上智大学・埼玉大学客員教授）／川崎昭一郎（千葉大学名誉教授）／田中熙巳（日本原水爆被害者団体協議会事務局長）／岩垂 弘（元朝日新聞編集委員、平和・協同ジャーナリスト基金代表運営委員）／島田興生（フォト・ジャーナリスト、第五福竜丸平和協会専門委員）／荒木康子（福島県立美術館学芸員）／日塔和彦（元東京藝術大学客員教授）

装画　黒田征太郎

アートディレクション・デザイン　上浦智宏（ubusuna）　　制作　安田和也、市田真理、蓮沼佑助　　編集　小倉裕介

発売　現代企画室　東京都渋谷区桜丘町15-8-204　TEL：03-3461-5082　FAX：03-3461-5083　Mail：gendai@jca.apc.org

印刷製本　シナノ印刷株式会社

ISBN978-4-7738-1403-3 C0036